TAKE PRIDE

인생 최고의 순간을
만드는 원초적인 힘

프라이드
TAKE PRIDE

제시카 트레이시 지음

이민아 옮김

알에이치코리아

나에게 매일 프라이드를 느끼게 해주는
하퍼와 크리스틴에게.

프라이드 그리고 성취, 야망, 오만과 같은 감정들은 심리학에서 간과되어 왔다. 제시카 트레이시 교수는 연구와 실생활의 인간성을 아우르는 생생한 묘사를 통해 어떻게 프라이드가 우리의 깨어 있는 삶에 침투하고 사회를 구축해 나가는지를 자기만의 통찰력을 잃지 않으면서도 과학적으로 보여 주었다.

스티븐 핑커, 하버드대 심리학 교수

제시카 트레이시 교수는 프라이드가 오명을 썼다고 이야기한다. 그녀로 인해 프라이드는 미덕에 가까워졌다. 이 멋진 책에서 트레이시 교수는 프라이드가 어떻게 인간의 본성 중 일부이며 선한지를 보여 준다.

다니엘 핑크, 『파는 것이 인간이다』, 『드라이브』 저자

고귀한 기쁨이자 죄악, 인간 경험의 필수 요소, 프라이드에 대한 통찰력 있고 매혹적인 탐구

대니얼 길버트, 하버드대 심리학 교수

제시카 트레이시 교수는 선입견을 완전히 비틀어, 자부심이 피해야 할 부도덕한 감정이 아니라 인간 본성에 타고난 미덕임을 보여 주었다. 그녀는 프라이드를 가져도 마땅할 정도로 이 작업을 명확하고 매혹적으로 해냈다.

로버트 치알디니, 『설득의 심리학』 저자

경이롭다. 제시카 트레이시 교수는 자부심이 문제가 아니라, 칭찬을 갈구하는 것이 우리를 문제로 끌고 간다는 것을 보여 주었다.

앤절라 더크워스, 펜실베이니아대 심리학 교수 · 『그릿』 저자

이 책은 무엇이 우리에게 동기를 부여하는가에 대한 나의 믿음에 반론을 제기하고, 나를 멈춰서게 만들었다. 제시카 트레이시 교수는 프라이드에 관한 세계적인 전문가이며 이 책은 강의실 맨 앞에서 그녀의 강의를 듣는 것과 같다.

애덤 그랜트, 와튼스쿨 심리학 교수 · 『오리지널스』 저자

프라이드는 우리를 성공과 성취로 안내하는 동시에 오만과 나태로 끌고 간다. 제시카 트레이시 교수는 인류 역사의 근원을 추적하며 모든 인간이 프라이드를 같은 방식으로 느낀다는 것을 알아냈다. 프라이드의 필수불가결함과 함정을 다루며 눈이 번쩍 뜨이는 논지를 전개하는 책이다.

프란스 드 발, 영장류학자

복잡한 감정, 프라이드를 고찰하는 아주 흥미로운 방법   「뉴욕」

성공에 관한 새롭고 매혹적인 제안. 특별한 목표를 추구하는 사람들이 반드시 읽어야 할 책

퍼블리셔스 위클리

부르키나파소의 작은 마을에서 백악관을 거쳐 맹인 유도 선수까지 제시카 트레이시 교수는 가장 양면적인 인간의 감정, 프라이드를 폭넓게 이야기한다. 그녀는 프라이드에 관해 세계에서 가장 선두적이고 과학적인 전문가이며, 그 누구보다 심리학계의 주요한 인물이다. 이 멋진 책은 그녀의 시각의 본질이다.

조슈아 그린, 하버드대 심리학 교수

프라이드란 무엇인가? 올림픽에서 이긴 운동선수의 기쁨인가, 부유한 사업가의 과시인가? 심리학자이자 감정과 자아 연구소장인 제시카 트레이시 교수는 둘 다라고 말한다. 프라이드는 성공을 얻도록 사람을 고무시키기도 하고, 성취보다는 힘을 추구하도록 뒤틀리기도 한다.

라이브러리 저널

무엇이 우리를 움직이는가

1997년 나는 뉴잉글랜드에 있는 한 작은 교양 대학을 갓 졸업하고 다섯 친구와 함께 샌프란시스코로 대륙을 횡단했다. 기말 시험과 과제 등 쉴 새 없는 스트레스로부터 벗어나 서해안을 여행하며 성인으로서 진짜 인생을 시작하는 것이 그 여행의 목표였다. 동네 카페에서 바리스타 자리를 구했고, 그곳에서 카페라테와 근사한 참치 베이글 만드는 법 따위를 배웠다. 대부분이 화가나 작가이던 단골들과 친해졌고, 매일 오후 세 시경이면 지하의 판화 작업실에서 올라오는 카페 사장과 초코칩 쿠키를 나눠 먹으며 지냈다. 팁은 후했고 이보다 더 느긋할 수 없는 직장이었으며 동료들이나 카페 손님들과 나누는 대화는 지적 자극으로 충만했다. 점심시간과 손님이 몰리는 때만 제외하면 책 읽을 시간도 넉넉했다.

여러모로 살 만한 인생이었다. 그러나 1년쯤 지나자 내 안에서 무언가가 솟구쳐 올라오기 시작했다. 동네 사람들은 내가 만든 특제 두유라테를 마시기 위해 우리 카페를 찾았지만, 내 인생은 여전히 채워지지 않았다.

대학 시절에 내게 있던 그 무언가가 그리웠다. 그것은 주흥 넘치는 댄스파티도, 언제든 마음만 먹으면 뭉치던 친구 패거리도, 매사추세츠의 호젓한 시골 캠퍼스에 깃든 평화로움도 아니었다. 그 따분하리만치 조용한 샌프란시스코에서 내가 그리워한 것은 1990년대 중반 세 친구와 함께 대학 컴퓨터실을 차지하고 앉아 우리 손으로 창간한 시사 잡지에 매달려 밤늦도록 몰아치던 그 시간들이었다. 밤 깊은 시각, 도트 프린터 용지를 제대로 끼워 넣은 건지 초조하게 서너 번씩 점검하고, 24시간 문이 열린 킨코스로 우당탕탕 뛰어 들어가 원고를 보낼 때의 그 느낌이 그리웠다.

나는 자기 자신보다 훨씬 중요하게 느껴지는 그 무언가를 위해 헌신하는 사람들과 함께 땀 흘려 일하는 시간이 그리웠다. 내가 말하는 것은 우리가 만든 잡지 첫 호가 캠퍼스 전역에 배포된 것을 보았을 때 느꼈던 감정이 아니다. 나는 일을 성공적으로 마쳤다는 사실에 대해서 혹은 사람들이 우리 잡지를 (놀랍도록 냉정하나마) 칭찬했을 때 느꼈던 감정이 그리운 것이 아니었다. 내가 그리운 것은 늦은 밤까지 맹렬하게 일하면서 우리가 소중하게 여기는 일을 하고 있다는 사실에 대해 느끼는 자부심이었고, 그것을 샌프란시스코의 바리스타 생활에서는 결코 얻을 수 없었다.

내게 그 자부심이 남아 있지 않다는 것을 느꼈을 때, 휴식이 끝났다는 것을 깨달았다. 진짜 인생을 시작해야 할 시간이었다. 자부심을 느끼고 싶은 욕구가 나를 다시 일으켰고, 대학원에 지원했다. 아니나 다를까, 그곳에서 나는 내가 정말로 소중하게 여기는 무언가를 위하여 날마다 매진한다는 느낌을 되찾았다.

자부심은 연구자로서 나의 새 출발에 시동을 걸어 주었다. 자신에게 중요한 무언가를 추구하려는 사람, 의미 있는 삶을 시작하려는 모든 사람에게 새 출발의 마중물이 되어 주는 것이 바로 자부심이다. 자부심을 느끼고자 하는 이 욕구가 인생의 야심을 자극하는 것이다. 레나 더넘*은 회고록『그런 여자가 아니야Not That Kind of Girl』에서 친구와 파티, 자유가 넘치는 재미 위주의 청춘을 즐기던 20대 초반의 어느 날 이런 느낌을 경험했다고 서술한다. "야심이란 참 재미난 물건이다. 생각도 하지 못했던 순간 내 안으로 기어들어 와 나를 움직이게 만든다. 분

---

* Lena Dunham, 미국의 배우 겸 작가로 인기 드라마 〈걸스〉의 작가이자 주연배우로 유명하다.
옮긴이

명 꼼짝도 하고 싶지 않다고 믿었던 그런 순간에. 나는 무언가를 창조하던 시간이 그리워졌다. 우리가 인생이라고 부르는 이 긴 여정[1]에 의미를 불어넣어 준 그것이."

자부심을 느끼고자 하는 욕구는 살금살금 다가와 다양한 형태로 그 모습을 드러낸다. 더넘과 나의 경우에 그것은 자유분방한 생활과 안정적인 직업을 버리고 더 크고 더 나은 것으로 느껴지는 길을 추구하는 것이었다. 누군가에게는 가정을 꾸리는 것, 댄스 수업에 참여하거나 승진을 요청하는 것 혹은 마라톤 훈련을 하는 것일 수도 있다. 그런가 하면 어떤 사람들의 자부심 욕구는 시험 때 부정행위를 한다거나, 시합에 앞서 약물을 투여한다거나, 다른 사람의 공적을 낚아채는 등 무모하다 못해 자기 파괴적인 행동으로 나타나기도 한다.

지난 15년 동안 나는 사람의 행동을 결정하는 '감정'을 연구해 왔는데, 그중 가장 중점적으로 관찰한 감정이 자부심pride이다. 내가 도달한 한 가지 결론은 성취와 창조, 혁신을 추구하게 만드는 가장 중요한 동력이 바로 자부심을 느끼고자 하는 욕구이며, 따라서 미술과 건축에서 과학, 수학, 철학에 이르기까지 인류의 모든 문화적 발명을 가능하게 한 것이 자부심이라는 것이다. 훌륭한 예술 작품, 세계를 바꾼 과학적 발견, 첨단 기술 발명을 포함하여 우리 종이 거둔 많은 위대한 성취에 자부심이 적어도 부분적으로는 기여했다는 이야기다.

이 이야기가 놀랍게 들릴 수도 있다. 우리는 창작자나 발견자, 발명가와 같은 사람들은 천재라고 생각하는 경향이 있다. 다시 말해, 앎과 진리를 향한 순수한 탐구욕과 더불어 그가 타고난 걸출한 능력을 발휘하여 지칠 줄 모르고 자기 분야에 헌신하는 사람이라고 여기는 것이다. 하지만 전설적인 천재라는 표현은 말 그대로 전설일 뿐이다. 탐구욕이나 지식욕만으로는 혁신을 이루어 낼 수 없다. 우리가 애써서 배우고, 발견하고, 성취하고자 노력하는 이유는 자부심이다.

물론 우리는 우리가 자부심 때문에 중요한 일을 한다고 생각하지 않는다. 우리는 우리가 올바른 사람이 되기 위해 노력하는 까닭이 '자신에 대해 기분 좋게 느끼고 싶어서'라고는 생각하지 않는다. 그렇게 하는 것은 '자신이 좋은 사람이기 때문'이라고 생각하고 싶어 한다. 하지만 우리가 그토록 스스로를 좋은 사람이라고 생각하고 싶어 하는 이유, 그 이유가 바로 자부심이다.

하지만 자부심이 우리를 반드시 좋은 사람으로 만들어 주는 것은 아니며 행복한 사람으로 만들어 준다는 보장도 없다. 빌 게이츠와 워런 버핏처럼 자부심을 동력으로 각고의 노력을 경주한 결과 엄청난 성취를 이루고 그 결실을 타인을 돕는 데 사용한 인물들이 있는 반면 랜스 암스트롱 같은 사람도 있는 것이 이 세상이다. 물론 암스트롱도 엄청난 성취를 이룬 인물이다. 그러나 그에게 동력이 되었던 자부심은 그를 거짓말과 속임수 등 성공을 위해서라면 어떤 수단과 방법도 마다하지 않게 만들었다.

이처럼 자부심은 한 가지가 아니다. 세간의 칭송에 심취해 자신이 거둔 성공을 인생에서 가장 큰 미덕이자 강점으로 여길 때 느끼는 오만한 자부심도 있다. 틈만 나면 세상에 자신의 부와 지능, 사업적 수완을 자랑하는 도널드 트럼프, 자신이 인류 역사상 가장 위대한 운동선수라고 주장하는 우사인 볼트에게서 보는 것이 이 과시적인 유형의 자부심이다. 이런 자부심은 보는 이에게 밉살스럽고 불쾌하게 여겨질 수 있으며, 위대함을 낳는 동력이 될 수도 있지만 이른 쇠락으로 끝날 수 있다.

두 유형의 자부심, 즉 창조성을 드높이는 성취 지향적 자부심과 자기과시적인 오만한 자부심은 둘 다 우리 인간의 정신에서 많은 부분을 형성한 진화적 동인의 결과물이지만 극도로 상반된다. 오만하고 자족적인 자부심도 우리 본성의 일부이지만, 이 자부심은 좋은 사람이 되고자 하는 욕구와 성실한 노력을 이끌어 내는 것이 아니라 권력과 지배력을 얻기 위해 타인을 공격하고 조종하고 기만하고자 하는 욕구를 유발한다. 그리고 그 힘을 손에 넣었을 때는 끝까지 놓지 않으려 한다.

이러한 양면성으로 인해, 자부심은 천재의 행동의 동기가 되는 동시에 광기 어린 행동의 동기가 되기도 한다. 랜스 암스트롱은 어째서 이미 충분히 경이로운 자신의 사이클링 실력을 불법 호르몬제를 투여하면서까지 향상시키려 했으며, 그것도 모자라 동료 선수들을 협박하고 옭아매어 똑같은 불법 행위를 하게 함으로써 발각 가능성을 기하급수적으로 높인 것일까? 떠오르는 스타 심리학자였던 디데릭 스테이플Diederik Stapel은 어쩌다가 실험도 실제로 수행하지 않고 데이터를 날조하게 된 것일까? 가짜 데이터를 들키지 않기 위해서 동원해야 할 고도의 속임수와 갖가지 손질에 공을 들이느니, 그냥 실험하고 조사를 하는 것이 훨씬 더 수월한 일이었을 텐데 말이다. 재능 있는 과학 저술가 조나 레러Jonah Lehrer는 왜 충분히 흡인력 강한 이야기를 써 놓고도 내용을 각색해서 책이 독자들의 서고에 꽂히지도 못하고 회수당하는 위험을 무릅썼을까? 무엇이 이 능력 출중하고 성공한 개인들에게 이미 가진 것에 그토록 만족하지 못하고 '조금만 더'를 위해 모든 것을 걸게 만들었을까?

오만한 형태의 자부심은 이들의 이해할 수 없는 행동을 해명해 주며, 어쩌면 그것이 유일한 답일지도 모른다. 그렇다. 자부심은 사람이 추구하는 위대함의 원천이지만, 걷잡을 수 없는 전락의 원천이 될 수도 있다. 이런 이유로, 다른 어떤 감정보다도 자부심은 인간 본성의 한가운데에 자리 잡고 있다고 할 수 있다.

자부심이 진화된, 즉 우리 종이 타고나는 감정이라는 것은 상대적으로 최근에 이루어진 과학적 발견이다. 나를 포함하여 다른 여러 심리학자들의 연구를 통해, 자부심은 학습을 통해서 느끼는 감정이 아님이 밝혀졌다. 다시 말해 자부심은 우리가 인간이기 때문에 느끼는 것이며, 우리는 자부심을 느끼도록 진화했다. 이는 자부심에는 기능과 목적이 있음을 의미한다.

그렇다면 자부심의 목적은 무엇일까? 자부심은 타인들이 자신을 어떻게 보는지, 그리고 이에 못지않게 중요한 것으로, 우리 스스로가 자신을 어떻게 바라보는지에 관심을 갖게 만든다. 자부심은 우리가 자신에 대해서 좋게 느끼고 싶도록, 스스로를 유능하고 힘 있는 존재로 느끼고 싶도록 만든다. 자부심은 또한 스스로에게 '나는 어떤 사람이 되고 싶은가'를 생각하게 하고, 그 사람이 되기 위해서 필요한 모든 노력을 하게 만든다. 자부심을 느끼고자 하는 욕구는 따라서 우리로 하여금 최고가 되기 위해 노력하게 만들 뿐만 아니라, 때로는 속임수를 쓰고 거짓말을 하며 남을 이용하게 만들기도 한다. 만약 자부심이 자신이 추구하는 것을 성취하게 만들어 준다면, 우리는 이를 통해 사회를 구성하는 복잡한 위계 사다리의 상층부로 올라갈 수 있을 것이다.

즉, 자부심이 우리 종의 진화 과정에서 수행하는 궁극의 기능은 사회적 지위의 상승에 이바지하는 것이다. 자부심은 우리에게 권력과 영향력, 타인에 대한 통제력을 행사할 권한을 가져다준다. 이러한 결과물은 적응성의 소산이다. 위계 구조의 상부에 있는 이들이 하부에 있는 이들보다 생존과 번식에 성공할 가능성이 크기 때문이다.

자부심은 우리의 사회적 지위만 상승시켜 주는 것이 아니다. 우리로 하여금 더 나은 사람이 되기 위해 노력하게 만들며,

타인에게 배우고 창조하고 혁신하기 위해 노력하게 만든다. 자부심이 존재하기에 우리는 문화적 유산을 학습하여 자기 것으로 삼고, 이를 토대로 더욱 개선하기 위해 땀 흘리는 것이다.

요컨대 자부심은 우리를 많은 면에서 다른 어떤 종과도 같지 않은 놀라운 존재로 만들었으며, 부단한 인류 문화의 진화를 이루어 왔다. 하지만 자부심이 진보와 혁신의 동력이기만한 것은 아니어서, 거기에는 우리의 행동과 사회적 위계, 타인을 대하는 태도에 부정적 영향을 미치는 어두운 면도 있다. 오만한 자부심 또한 성취 지향적인 진정한 자부심만큼이나 강력한 힘을 발휘한다. 타인을 돕고 싶은 마음을 일으키는 것이 자부심이지만, 타인 위에 군림하려는 욕구를 일으키는 것 또한 자부심이다.

자부심은 죄악으로 느껴질 수 있을뿐더러 그중에서도 아주 심각한 경우도 있다. 고대 기독교에서는 자부심을 칠죄종七罪宗의 하나로 간주했을 뿐 아니라, 태만과 탐욕, 식탐, 욕망, 시기, 분노 등 만악의 근원으로 여겼다. 하지만 이 책에서는 우리가 좋은 사람이 되기 위해 우리의 자부심을 포기할 필요는 없다는 사실을 설명할 것이다. 아니, 우리에게는 자부심이 필요하다. 그것이 어떤 자부심일지는 우리의 선택에 달렸다. 이 선택에 따라 자부심은 우리에게 도움을 줄 수도, 해를 끼칠 수도 있다.

살아가면서 문득 어떻게 채워야 할지 알 수 없을 삶의 공허를 경험하는 이유 또한 자부심을 느끼고자 하는 욕구에서 찾을 수 있다. 자부심이 어떤 것인지 이해하고 이 감정이 우리 삶에서 얼마나 중요한지를 받아들인다면, 우리는 이 감정을 자신이 목표로 하는 사람이 되는 데에 동력으로 삼을 수 있다. 하지만 그 감정을 제대로 제어하지 못하면 오만한 자부심이 그 자리를 차지하여 잘못된 판단과 행동을 일삼다가, 스스로도 알아보지 못하는 사람이 되어 삶이 통째로 무너질 수도 있다. 자부심의 심리학을 통해서 우리는 이 두 유형의 차이와 더불어 두 유형 모두 우리 안에 존재함을 이해하고, 둘 중 한쪽을 선택할 수 있을 것이다.

우리는 자부심을 부정하거나 억압하려 할 것이 아니라 사람을 사람답게 만들 수 있는, 더 바람직하고 이로운 자부심을 추구해야 한다. 자기 안에 존재하는 자부심에 귀를 기울이는 것이야말로 자신이 어떤 사람인지, 인생에서 원하는 것이 무엇인지, 어떻게 그 목표에 도달할 것인지를 알아낼 수 있는 왕도가 된다. 또 지금의 인생에 무언가 빠져 있다고 말하는 내면의 목소리 역시 가장 나다운 나를 어떻게 찾을지를 알려 준다. 그 목소리는 우리 안에서 무언가를 이루고자 하는 의욕을 일으키고 의미 있는 무언가를 행하게 만들며 그리하여 세상에 도움이 되는 사람이 되게 만든다. 즉 자부심을 느끼고자 하는 욕구는 우리를 자신이 되고자 하는 그 사람이 되는 데 필요한 것을 하도록 이끄는 길잡이이자 동력이다.

이 책이 추구하는 궁극적인 목표는 그러한 어두운 충동은 통제하고 진정한 자부심의 목소리를 따를 수 있음을 보여 주는 것이다. 나는 자부심의 심리학이 우리 종의 모든 일원이 타고난 이 능력을 십분 발휘하여 더 나은 자아, 더 나은 삶을 추구하는 데 이바지하리라고 믿는다. 자부심은 우리가 스스로를 뿌듯하고 보람되게 느끼게 하는 힘이며, 우리 삶을 바꿔 놓을 힘이다.

contents

CHAPTER 3
우리를 성공으로 이끄는 힘, 프라이드

프라이드란
무엇인가

TAKE PRIDE

1
프라이드의 탄생

그를 달리게 만든 것

'울트라마라톤 맨'으로 널리 알려진 딘 카르나제스Dean Karnazes
는 전 세계에서 가장 긴 거리를 가장 오래 쉬지 않고 달린 인
물이다. 카르나제스의 최장거리 경주는 563킬로미터로, 사흘
밤낮을 잠 한숨 자지 않고 달린 기록이다. 그는 370킬로미터
릴레이 경주를 여럿이 아닌 혼자서, 그것도 한 번이 아닌 10회
를 뛰었으며 마흔네 살에는 50일간 마라톤을 무려 50회 뛰기
도 했다.

　화려한 이력이 보여 주듯, 카르나제스는 지구력에 관해서라
면 둘째가라면 서러운 인물이다. 그뿐만이 아니다. 달리는 속

도도 대단히 빨라 숱한 장거리 경주에서 우승을 거머쥐었다. 기온이 50도 가까이 치솟는 데스밸리에서 217킬로미터를 달리는 배드워터 울트라마라톤을 포함하여, 대다수 사람들은 설마 그런 경기가 있느냐고 의심할 만한 대회들에서 말이다. 이처럼 카르나제스는 반박할 여지없이 현재 세계에서 가장 인상적인 장거리 달리기 선수다.

카르나제스가 마라톤을 시작한 것은 서른 살 생일날 자정을 넘긴 직후였다. 10대 때 그는 교내 크로스컨트리 팀에서 활약하기도 했지만 자신이 따르던 코치가 은퇴하자 그 역시 팀에서 나왔고, 얼마 지나지 않아 달리기 자체를 그만두었다. 그렇게 10년이 넘는 세월이 흘렀다. 카르나제스는 대학에 진학했고, 졸업을 하고 결혼도 했으며, 전도유망한 사업가로서 이력을 쌓아가기 시작했다. 학창 시절, 노력파에 성적이 좋았던 그는 사업에서도 금세 상위권에 올랐다. 하지만 결국 무언가 변화가 일어나기 시작했다. 회고록 『울트라마라톤 맨』에서 카르나제스는 이렇게 말한다. "내면의 공허함을 느끼게 되었다. 내 인생에서 무언가가 빠져 있었다."[1] 중대한 계약을 잇달아 성사시킨들 더 이상 대단한 성취감이 느껴지지 않았다. 인생의 전성기를 맞은 시점인데도 그는 사는 게 따분하고 목적도 없다고 느꼈다.

서른 살이 되던 아침, 카르나제스는 충격과 함께 잠에서 깼다. 그 순간 그는 지금껏 인생을 낭비하고 있었다는 사실을 깨달았다.[2] 그는 혼란스럽고 불안한 심정으로 아내에게 말했다. "30년 후에도 똑같지 않을까? 여기에 주름만 자글거리고 머리는 벗겨지고…… 살은 흉하게 찌고. 비참하게 말이야."[3] 그날 밤, 카르나제스는 친구들과 샌프란시스코의 잘나가는 나이트클럽으로 술을 마시러 나갔다.

그때 갑자기 카르나제스에게 어떤 깨달음이 찾아왔다. 지금까지 살아오면서 스스로가 가장 자랑스러웠던 때는 '순전히 혼자 힘으로 육체적으로 고통스러운 무언가를 해냈던 순간'이라는 깨달음이었다. 두어 번 그런 경험이 있었다. 열두 살 때, 로스앤젤레스에서 패서디나의 조부모님 집까지 65킬로미터 거리를 무작정 자전거로 10시간을 달린 적이 있었다. 또 고등학생 시절에는 학교의 크로스컨트리 팀을 이끌어 리그 챔피언에 등극시킨 적이 있었다. 카르나제스는 그때의 그 느낌이 절실히 그리웠다.

그는 밤새 달렸다. 샌프란시스코의 집에서 하프문 베이까지 50킬로미터 거리를 말이다. 산 정상에 올라 자욱한 안개 위로 별이 가득한 하늘을 바라보았다. 자신이 있어야 할 곳이 바로 이곳임을 느꼈다.[4] 근 15년 만에 달려본 탓에 며칠간 제대로 걷지도 못했지만 카르나제스는 아주 오랜만에 '살아 있음'을 느꼈다. 그는 그동안 놓치고 있었던 목적의식을 되찾았고, 이를 놓치지 않을 작정이었다.

그날 이후 카르나제스는 세계에서 가장 유명한 울트라마라

토너가 되었다(일반 마라톤의 경주 거리인 42.195킬로미터 이상은 모두 울트라마라톤으로 분류한다). 대기업들의 후원을 받았으며, 비주류였던 울트라마라톤을 인기 종목의 반열에 올려놓았다. 2005년 출간한 그의 회고록이 베스트셀러가 되면서 이 스포츠가 수백만 대중에게 알려진 것이다. 그뿐만 아니라 이 책은 특별한 서른 살 생일 맞이 열풍을 일으켰다. 사람들에게 자신의 삶이 그동안 얼마나 무의미하게 흘러왔는지, 이를 바꾸기 위해 무엇을 해야 하는지를 되새기게 해준 것이다.

회고록이 출간되기 전까지 카르나제스는 사람들에게 자신의 여가 활동에 대해 일일이 설명하느라 진땀을 흘려야 했다. 그는 이렇게 말한다. "사람들한테 내가 한 번에 150킬로미터씩 뛴다고 말할 때마다 어김없이 나오는 질문이 두 가지 있다. 우선 하나는 '그게 어떻게 가능하죠?'다. 다른 하나는 훨씬 더 답하기가 어려운 질문이다.[5] '대체 왜요?'"

카르나제스는 극단적인 달리기로 부와 명성을 얻었다. 그는 달리기를 하는 사람들은 물론 하지 않는 사람들에게도 영웅이 되었다. 2007년 「타임」지에서는 그를 세계에서 가장 영향력 있는 100명 중 한 사람으로 선정했다. 하지만 이러한 결과들이 카르나제스가 왜 달리기를 하는가에 대한 답은 되지 못한다. 무엇이 그토록 그를 달리게 만드는 것일까?

이는 동기 부여의 문제다. 다른 동물들도 그렇지만, 인간이 자신에게 좋은 것을 행하는 까닭은 그것이 자신에게 좋다는 사실을 알기 때문만은 아니다. 조금 의아할지도 모르겠다. 오늘 아침에 이를 닦은 게, 양치질이 치아 건강에 좋다는 걸 알기 때문에 한 일이 아니라고?

생각해 보자. 어떤 행위가 자신에게 최선임을 안다고 해서 동기가 부여되진 않는다. 앎 자체에는 우리를 움직이게 하는 힘이 없다. 카르나제스가 달리기를 시작한 것은 그것이 자신의 인생을 바꿔 주리라는 것을 알았기 때문이 아니다. 무언가를 '느끼고' 싶었기 때문이다.

우리에게 주요하게 동기를 부여하는 것은 지식이 아니라 '감정'이다. 우리가 매일 양치질을 하는 것은 그러지 않으면 나중에 치과를 가게 될지도 모른다는 두려움 때문이다. 입 냄새 걱정도 있었을 것이다. 이처럼 불안과 두려움 같은 감정이야말로 지식 자체는 하지 못하는 일, 즉 '행동'을 하게 만드는 동력이다.

카르나제스처럼 어떠한 성취를 위해 땀 흘려 노력하는 사람들에게 동기를 부여하는 감정이 바로 '자부심'이다. 자부심은 자신이 바라는 사람이 되기 위한 모든 일을 하게 만든다. 우리가 놀기보다는 일을 선택하는 것, 다시 말해 우정과 인간관계는 물론 음주와 비디오게임, 텔레비전 시청 등 손쉬운 쾌락을 포기하는 것은 단순한 쾌락 이상의 무언가를 느끼고 싶기 때문이다.

서양에서는 오래전부터 자부심을 중요하게 여겨왔다. 우리는 일이나 자녀뿐 아니라 자신이 지지하는 사상과 신념 체계, 응원하는 스포츠 팀, 국가 그리고 무엇보다 자기 자신에게서 자부심을 느끼고 싶어 한다. 그러나 자부심과 이를 얻고자 하는 욕구가 인류 보편의 경험인가를 과학적으로 연구한 지는 10년 정도밖에 되지 않았다. 최근까지도 학자들은 자부심을 사람의 인생에 중대한 영향을 발휘하는 힘으로 여기지 않았으며, 심지어는 감정으로 분류하지도 않았다. 두려움, 분노, 슬픔, 기쁨처럼 인류가 공통적으로 공유하는 기본적인 감정으로 간주하지 않았던 것이다. 사실 자부심에 대한 생각 자체를 거의 하지 않았다고 해도 과언이 아니다.

그런데 '자부심은 보편적 감정인가?' 라는 질문에는 심오한 함의가 있다. 만약 자부심이 일부 문화권 사람들만 경험하는 것이라고 가정해 보자. 그렇다면 자부심은 인간 본성의 토대가 아니라 후천적으로 획득된 문화적 산물이라는 뜻이 된다. 딘 카르나제스를 밤새 달리게 만든 그 느낌, 자신에게 중요한 것을 위해 스스로를 다 바쳐 노력하게 만드는 그 감정이 우리 인간에게 생물학적으로 내재된 선천적 속성이 아니라 외부, 즉 부모님과 선생님, 친구들 혹은 동료들이 부여한 요소라는 셈이다.[6]

이와 반대로, 만약 자부심이 지구상에 존재하는 모든 문화권 사람들이 경험하는 인간 고유의 감정이라면, 이는 자부심이 우리가 유전적으로 물려받은 생물학적 구성의 일부, 즉 인간 본성의 일부라는 뜻이 된다. 이는 인류가 자부심을 경험하도록 진화되었기 때문이며, 그런 자부심의 이점을 우리가 아직도 제대로 이해하지 못하고 있다는 의미다. 따라서 자부심이 보편적 감정인가, 아닌가 하는 물음에 답을 구하는 것이야말로 이 강력한 감정을 이해하기 위한 출발점이다. 이뿐만 아니라 자부심이 개인의 삶은 물론 인간이라는 종種으로서 우리에게 미친 영향을 파악하고, 자부심을 더욱 의미 있게 사용하는 방식을 이해하는 첫걸음이 될 것이다.

자부심은 감정인가

세상에는 각양각색의 사람들이 있지만, 대다수가 밤이면 달리기보다 잠을 택하듯 우리 인간에게는 수많은 공통점이 있다. 배가 고프면 먹을 것을 원하고, 목이 마르면 물을 찾는다. 아픔을 싫어하고 즐거움을 추구하며, 온화한 날씨를 선호하고 들이마시는 공기 속에는 최소한 21퍼센트의 산소를 필요로 한다. 이 전부는 우리 모두에게 생물학적, 보편적으로 주어진 특성이다. 이런 요소들과 비교할 때 감정을 느끼고 표현하는 능력은 덜 중요하게 여겨질지도 모른다. 그러나 이 역시 사람을 사람다운 존재로 만들어 주는 하나의 보편적 특성이며, 우리의 본성을 형성하는 데 중대하게 기여해 온 요소다.

감정은 인간이 존재해 온 기간 동안 무수히 맞닥뜨린 사건들, 즉 우리의 안전과 생존에 위협이 되는 상황에 대한 생물학적·생리학적 반응이다. 자연선택을 거치면서 감정은 인류가 이런 위험에 최대한 적응력 있게 대처하도록 진화했다. 감정은 우리 개개인의 생존 가능성을 높여 자손에게 자신의 유전자를 전달할 수 있게 해주는 중요한 수단이었다.

두려움이라는 감정적 경험을 만들어 내는 데 작용하는 뉴런 (신경세포)과 시냅스, 근육, 혈관의 복잡한 연결망을 생각해 보자. 이 연결망은 우리 자신(또는 우리가 아끼는 사람들)이 위험에 처할 만한 일이 벌어졌을 때 촉발된다. 우리의 뇌는 즉각적으로 이러한 사건을 위협적이라고 해석하고, 이 해석은 정신적·물리적 반응을 연쇄적으로 발생시킨다. 여기에는 심박 수 증가나 땀 흘림 등의 생리적 변화, 위협의 원천에 대한 경계 및 주의 강화 등 인지적 변화, 갑자기 온몸이 굳거나 눈이 휘둥그레져 시각적으로 더 많은 정보를 획득하는 동시에 주위 사람들에게 위험을 알리는 등의 행동적 변화가 포함된다.

이뿐만 아니라 우리의 주관적인 경험에도 변화가 발생한다. 말 그대로 두려움을 느끼는 것이다. 그러나 이 느낌은 빙산의 일각으로, 맞닥뜨린 난국에 대해 우리 몸이 내놓는 해결책 중 지극히 일부이다. 이 모든 변화가 향하는 목표 지점은 하나다. 바로 두려움에 질린 이 사람을 위협을 모면하는, 가능한 한 가장 유능한 장치로 변환시키자는 목표다.

인류가 감정이라는 능력을 발현한 뒤 수천 년이 지난 지금도 우리는 이 진화 도구를 본능적으로 지각한다. 한밤중 기분 나쁜 소리에 잠에서 깬다면, 무슨 일인지 침대를 박차고 나가 살펴보기 전에 먼저 몸과 마음이 어떤 상태인지 잠시 확인해 보자. 단 몇 초가 지났을 뿐인데 의식이 전에 없이 명료하게 깨어 있을 것이다. 가슴은 두근거리고, 혹시 아까 주방에 둔 물건이 떨어진 건 아닌지 생각하느라 머릿속이 팽팽 돌아갈 것이며, 근육은 바짝 긴장해 당장이라도 달려나갈 채비를 마쳤을 것이다.

이 순간 우리가 경험하는 극적인 신체 변화는 진화가 만든 일이다. 진화는 우리에게 고도의 기능적 반응을 일으킴으로써 동서고금을 막론하고 어떠한 위협에도 대응할 수 있는 능력을 준비시켰다. 물론 인류가 맞닥뜨리는 위협의 종류는 시간이 흐르면서 크게 달라졌다. 현대인은 사자와 마주쳐 놀랄 일보다는 한밤중 접시 깨지는 소리에 공포를 느낄 확률이 훨씬 더 높다. 그러나 오늘날 우리가 경험하는 공포는 우리 조상들이 느꼈을 공포와 별반 다르지 않으며, 어느 쪽이 되었건 공포는 위협에 대처하는 우리 몸의 반응 방식이다.

이러한 감정은 우리가 자신에게 유리한 것은 행하고 해가 되는 것은 피함으로써 자손을 번식할 만큼 오래 생존하도록 진화했다. 이 감정들이 적응적adaptive이라는 것은 이런 의미에서다. 이러한 감정들은 오랜 세월에 걸쳐 우리 종의 일원들이 천적의 맹습, 식량이나 식수 부족 또는 임신이나 출산이 힘들 정도로 가혹한 환경에서 생존하는 데 기여했으며, 이후에는 우리 종의 수명이 크게 연장되는 데 기여했다.

이들 감정은 우리 종이 살아남는 데 도움을 준 동시에 우리 종의 특성이 되었다. 감정이 본성의 일부라는 얘기는, 감정이 우리 부모, 부모의 부모, 그 앞선 세대의 선조들에게 물려받은 유전자를 통해 획득되었다는 뜻이다. 즉, 우리 종이 지닌 생물학적·심리적 특성들과 마찬가지로 감정 또한 우리를 우리로 만들어 주는 특성이다. 잠재적 위협을 만났을 때 두려움을 느끼는 우리 종의 경향 덕분에, 우리의 선조들은 검치호를 피해 달아났고 독 있는 열매는 제쳤으며 자손 번식에 성공할 수 있었다. 바로 이 경향으로 지금 우리는 돌다리도 두들겨 보고 건널 만큼 조심하고 때론 도덕성에 집착하며 우디 앨런의 유머를 즐길 수 있는 종이 된 것이다.

감정을 사람의 진화된 본성으로 인식하게 된 것은 비교적 최근에 이루어진 지적 결실이다. 50여 년 전 사회과학과 인문학 전반은 사회구성주의social constructivism가 지배했다. 이 이론의 주창자들은 감정이란 사람의 다른 심리와 마찬가지로 자연과학의 범주에 들지 않으며 오직 문화상대주의cultural relativism의 눈으로 볼 때만 정당하게 평가될 수 있다고 믿었다. 어떠한 감정적 경험을 이해하기 위해서는 그 감정을 경험한 이가 속한 문화적 맥락에서 살펴야 한다는 주장이었다. 사회구성주의에 따르면 감정은 진화 과정에서 형성된 인간 본성이자 본능이 아니라, 그 사람이 속한 문화권의 다른 일원들로부터 학습한 결과물이었다.

그러나 감정이 문화권마다 다른 성격을 띠는 현상이라는 믿음은 오히려 기존의 이해에 역행하는 주장이었다. 그로부터 약 1세기 전인 1872년, 세계에서 가장 유명한 반구성주의자 찰스 다윈은 저서 『인간과 동물의 감정 표현에 대하여』를 발표했는데 감정은 타고나는 것이며 생물학적 현상이라는 주장이 이 책의 핵심이다. 다윈은 감정 연구자가 아니었음에도 감정 표현이라는 주제에 책 한 권을 통째로 할애했다. 그는 자신의 진화론을 생물학적 영역을 넘어 내적·심리적 영역으로까지 확장하고자 했다. 다윈은 그중에서도 감정이 최상의 출발점이라고 판단했는데, 감정은 신체에 가시적으로 나타나므로 정신에만 속할 수 없다는 것이 그의 주장이었다.

감정이 정신의 상태이자 육체의 상태라는 이 주장은 오늘날에는 당연시된다. 논리적 사고, 복잡한 결정, 도덕적 판단력 등 전적으로 머릿속에서만 일어나는 많은 정신적 요소들과 달리 감정은 정신의 안팎에서 함께 일어난다. 감정은 내적으로 이루어지는 심리적 과정이지만 외부로도 표출된다. 우리가 어떤 감정을 느끼면, 무의식적으로 혹은 불가피하게 그 감정이 표정과 동작으로 나타난다. 기쁠 때 우리는 미소를 짓는다. 화가 날 때는 입술을 오므리고 눈살을 찌푸린다. 겁을 먹었을 때는 온몸이 긴장하고 두 눈은 휘둥그레지며 싸우거나 달아날 준비를 한다. 이처럼 신체에 나타나는 변화는 감정을 눈에 보이게 만들어 준다. 따라서 사람의 심리 상태와 다른 동물의 심리 상태를 비교하는 하나의 도구로써 감정을 활용하기도 한다.

다윈은 사람의 정신에서 이루어진 진화의 근거를 찾기 위해서 그가 생각하기에 사람과 동일한 조상을 둔 다른 동물의 정신을 직접 관찰하기로 했다. 이때 감정 표현은 이를 증명할 좋은 방법이 되었다. 사람의 감정표현과 다른 동물들의 감정적 행동이 유사하다는 사실을 눈으로도 쉽게 확인할 수 있었기 때문이다.

동물원의 영장류 구역에서 한동안 지켜보기만 하면 충분히 알 수 있다. 어떤 종의 원숭이가 되었건 자세히 들여다보자. 이 털북숭이들에게서 놀라울 정도로 친숙한 면면이 보일 것이다. 그중 가장 놀라운 점은 그들의 얼굴, 특히 표정이다. 다윈도 이 점을 알아보고는 앞에서 말한 저서에 그러한 종간 유사성의 사례들을 빼곡하게 소개했다. 가령 다윈은 1년 동안 집에서 원숭이를 키우던 지인에 대해서 이야기했는데, "그는 식사 시간에 특별히 맛있는 것을 주었을 때 원숭이의 입꼬리가 살짝 올라가는 것을 관찰했다. 경미한 미소의 성질을 띠는 이 표정은 만족감의 표현으로, 사람의 얼굴에서 흔히 볼 수 있는 것과 유사하며 이 동물에게서 분명하게 관찰되었다"[7]라고 썼다. 다윈은 영장류에서 그치지 않고 다른 동물에 대해서도 이 주장을 이어 갔다. 가령 개가 다른 개에게 접근하면 이런 식이다. "귀를 쫑긋 세우고 눈은 상대의 눈을 골똘하게 응시하며 목덜미와 등의 털이 곤두서고 발걸음은 눈에 띄게 뻣뻣하며 꼬리는 바짝 세운다", "이 특성도 우리와 비슷한데, 우리는 성난 사람을 보고 종종 '고개를 빳빳이 들었다'는 표현을 쓴다."[8]

사람과 다른 동물의 표정에서 나타나는 이런 유사성을 자연 선택을 통해 이루어진 진화가 아닌 무엇으로 설명할 수 있을까? 우리의 표정이 오래전에는 다른 동물이었을 우리 조상으로부터 유전된 것이 아니라면, 어떻게 다른 동물들에게서 나타나는 표정과 그렇게 비슷할 수가 있을까?

그럼에도 불구하고 다윈의 주장, 즉 사람의 감정이 사람이 아니었던 우리 조상에게서 물려받은 특질이라는 주장이 널리 받아들여지는 데는 오랜 시간이 걸렸다. 당시만 해도 다윈이 자신의 주장을 뒷받침하며 제시할 수 있는 근거가 이런 관찰뿐이었기 때문이다. 원숭이나 개를 키우던 과학자들이 이 동물들이 아주 감정적이 되는 순간에는 사람과 상당히 비슷한 행동을 보인다는 사실을 어쩌다가 발견하는 정도였다. 게다가 그즈음 학계에 구성주의적 관점이 뿌리내리면서 다윈의 주장은 당분간 진지하게 받아들여지거나 연구되기 어려운 실정이었다. 다윈의 주장에 대한 확고한 근거를 찾기 위해 실증적 방법을 시도하는 데만 약 100년의 세월을 흘려보내야 했다.

마침내 1967년, 바로 그 일을 하기로 작정한 이가 나타났다. 폴 에크먼Paul Ekman이라는 미국의 서른세 살 임상심리학자

였다. 에크먼은 다윈의 저작을 읽고는 그 시대의 사회구성주의
자들이 이렇다 할 논쟁도 없이 그의 주장을 성급히 폐기해 버
렸다는 사실에 낙담했다. 하지만 다윈이 옳았음을 어떻게 증명
할 수 있을까? 선사시대의 인류가 오늘날과 똑같은 방식으로
감정을 표현했는지 알아보기 위해 과거로 돌아갈 수는 없는
노릇이었다. 에크먼이 할 수 있는 일은 현대의 피험자 집단을
찾아 다윈의 이론을 실험하는 것이었다.

에크먼은 인류학자들과 이야기를 나누면서 돌파구를 찾았
다. 다윈이 옳았다면 사람의 감정 표현은 인류의 조상으로부터
유전자를 통해 우리에게 전달되었을 것이며, 그렇다면 감정 표
현은 선사시대 사람들뿐 아니라 모든 현대인들에게도 동일하
게 나타나야 한다. 즉, 감정 표현은 우리 종의 모든 일원들이
보편적으로 공유하는 것이어야 한다. 전 세계의 각기 다른 사
회 집단들이 순전히 우연하게 동일한 감정 표현을 형성할 가
능성은 극히 낮다고 봐야 한다. 반대로 다윈이 틀렸다면, 그래
서 감정이 사회적으로 형성되는 것이라면, 감정 표현은 반드시
문화권에 따라 다르게 나타나야 한다.

이 통찰은 심리학의 모든 연구 가운데 가장 유명한 작업 중
하나로 자리 잡았다. 에크먼이 다윈의 주장을 실험할 수 있는
가장 좋은 방법은 서구의 문화 규범이나 감정에 대한 사전 지
식이 전혀 없는 집단을 찾는 것이었다. 서구인을 만난 적이 없
고 미국이나 유럽의 영화나 텔레비전, 잡지 따위를 접한 적 없

는 사람들을 연구할 수 있다면, 서구인들의 감정 표현이 보편적인 것인지 아닌지를 입증할 수 있을 것이었다. 서구 문화로부터 완전히 격리된 사람들에게 미국인의 표정이 담긴 사진을 보여 주었을 때 서구인들과 같은 방식으로 답한다면, 그 표정은 집단 내에서 사회적으로 습득된 것이 아니라 사람이 타고나는 본성의 일부라는 뜻이 될 것이다. 문화적 규범과 가치관이 서로 다른 완전히 별개의 두 집단에서 각 감정마다 동일한 표정이 자연발생적으로 발달했다면 그야말로 굉장한 우연의 일치가 작용해야 한다. 에크먼이 실험 대상으로 삼은 집단에서 감정 인식에 성공한다면 결국 감정 표현은 진화되는 것이며, 어디에 사는 사람이든 웃는 표정, 찌푸린 표정, 일그러진 표정에 서로 동일한 의미를 부여하는 까닭은 사람의 본성이 그러하기 때문이라고 요약할 수 있을 것이다.

에크먼은 이 연구의 피험 집단으로 포레Fore 부족을 택했는데, 이들은 파푸아 뉴기니에서 살아가던 전통적 형태의 소규모 공동체였다. 포레족은 언어를 기록할 문자가 없는 사회였다. 피진pidgin 영어를 말하는 사람이 일부 있었지만 대부분은 토착어를 사용했다. 다윈의 주장을 실험하기 위해 에크먼은 여섯 가지 감정과 연관되는 것으로 보이는 여섯 가지 표정의 사진을 서른 장 마련했다(동료들과 직접 촬영하거나 찾아낸 3000장 이상의 사진에서 추려 조합한 것이었다). 각각의 사진에 드러난 감정은 분노, 혐오, 두려움, 기쁨, 슬픔, 놀람이었다. 그는 이 사진들을 포레족 사람들에게 보여 주면서 각 사진이 어떤 감정을 표현하는지 물었다.

이 연구의 결과는 다윈의 감정 이론을 뒷받침하는 최초의 실증적 근거가 되었다. 에크먼이 제시한 거의 모든 사진에서 포레족 피험자 다수가 각각이 보여 주는 감정을 정확하게 식별해낸 것이다. 통계학적으로 말하자면, 피험자가 정확하게 식별해낸 빈도가 우연히 맞혔을 것으로 보이는(즉, 피험자가 에크먼이 제시한 선택지 중에 무작위로 추측해서 맞히는) 빈도보다 유의하게 높았다.

"우연히 맞혔을 것으로 보이는 빈도보다 유의하게 높았다"는 이 결과가 그다지 인상적이지 않을 수도 있다. 감정의 표현이 보편적인 것이라면, 슬픈 표정이 슬픔을 전달한다는 데 당연히 100퍼센트 일치된 결과가 나와야 하는 것 아니냐고 생각할 수 있다. 하지만 미국의 심리학 전공 대학생들을 대상으로 하는 연구에서조차 100퍼센트 일치라는 결과는 결코 도출되지 않는다. 어떤 주제에서든 말이다. 예를 들어 사람의 얼굴에 표출된 감정에 대해서건, 미국 최초의 흑인 대통령 이름이 되었건 혹은 저스틴 비버를 캐나다로 추방해야 하느냐 하는 문제가 되었건, 사람의 반응에 의존하는 연구라면 이례적인 반응은 반드시 나오게 되어 있다. 단순히 피험자가 실험에 주의를 기울이지 않아서일 수도 있고, 연구자를 혼란에 빠뜨리고 싶어서일 수도 있으며, 순수하게는 주어진 자극을 독특한 방식으로 이해하거나 세계를 바라보는 눈 자체가 특이한 경우도 있기 때문이다.

이 연구에서 얻은 중요한 결과에 힘입어, 에크먼은 자신이 실험한 여섯 유형의 감정이 각각 여섯 가지 표정과 보편적으로 연관된다[9]는 결론을 내릴 수 있었다. 그뿐 아니라 다윈이 사람과 동물의 감정 표현을 비교한 것이 옳았음이 증명되었다. 전 세계 모든 곳의 사람들이 어떠한 표정을 모두 똑같은 감정으로 인식했다면, 이러한 지식은 우리가 그렇게 진화했기 때문에 우리에게 있는 것이 틀림없다. 우리 본성의 일부임이 명백한 것이다. 이 연구 결과는 우리의 감정이 문화적 산물에 지나지 않는다는[10] 사회구성주의자들의 이론과 주장을 무너뜨릴 가장 강력한 논거가 되었다.

에크먼의 연구는 심리학에서 감정을 이해하는 방식을 완전히 뒤바꾸어 놓았다고 해도 과언이 아니다. 그 전까지 대부분의 심리학자들은 감정을 문화적으로 습득하는 것으로 보았고, 따라서 심리학보다는 인류학의 영역에 속한다고 여겼다. 이 입장에 동의하지 않는 소수의 심리학자들은 프로이트의 정신분석에 중점을 둔 이론가들로, 그들에게 감정은 주로 성적인 방어기제에 인생을 소모하게 만드는 병리학적 본능이었다. 에크먼의 연구 결과에 따르면, 감정이란 한마디로 '그런 게 아니었다'. 감정은 문화권에 따라 다른 것이 아니며 사회화의 산물도 아니다. 오히려 감정은 심리학적·생물학적으로 사람의 본성이며 선조로부터 물려받은 선천적인 것, 나아가 건강한 경험과 행동 범주에 속하는 것이다. 이 새로운 이해는 정통 심리학에 중대한 변화를 촉발했다. 심리학자들은 감정을 연구하기 시작했고, 이는 종종 감성과학Affective Science으로 불리며 심리학 분야의 주요 전공으로 자리 잡았다.

20세기 말에 이르러 감정이 심리학의 중심을 차지하면서, 많은 학자들이 감정을 사람의 모든 행동을 지배하는 동력으로 보게 되었다. 현재 대부분의 심리학자들은 우리가 내리는 모든 결정, 우리가 추구하는 모든 관계 그리고 우리가 원하는 모든 것과 그와 관계된 모든 판단과 행동, 욕망이 감정의 영향을 받는다는 데 동의하고 있다. 흔히 옳고 그름에 대한 판단은 합리적 사고나 논리에 의거해 이루어진다고 생각하지만, 사실은 이 조차 본능적인 감정 반응에 의해 유발되는 경우가 더 많다. 고도로 정교한 추론 과정을 거쳐 판단한다고 스스로는 생각할지 몰라도, 많은 연구 결과가 말해 주는 것은 우리가 실은 자신이 믿고 싶어 하는 바를 합리화하는 정교한 근거를 만드는 데 대단히 능하며, 우리가 믿고 싶어 하는 바는 거의 예외 없이 감정에 의해서 만들어진다[11]는 사실이다.

에크먼의 포레족 연구에 상당 부분 힘입어, 감정은 사람의 정신에서 매우 중요한 기능을 담당한다는 것이 받아들여졌다. 하지만 여기에는 중요한 조건이 하나 있다. 이 이론은 모든 감정이 아니라 '일부 감정'에만 적용된다는 사실이다. 에크먼은 불과 여섯 가지 감정에서 보편적인 표정을 찾아냈다. 그 결과 이 감정들은 심리학, 그중에서도 감성과학이라는 하위 분야에서 특별한 지위를 차지하게 되었다. 에크먼의 증명을 통해 분노, 혐오, 두려움, 기쁨, 슬픔, 놀람은 '기본 감정', 즉 우리 본성의 기본으로 여겨지게 되었다.

다시 말해, 이 감정들을 나타내는 표정이 보편적이라면 이 여섯 감정 또한 보편적인 것이어야 하며 진화의 산물이어야 한다. 그러나 에크먼을 포함하여 일부 학자들은 이 여기에서 더 나아가 감정에는 이 여섯 가지 기본 감정밖에 없다고 주장했다. 어떤 감정이 이 여섯 유형의 보편 표현 테스트에 통과하지 못한다면, 흥미롭고 연구해 볼 가치는 있겠으나 진짜 감정으로 간주될 수 없다는 것이었다.[12]

딘 카르나제스로 하여금 단숨에 수백 킬로미터를 달리도록 이끌었던, 나로 하여금 커피 바리스타 일을 그만두고 대학원에서 심리학 전공을 시작하게 했던 감정은 자부심이었다. 그러나 자부심은 에크먼의 기본 감정에 포함되지 않는다. 그렇다면 자부심은 우리의 본성이 아니라는 뜻일까? 아니면 심리학의 패러다임을 바꿔 놓은 에크먼의 획기적인 연구가 무언가를 놓친 것일까?

무엇이 우리를 살게 하는가

어릴 적, 아버지가 밤이 깊도록 책을 읽던 습관을 보며 궁금해했던 기억이 난다. 당시 나는 사람이 하는 모든 일에는 목적이 있다고 생각했다. 등교하는 것, 부모님이 출근하는 것, 장을 보러 가는 것 등 모든 일에 반드시 목적이 있다는 게 직관적인 믿음이었다. 장보기와 등교의 목적은 누가 봐도 분명했다. 살려면 먹어야 하고, 학교는 취직이나 학업에 필요한 것을 가르치니 미래의 일이기는 해도 이 또한 인생에 필요하다고 볼 수 있었다. 하지만 사람들이 아주 규칙적으로 하는 그 밖의 많은 일들에 대해서는 그 이유를 알기가 어려웠다. 나의 아버지는 저녁 식사 후 매일같이 흔들의자에 앉아 인스턴트 블랙커피를 홀짝이면서 몇 시간씩 책을 읽곤 했다. 그가 읽는 책은 휴양지에서 읽을 법한 가벼운 도서가 아니었다. 상당한 지적 능력이 필요한 읽을거리들로, 문학 비평서가 많았다. 아버지는 왜 그런 책들을 읽은 것일까?

의아했던 나는 뚜렷한 목적이 없어 보이는 일에 왜 그렇게 많은 시간을 쓰는지 아버지에게 물었다. 자신은 '원래 그런 사람'이라는 것이 아버지의 대답이었다. 날마다 밤이 깊도록 문학 이론서를 읽는 것은 아버지가 부동산업에서 얻지 못하는 삶의 의미와 자신의 정체성을 그 책들이 찾아 주기 때문이었다.

한편 어머니는 영문학 박사 학위를 취득하기 위해 공부하기 바빴다. 어머니에게 왜 그 공부를 하는지 물었다. 어머니는 어린 시절에 동네 도서관의 책이란 책은 다 읽는 책벌레였는데, 자신에게 가장 소중한 일을 직업으로 삼아 나머지 인생을 살고 싶어서라고 했다.

부모님의 대답을 들으면서 나는 우리를 어떤 일을 하게 만드는 욕구, 즉 감정적 동기는 두 범주로 구분된다는 생각을 할 수 있었다. 첫째는 기본적인 감정적 동기인데, 이는 장보기나 돈벌이처럼 평범하지만 필수적인 일상의 일들을 포함하여 생존을 위해 반드시 필요한 일들을 하게 만든다. 기본적인 생존 욕구가 위협받을 때면 우리는 두려움과 분노 같은 기본 감정을 느끼며, 이 감정들은 우리가 현재의 상태를 변화시키기 위해 어떤 일을 하도록 자극을 주는 것이다. 이런 욕구들이 충족되면 우리는 기쁨을 느끼는데, 이는 우리에게 세상만사가 무사하니 계속 그렇게 해나가라고 말해 주는 감정이라고 할 수 있다.

사실 생존을 가능하게 하는 이러한 감정들은 에크먼이 말한 여섯 가지 감정, 즉 분노, 혐오, 두려움, 기쁨, 슬픔, 놀람이다. 이는 기본적인 생존과 번식 지향에 대한 욕구를 충족시킨다. 바로 이것이 이 감정들이 존재하는 이유이며, 우리 종은 이를 경험하도록 진화한 것이다.

한편 감정적 동기의 둘째 범주는 자신이 어떤 사람인지를 이해해 인생의 의미를 채워 넣게 만든다. 이 두 범주가 어떻게 다른지는 애니메이션 〈크루즈 패밀리〉의 네안데르탈인 주인공 이프가 잘 보여 준다. 호모 사피엔스가 사는 방법을 발견한 이프는 네안데르탈인들이 살아남는 일에만 매달리는 것을 두고 아버지에게 이렇게 말한다. "사는 게 아니었어요! 그건 그냥 죽지 않기 위해 사는 거였어요!"

이 두 범주의 동기와 욕구를 형성하는 감정들은 서로 다르다. 에크먼의 여섯 가지 보편적 감정이 우리 종의 존속에 없어서는 안 될 요소임에는 이론의 여지가 없다. 이 감정들은 끊임없이 변화하는 복잡한 세계에서 살아남는 데 크게 도움을 주며, 날마다 내리는 많은 결정에 영향을 미친다. 그러나 이 감정들은 우리가 인생을 의미 있게 만들기 위해 내리는 결정을 설명하지 못한다. 에크먼이 제시한 여섯 기본 감정 가운데 그 어떤 감정도 단순히 살아남는 것 이상의 삶을 살기 위해 우리가 택하는 것에는 동기를 부여하지 못한다.

우리 호모 사피엔스에게는 그저 죽지 않는 것보다 훨씬 더 많은 것을 하도록 동기를 부여하는 감정이 있다. 이 감정들은 생존을 넘어서는 삶의 목적을 찾도록 우리를 이끈다. 어머니가 박사 학위를 받기 위해 땀 흘린 것, 아버지가 기나긴 여가 시간을 독서에 할애한 것은 자신의 정체성과 삶의 의미를 찾고자 하는 욕구 때문이었다. 이런 행동은 분노나 두려움으로는 설명되지 않으며, 단순한 기쁨으로도 설명할 수 없다. 이는 사람이 단지 살아남는 것보다 훨씬 더 많은 것에 관심이 있다는 사실을 분명하게 보여 준다. 우리에게는 또 다른 동기가 있다. 자기 자신에 대해 좋게 느끼고 싶어 하는 것이다. 딘 카르나제스가 회고록 말미에 쓴 글이 이를 잘 말해 준다. "내가 달리는 것은, 이것이 내가 세계에 기여하는 방법이기 때문이다. 나는 내가 가장 잘하는 한 가지로 세상에 보탬이 되고 싶다."[13]

그런데 우리가 자신의 정체성과 삶의 의미를 찾게 만드는 감정들은 생존과 종족 번식의 가능성을 높이는 데도 이바지한다. 에크먼이 제시한 여섯 감정과 마찬가지로 이 범주의 감정들 또한 분명히 진화의 산물이다. 이 또한 인간 본성의 일부이기 때문이다. 의미 있는 삶을 살고자 하는 욕구는 모든 사람에게 있지 않은가. 이어질 내용에서 살펴보겠지만 사실 자아상을 형성해 나가는 것, 자기 본연의 정체성을 찾는 것, 의미 있고 목적 있는 삶을 만들어 나가는 것 역시 적응적 특성이다. 이것을 잘해내는 사람들은 밀도 높은 인간관계, 잘 살고 있다는 느낌, 나아가 장수라는 보상[14]까지 받기 때문이다.

그러나 정체성을 세우는 것은 단순히 생명에 치명적인 바이러스를 물리치는 것과는 다른 종류의 적응성이다. 먹을 것을 구하는 문제나 가족이 안전하고 따뜻하게 살 곳을 마련하는 문제보다는 훨씬 덜 직접적이다. 때로는 이러한 생존 지향적 욕구들과 배치되는 경우도 있을 수 있다. 일례로, 부유한 교외 주택가의 아버지로 살기를 포기하고 배고픈 예술가가 되기를 택했던 폴 고갱을 생각해 보자. 폴 고갱은 안정적인 미래가 보장된 증권 중개인 생활을 그만두고 아내와 다섯 자녀들에게 모든 것을 주고 꿈을 이루기 위해 혼자 가난한 거리 예술가로 살아갔다. 그 선택으로 인해 고갱은 말라리아, 이질, 우울증, 발목 부상으로 인한 만성 통증, 매독 등 온갖 병마에 시달렸다. 이 삶은 쉽지도 안락하지도 않았다. 그러나 그 삶을 선택했기에 폴 고갱은 전 세계 미술관에 자신의 그림을 거는 위대한 예술가가 되었다. 이처럼 사람은 쾌락을 더하고 고통은 줄이는 것이 목적이라면 결코 가당치 않을 행동을 하기도 한다. 우리는 그저 살아남기 위해서가 아니라 스스로를 뿌듯하게 느낄 삶을 일구기 위해 분투한다.

스스로에 대해 기분 좋게 느끼는 마음, 좀 더 전문적인 정의로는 '자신을 가치 있는 존재로 여기고 존중하는 마음'인 자존감self-esteem은 우리 종에게 상상 이상으로 중요하다. 의아하게도, 감정을 연구하는 이들은 인간의 이 기본적 욕구를 오랫동안 무시해 왔다. 최근까지 자기self 를 주제로 한 연구 문헌에서 에크먼의 관점, 즉 각각의 감정은 서로 상당한 차이가 있으며 각기 별개로 진화된 독립적 요소들이라는 입장이 빠져 있었다는 사실도 의아하기는 마찬가지다. 학자들이 아는 것은 자존감이 높은 사람들은 자신에 대해 좋게 느끼며 자존감이 낮은 사람들은 자신에 대해 좋지 않게 느낀다는 정도가 전부였다. 스스로를 좋게 느끼거나 좋지 않게 느끼는 감정이 기쁨인지 분노인지 두려움인지 혹은 기본 감정에 포함되는 다른 어떤 감정인지에 대한 연구는 물론 거의 이루어지지 않았다.

자기와 가장 분명하게 연관된 두 감정은 자부심과 수치심이다. 이 둘은 우리가 스스로에 대해 느끼는 감정으로, 자신이 어떤 사람인지, 어떤 사람이 되고 싶은지, 또 자신이 그런 사람이 되고 있는지 아닌지에 대한 감정이다. 하지만 에크먼의 연구에 따르면 이 두 감정은 인정할 만한 것이 못 되며, 그 결과 많은 학자들이 자부심과 수치심은 진화된 기본 감정이 아니라고 받아들이고 있다.* 이 두 감정에는 보편적으로 인식되는 표정이 없다. 그렇다. 자부심은 특정 문화권의 특정 사람들에게만 나타나는, 감정적 낌새가 있는 경험일 수도 있다. 하지만 이론은 확고하다. 보편적 표정과 관련되지 않는다면 진화된 감정으로 간주할 수 없다.

이쯤에서 생각해 보자. 우리가 자신에 대해 좋게 느낄 때 드는 감정, 자기 삶이 가치 있다고 느끼기 위해 그토록 많은 행동을 하도록 부추기는 그 감정이 인간의 보편 감정이 아니라는 주장이 에크먼 이후로 이 분야를 지배했다. 어떻게 그럴 수가 있을까? 자부심은 어떻게 하면 최선의 나, 최상의 성과를 이룰 수 있을지 알아내도록, 손에 잡히는 쾌락은 미루고 지루한 장

---

* 이 책은 자부심에 초점을 두었지만, 수치심도 중요한 조연이다. 자부심과는 모든 면에서 대척점에 있는 수치심은 자부심과 같은 결과를 만들어 내는 자극이 되는 경우가 많지만, 자부심처럼 고무하고 격려하는 방향이 아니라 방지하는 방향으로 작동한다. 우리는 자부심을 느끼고자 하듯 수치심을 느낄 일을 피하고자 하며, 이 두 가지가 하나로 결합하는 경우도 적지 않다. 그러나 주제에서 벗어나지 않기 위해 이 책에서는 주로 자부심에 관한 논의로 한정해 다룰 것이다.

기전에 뛰어들도록 우리를 격려하는 힘인데 말이다. 이 감정은 사람의 본성을 형성하는 데 중대한 영향을 미쳤어야 한다. 또 이 감정은 진화된 우리 본성의 일부여야 마땅하다.

하지만 반대로 자부심이 모든 사람에게 보편적으로 주어진 적응적 특성이라면, 과학적 원리에 따라서 이 감정에는 시각적으로 명확히 인식되는 보편적인 무언가가 있어야 한다. 모든 문화권에 보편적인 비언어적 표정 같은 것으로 말이다. 물론 이는 존재할 수도 있다. 아직 발견되지 않았다고 해서 존재하지 않는다고 확신해선 안 될 일이다. 오히려 지금껏 우리가 엉뚱한 곳을 살펴보고 있었다는 의미일지도 모른다.

자부심의 표현

자신에 대해 기분 좋게 느낄 때, 말하자면 자부심을 느낄 때 당신은 어떤 표정이 되는가? 만약 다른 누군가의 얼굴에서 그런 표정을 본다면, 그것을 자부심이라고 알아볼 수 있겠는가?

아니라고 생각하는가? 다행히도 당신만 그런 것은 아니다. 실제로 현재까지 존재하는 모든 과학적 근거들이 자부심에는 보편적인 하나의 표정이 없음을 시사한다. 자부심과 관련한 표정이 있다면 에크먼이 찾아냈을 것이다. 파푸아 뉴기니로 떠나기에 앞서 에크먼은 표정을 짓고 있는 사람의 얼굴에서 만들어지는 근육의 움직임에 관한 자료를 누구보다 많은 시간을 들여 수집했기 때문이다.

자부심을 느낄 때 사람이 어떤 표정을 짓는지를 상상하기란 쉽지 않다. 일반적인 기쁨에서 나오는 표정과 어떻게 다른지도 짐작하기 어렵다. 하지만 사람의 얼굴은 제멋대로 움직이지 않으며, 우리에게는 얼굴뿐 아니라 다른 신체 부위도 있다. 사람들이 자부심을 느낄 때면 분명 외모에 변화가 일어난다. 여기에는 표정의 변화만이 아니라 몸짓의 변화도 있으며, 표정과 몸짓이 함께 달라지는 경우도 많다.

사람들은 자부심을 느낄 때 웃는 표정이 되며, 이는 기본 감정인 기쁨을 느낄 때와 같다. 하지만 자부심을 느낄 때는 다른 현상도 일어난다. 서 있는 자세의 높이가 조금 올라가며, 두 팔을 벌려 존재감을 키운다. 다윈 역시 1872년에 이를 관찰하고 앞의 책에 이렇게 썼다. "자부심을 느낀 사람은 머리와 몸을 똑바로 세워서 다른 사람들에 대한 자신의 우월감을 나타낸다. 또한 […] 자기 자신을 가능한 한 크게 보이도록 행동한다."

이런 몸짓의 변화를 진화된 기본적 감정 표현으로 볼 수 있을까? 자신에 대해 뿌듯한 기분을 느낄 때 가슴을 내밀고 머리를 똑바로 세우는 경향이 사람의 본성이 될 수 있을까?

나는 이 물음에 직접 답을 찾아보기로 했다. 대학원의 지도교수 릭 로빈스와 나는 친지와 동료, 다른 대학원생들은 물론 연극 전공 대학생들에게까지 우리의 가설에서 말하는 자부심 표정을 취하도록 요청하고 사진을 촬영했다. 그런 다음 내가 대학원생으로 있던 UC 데이비스의 학부 강의실에서 학부생들에게 내형 화면으로 사신을 보여 주었다. 학부생늘은 각각의 사진을 주의 깊게 본 뒤 그것이 어떤 감정을 전달하는지 기록했다.

이번에도 다윈이 옳았다. 대부분의 피험자들이 우리가 보여 준 사진들에 대해 자부심이라고 답한 것이다. 이러한 인식률은 73~95퍼센트로, 우리가 짐작했던 수치보다 훨씬 높은 결과였다.[15] 가장 높은 인식률을 보인 사진들은 가능한 한 자부심을 표현한 것처럼 보이기 위해 우리가 고심했던 것으로, 촬영에 응한 친구들에게 고개를 기울이는 각도며 팔을 두는 위치 등을 꼼꼼하게 주문한 사진들이었다. 특히나 높은 인식률을 보인

그림 1.1 전형적인 자부심 표정

프라이드

그림 1.2 또 다른 전형적인 자부심 표정. 일반적으로 미국의 대학생들 사이에서 아주 높은 인식률을 보인다.

그림 1.3 역시 전형적인 자부심 표정으로, '사업 미팅에 참석한 CEO 스타일'로도 통한다.

조합은 가슴을 펴고 보일 듯 말듯한 미소에 고개는 살짝만 뒤로 젖히고 양손을 허리에 짚은 자세였다(그림 1.2). 그 밖에 70퍼센트 이상의 안정적인 인식률을 보인 사진으로는 두 팔을 머리 위로 쳐들고 주먹 쥔 자세(그림 1.1), 사업 미팅에 참석한 CEO 스타일[16]로 팔짱 낀 자세(그림 1.3)가 있었다.

이 결과가 의미하는 바는 대학생들이 자부심을 표현한다고 동의하는 하나의 표정(혹은 표정들)이 있다는 것이다. 적어도 UC 데이비스의 학부생들은 특정 몸짓과 표정의 조합에서 자부심을 인식할 수 있으며, 기쁨이나 흥분 등의 유사 감정과 구분할 수 있었다.

하지만 이 결과는 이 자부심 표정이 보편적인지, 즉 인간 본성의 일부인지는 증명하지 못한다. 즉각 인식되는 표현—주로 몸짓이나 손짓—이 많긴 하시만 ⊥ 문화권의 ┼성원들만 알아보는 표현도 많다. UC 데이비스 학부생들에게 미국인들의 고전적인 제스처인, 주먹 쥔 채 엄지손가락을 편 이른바 '엄지척' 사진을 보여 준다면 분명 95퍼센트의 인식률이 나올 것이다. 손 인사나 윙크 또는 가운뎃손가락을 내미는 동작도 그렇다. 순전히 의사소통만이 목표라면 대부분의 미국 사회집단 내에서는 사용해도 괜찮다. 하지만 미국인들이 알아볼 수 있다고 해서 진화된 감정 표현인 것은 아니다. 이런 손짓이나 몸짓 다수가 다른 문화권에서는 통하지 않을 테니 말이다. 몸짓은 언어와 마찬가지로 특정 문화적 맥락에서만 소통되므로 보편성과는 거리가 멀다.

이 자부심 표정이 하나의 문화권이 아니라 인류의 보편적인 현상이라면, 에크먼의 포레족처럼 미국 문화에 대한 지식이 전혀 없는 사람들도 인식할 수 있어야 할 것이다. 하지만 그러한 연구 조사에 참여할 만한 집단을 찾는 것은 쉬운 일이 아니다. 에크먼이 연구하던 당시에도 쉽지 않았고, 현재는 여러 면에서 훨씬 더 어렵다. 백인을 한 번도 보지 못했거나 영화 〈부시맨〉의 주인공처럼 코카콜라 같은 서구 문명의 산물을 접해 보지 못한 10세 이상의 사람을 찾기란 전 세계를 통틀어도 지극히 어려운 상황이다. 파푸아 뉴기니는 에크먼의 방문 이래로 인류학자들이 꾸준히 찾는 지역이 되었고, 그곳의 전통적 소규모 사회에서 살아가는 부족민들조차 현재는 서구인들을 만나 함께 시간을 보낼 뿐 아니라 미국 학자들이 진행하는 연구에도 참여하고 있다.

하지만 에크먼 시절의 포레족처럼 미국 대학생들의 몸짓에 노출되지 않았으면서도 포레족과 달리 미국 캘리포니아에서 쉽게 만날 수 있는 인구 집단이 하나 있다. 바로 유아들이다.

아이들은 접하는 모든 것을 순식간에 배우는 스펀지 같은 학습 능력을 지녔지만, 그래도 유아들이 획득한 문화적 지식이 대학생들보다는 훨씬 적다고 가정한다면 크게 어긋난 실험은 아닐 것이다. 우리 연구 팀은 우리가 제시하는 자부심 표정을 유아들이 인식할 수 있다면, 적어도 이 표정이 캘리포니아 대학생들 사이에서만 통할 가능성은 배제할 수 있으리라는 가설을 세웠다. 조사 결과, 네 살 유아들은 확실하게 자부심 표정을 인식했다. 이는 우연성이라고 할 만한 수준을 한참 웃돌았으며, 이 연령대가 가장 잘 아는 표정이라 할 수 있는 기쁨[17]에 대한 인식률과 거의 같은 수준이었다.

캘리포니아의 유아들이 캘리포니아의 대학생들처럼 자부심을 인식한다는 결과는 얻었지만, 이것이 우리가 정말로 궁금해하는 질문에 답이 되지는 못한다. 다른 문화권의 사람들도 자부심 표정을 알아볼 수 있을까? 자부심이 인간 본성의 일부인가 아닌가를 알기 위해 답을 구해야 하는 것은 바로 이 물음이다. 그러한 자부심 표정이 미국 문화만의 산물인지 아닌지를 확실하게 알아낼 유일한 방법은, 결국 자부심 인식 실험을 미국 문화 바깥으로 가져가는 것이다.

캘리포니아로부터 약 1만 킬로미터 떨어진 이탈리아 볼로나에 살고 있는 성인들도[18] 자부심을 쉽게 알아보았다. 이 결과는 자부심 표정이 미국 영토에만 국한된 것이 아님을 말해주지만, 여전히 보편성 문제에 대해서는 충분한 답이 되지 못한다. 북아메리카에서 멀리 떨어져 있더라도 이탈리아는 문화적으로 미국과 멀지 않다. 카비쉬*처럼 이탈리아인의 손동작 중에서 미국인들이 즉각 알아차리는 것도 제법 된다. 또한 두 나라 모두 서구 문화권에 속한다. 이탈리아는 서구 문명의 발상지로 통하지 않던가. 자부심 표정은 이탈리아 사람들이 만든 뒤 북아메리카로 전파된 것일지도 모를 일이다.

자부심 표정의 보편성 여부를 판단할 유일한 방법은 오지에서 살아가는 사람들, 즉 서구 문명에 대해 거의 혹은 전혀 알지 못하는 사람들이 이를 인식하는지 살펴보는 것뿐이다. 그들이 이 자부심 표정을 인식한다면 자부심은 보편적이라는 뜻이 될 것이며, 어쩌면 자부심에는 과학자들이 아직 제대로 알아내지 못한 진화적 목적이 존재할 수 있다는 의미도 된다.

---

* Capisce, '알아들어?'라는 뜻의 이탈리아어로 집게손가락을 들어올리는 손짓과 함께 관용적으로 사용된다. – 옮긴이

부르키나파소에서의 실험

지금은 50여 년 전 파푸아 뉴기니에 살았던 포레족 같은 인구 집단을 만나기 어렵지만, 서구 문명의 영향으로부터 고립된 정도로만 따진다면 상당히 근접한 집단을 부르키나파소Burkina Faso의 시골 지역에서 찾을 수 있다. 아프리카의 가나와 말리 사이에 위치한, 예전에는 오트볼타 공화국으로 불렸던 내륙국 부르키나파소는 1960년 프랑스로부터 독립한 뒤로 수차례 군사 쿠데타와 혁명을 겪어 왔다. 관광 산업이나 대규모 수출품이 없는 서아프리카의 다른 많은 나라와 마찬가지로 부르키나파소 사람들 대다수는 극빈 상태로 살아가고 있으며, 유엔 인간 개발 보고서에는 전 세계에서 가장 가난한 3개국 순위에 올라 있다. 전체 인구의 25퍼센트만이 프랑스어나 국어를 읽고 쓸줄 알며, 대다수의 부르키나파소인은 각 지역의 방언을 사용하는데 이 언어들에는 문자가 없다. 그리고 오지의 마을에는 전력이 보급되지 않아 TV나 인터넷이 없으며, 이곳 주민들은 서양 언어를 읽거나 쓰는 것은 물론 말할 줄도 모르고 외국으로 나가 본 경험도 없다.

이런 사람들이 서구 문화권에만 있는 감정 표현에 어떤 식으로든 노출되었을 가능성은 대단히 희박할 것이다. 적어도 이것이 부르키나파소 서부의 작은 시골 마을, 투시아나로 향하면서 내가 품은 바람이었다. 「내셔널 지오그래픽」에 커다란 사진으로 실릴 법한 투시아나는 흡사 자부심 표정의 보편성을 테스트하기 위해 존재하는 게 아닐까 싶을 만큼 완벽한 환경이 었다. 이엉을 얹은 흙집이 점점이 흩어져 있고, 닭들은 한가로이 돌아다녔다. 부르키나파소 쪽 협력자인 장 트라오레는 한때 투시아나의 추장을 지낸 정부 관리인데, 자신의 집에서 뭔가 "일이 있다"라며 여러 마을에 알렸다. 한 사람당 현금으로 6~7 달러에 상당하는 CFA 프랑과 쌀 5킬로그램을 지급하기로 한 우리의 자부심 인식 조사에 참여하기 위해 인근 마을에서 주민 40명이 장의 집으로 모여들었다. 몇 사람은 5킬로미터에 달하는 거리를 걸어왔다.

여자들은 아프리카 전통 의상인 환한 색상의 드레스와 머리에 칭칭 감은 스카프 차림이었고 대부분 아프리카식 처네*에 아기를 업고 왔는데, 머리에는 감자나 카사바 광주리까지 아슬아슬하게 이고 있었다. 남자들은 손으로 짠 천으로 만든 전통 상의에 헐렁한 바지를 입었거나 자선 기구들이 공중 투하로 보급한 청바지와 티셔츠 차림이었다. 우리가 타고 온 자동차를 제외하면 연구자들이나 내가 그 일대에서 본 현대 서구 문화의 흔적이라고는 그 옷이 유일했다.

질문자들도 마찬가지로 전통 복장을 입었는데, 연구 설문지를 끼운 클립보드를 들고 피험자들을 한 사람씩 장의 집에 마련한 자리로 안내했다. 그 자리에서 피험자들에게 여러 장의

_____

* 아기를 엄마의 몸에 밀착시켜 둘러맨 큼직한 스카프

코팅된 사진을 보여 주면서 각각의 사진이 나타내는 감정이 무엇인지 물었다. 여기에는 자부심 포즈를 취한 사진들은 물론 다른 감정의 포즈를 취한 사진도 포함시켰다.

결과는 어땠을까? 장이 모집한 40명의 부르키나파소인 가운데 57퍼센트가 자부심을 인식했다. 미국 학부생들을 대상으로 했던 조사보다는 상당히 낮은 수치이지만, 이 연구의 추측성 인식률인 12퍼센트보다는 훨씬 높은 결과다. 부르키나파소 피험자들의 자부심 인식률이 사진으로 제시한 여타 감정들의 인식률에 못지않았다는 점도 중요하다. 딱 한 가지 예외는 기쁨 인식률이었는데, 이는 84퍼센트로 어떤 다른 감정보다도 높았다. 그 외에는 놀람 58퍼센트, 두려움 30퍼센트 등으로 다른 감정들의 인식률과 비교할 때 자부심 인식률은 상위에 속했다.

다른 범주의 문답도 실시했다. 이 연구의 중요한 전제 조건인 '서구 문화에 노출되지 않았음'을 증명하기 위한 절차로, 서구 문화권의 유명인들에 대한 지식을 테스트하는 퀴즈였다. 피험자들이 영화배우 톰 크루즈, 축구 스타 데이비드 베컴, 조지 W. 부시 대통령(당시는 2003년이었다) 등 유명한 서양 사람들을 알아맞히지 못한다면, 서구 문화에 조금도 익숙하지 않다는 신호로 여겨도 충분할 것이었다. 실제로 그들은 이들 중 누구도 정확하게 알지 못했다. 하지만 부르키나파소 대통령*의 사진

---

* 당시까지 16년간 이 국가를 통치했던 인물

을 제시했을 때는 피험자의 약 4분의 3이 맞혔다. 피험자들이 우리의 질문을 이해했나는 뜻이었다.[19]

우리의 부르키나파소 연구 표본의 상당수가 자부심 표정을 인식했다는 결과가 의미하는 바는 단 하나다. 자부심이 보편적으로 인식되는 감정이라는 점이다. 비서구적이고 전통적인 오지의 소규모 사회에서 살아가는 주민 표본 중 자부심 표정을 정확하게 인식한 피험자의 수는 통계적으로 유의미한 비율을 보였다. 이 인식률은 에크먼이 30년 전 파푸아 뉴기니에서 수행한 여섯 가지 기본 감정 표현 조사에서보다 높다. 시간이 많이 흘렀다는 점을 감안하면 부르키나파소 주민들이 에크먼의 포레족만큼 격리되지는 않았을 테지만, 정규교육을 전혀 받지 않았고 마을에서 멀리 여행할 경제력이 없으며 프랑스어도 영어—그들이 접촉하는 외부인들이 사용할 가능성이 가장 높은 언어—도 모르는 집단은 존재했다. 그들은 현재의 미국 대통령이나 톰 크루즈는 알아보지 못했지만 자부심은 알았다.

부르키나파소의 연구 결과는 자부심을 인식하는 것이 문화를 통해서 학습된 것이 아니라 타고나는 보편적인 능력임을 입증한다. 만약에 이것이 문화를 통해 획득되는 것이라면, 즉 미국의 4세 유아가 자부심을 알아보는 것이 그렇게 '배웠기' 때문이라면 그런 교육을 받은 적 없는 부르키나파소 피험자들은 자부심을 정확하게 알아보지 못할 것이다. 하지만 개인들이 이 표정을 알아볼 수 있었다는 것은 우리가 스스로를 기분 좋게 느끼도록 만들어 주는 감정, 스스로에 대해 좋은 기분을 느끼기 위한 모든 행위를 하도록 우리를 자극하는 이 감정이 모든 곳에서 같은 표정으로 나타난다는 뜻이다.

그러나 자부심이 모든 곳에서 동일한 모습을 띤다는 사실만으로 자부심이 모든 곳에서 동일하다고는 할 수 없다. 미국 캘리포니아, 이탈리아, 부르키나파소에서 이루어진 연구들이 증명하는 것은 다양한 지역의 사람들이 다른 사람의 사진에서 자부심을 알아봤다는 사실이지, 자부심의 감정을 모두 이런 방식으로 표현한다는 사실은 아니었다. 사진 속의 사람들은 우리의 지시 사항에 맞춰 포즈를 취한 것이었다. 그렇다면 부르키나파소 사람들 혹은 다른 나라나 지역의 사람들은 자부심을 느낄 때 미국인들과 같은 표정, 같은 몸짓으로 표현할까?

이론적으로는 그럴 것이라고 예상할 수 있는 근거가 있다. 에크먼은 보편적 감정 인식에 대한 자신의 연구 결과는 그 인식 가능한 표정들이 또한 모든 지역의 사람들에게서 보편적으로 표현됨을 시사한다고 주장했다. 그렇다. 그 표정을 일상적으로 봐 온 것이 아니라면, 모든 지역의 사람들이 그 표정들을 똑같이 인식한다는 사실을 과연 무엇으로 설명할 수 있을까? 어쩌면 그런 인식 자체가 우리의 타고난 특성일 수도 있다. 아니면 감정이 일어나는 상황에 그런 표정을 짓는 경향만 타고났고, 이를 인식하는 능력은 표정이 시시각각 표현되는 세계에서 성장한 덕에 학습된 것일 수도 있다. 어느 쪽이 되었건 인식

능력이 보편적이라는 근거가 있다면, 표현 또한 보편적으로 나타나야 논리적으로 타당하다.

그런데 이 논리에는 한 가지 결함이 있다. 표정이 보편적으로 인식은 되지만, 보편적으로 표현되는 것은 아닐 가능성 말이다. 그 표정들은 보편적으로 알려진 기본형일 수도 있다. 즉 사람들이 머릿속으로 이해는 하지만 실제로 하는 행동은 아닌, 어떤 개념의 이상적이고 다소 과장된 표본 같은 것 말이다. 이 표정들이 보편적으로 표현되는 것이 아니라면 보편적 감정 인식이 어떻게 존재할 수 있는지 사실 설명하긴 어렵지만, 그렇다고 해서 가능성 자체를 배제해선 안 될 일이다.

자부심이 사람의 보편적 감정인가 아닌가 하는 문제, 따라서 진화된 인간 본성의 일부인가 아닌가 하는 문제는 결국 전 세계의 모든 사람들이 자부심을 느낄 때 그런 결정적인 자부심 행동을 보이는가 그렇지 않은가의 문제일 것이다. 단순히 설정 사진 몇 장을 놓고 그 반응을 테스트할 것이 아니라, 고개를 살짝 뒤로 젖히고 가슴은 쫙 펴서 내밀고 두 팔을 들어 올리는 이 비언어적 행동이 광범위한 지역의 광범위한 인구 집단에서 나타나는지 알아내는 것이 곧 자부심이 우리 본성의 일부인지를 밝히는 최선의 방법이자 거의 유일한 방법일 것이다.

자부심은 본성이다

이슬람교의 영적 수도로 간주되는 사우디아라비아의 신성한 도시, 메카Mecca를 방문하게 되었다고 가정해 보자. 매년 수백만 명이 찾는 이 성지에 도착하면 전 세계 곳곳의 사람들을 만날 것이다. 아랍어를 알지 못하는 한 주위에 있는 대다수 사람들과 의사소통할 방도는 없을 것이다. 적어도 언어를 사용하는 소통은 불가능할 것이다.

반면에 감정은 이 여행에 단연 유용하게 쓰일 것이다. 서로 통하는 언어는 없을지라도 옆에 있는 낯선 순례자가 웃는 표정을 보면 당신은 그가 기쁘다는 뜻으로 인식할 것이고, 또 다른 순례자가 눈살을 찌푸린다면 당신이 실수로 그의 발을 밟았다는 사실을 알아챌 수 있다. 이처럼 직설적인 비언어 신호는 메카와 같은 복잡한 다문화적 환경에 처했을 때 유용한 도구다. 이런 상황에서 낯선 순례자의 얼굴에 자부심이 나타난다면 당신은 그 의미를 인식하지 못하리라는 것이 최근까지 과학자들의 가정이었지만, 앞에서 살펴본 부르키나파소 연구가 이를 뒤집었다. 만약 낯선 순례자가 당신의 얼굴에서 자부심 표정을 본다면, 그는 그 의미를 즉시 이해할 뿐 아니라 당신이 이 여행에서 최고의 순간을 맞이하고 있음을 짐작할 것이다. 하지만 지금까지 언급한 연구들만으로는 전 세계 모든 지역의 모든 사람들이 자부심을 느끼는 상황에서 동일한 표정을 짓는지 알 수 없다. 성지 순례를 위해 메카를 찾은 한 사우디 족장이 당신과 우연히 마주친다면, 그는 신체 언어만으로 당신에게 자신이 평범한 순례자가 아니라 권세 있는 왕족이라는 사실을 전달할 수 있을까?

이 질문에 답을 찾기 위해서 나는 독특한 표본 조합을 구성했다. 바로 2004년 아테네 올림픽의 유도 선수들이었다. 나의 동료 데이비드 마쓰모토는 유도 연맹 공식 사진작가가 각 선수의 경기를 현장에서 직접 촬영한 사진을 구했다. 이 사진들을 통해서 우리는 경기 직후의 10~20초, 그러니까 승자가 최고조의 자부심을 느낄 순간에 선수들이 취하는 모든 움직임을 살펴볼 수 있었다.

이 운동선수들이 보여 주는 동작을 해석하면서 우리는 자부심, 그중에서도 아마 일생에서 가장 강렬한 자부심을 느끼고 있는 사람들에게 나타나는 표정을 꼼꼼하게 뜯어보았다. 이 사진들이 올림픽 대회에서 나온 자료인 까닭에 세계 각국 사람들의 표정을 한꺼번에 살펴볼 기회가 되기도 했다.

우리가 입수한 사진에는 총 55회의 경기에 참가한 선수 87명의 모습이 담겼다. 한 경기당 대결 중인 두 선수를 촬영한 사진은 10~15장이었다. 연구 조교들은 내가 고안한 기준을 이용해 매 경기의 두 선수가 보여 주는 모든 행동에 점수를 매겼다. 예를 들면 각 선수의 고개가 젖혀진 정도에 따라 1에서 4까지 점수를 부여하는 것이다. 조교들은 어렵지 않게 높은 신뢰도에 도달할 수 있었다. 각 행동에 매긴 점수에 대해 서로 이

견이 없었다는 의미다. 가령 선수의 가슴이 펴진 정도를 보면, 어느 정도에 3을 주고 어느 정도에 4를 줄 것인지를 두고 평가자들 간에 동의가 필요하다. 점수는 평가자들이 저마다의 관점으로 제각각 판단한 것이 아니라 대상을 객관적으로 인식한 것이어야 하기 때문이다.

모든 사진에 대한 평가를 마친 뒤 나는 단순한 비교 작업을 수행했다. '경기에 승리한 선수들의 자부심 행동―고개를 뒤로 젖히고 가슴을 펴고 팔을 들어 올리는 행동―이 패배한 선수들의 행동보다 더 크게 나타나는가?' 하는 식이었다. 승리한 선수와 패한 선수 간의 행동을 비교하면서 우리는 전 세계 사람들이 실패했을 때보다는 성공했을 때, 다시 말해 적어도 서구의 기준에서는 자부심이 느껴질 상황일 때 자부심을 더 표현하는 것으로 보인다는 사실을 발견했다.

경기의 승자들이 패자들보다 외적으로 인식 가능한 자부심 표현의 모든 행동 요소―활짝 편 가슴, 활짝 편 어깨, 뒤로 젖힌 고개, 쫙 뻗은 두 팔, 웃음―를 현저히 더 많이 보여 주었다. 그 차이는 통계적으로 유의미한 정도가 아니었다. 엄청났다. 이는 패배한 선수들이 그와 정반대 행동을 보이는 경향이 있다는 사실에 어느 정도 기인했다. 패자들의 행동은 자부심 행동과는 대조적으로, 어깨를 늘어뜨리고 고개를 떨구는 등 전형적인 수치심 표현 행동이었다.

남녀 간에도 결과는 같았다. 남녀 운동선수 모두 경기에서 승리했을 때 자부심 행동을 보였다. 여기서 중요한 질문이 등장한다. 그렇다면 이 결과는 서로 다른 문화권 간에도 똑같이 적용될까?

선수들의 국적이 자부심을 나타내는 경향에 영향을 미쳤을 것이라는 근거는 충분하다. 문화심리학 연구에 따르면, 개인주의가 강한 서구인들은 자아 고취적self-enhance이다. 다시 말해 스스로를 뿌듯하게 여기기 위해 할 수 있는 무엇이든 하며, 자신이 주변의 웬만한 사람들보다 낫다고 자신하는 경우도 적지 않다. 반면에 집단주의가 강한 아시아인들은 자신을 드러내지 않으려는 경향이 좀 더 높다는 분석이 많다. 이런 정서적 차이를 잘 보여 주는 것이 '삐걱거리는 바퀴가 기름칠 받는다The squeaky wheel gets the grease'는 서양 속담과 '모난 돌이 정 맞는다'[20]는 아시아 속담이다. 자부심은 어느 모로 봐도 정에 얻어맞는 쪽보다는 관심 받고 눈에 띄기 위해 삐걱거리는 쪽이 어울린다. 사람은 자신에게 뿌듯할 때 자부심을 느끼며, 자신이 얼마나 대단한지를 타인에게 이야기할 때 자부심 넘치는 표정을 짓게 마련이다. 따라서 문화심리학자라면 아시아 운동선수들과 미국 운동선수들의 자부심 표현이 다를 것이라고 짐작할지도 모르겠다.

그러나 우리의 연구를 보면, 운동선수들의 문화적 다양성에도 불구하고 승자들은 모두가 같은 자부심 표정을 보였다. 여섯 대륙, 36개국 선수들을 담은 그 사진들 속에는 출신 문화와 자부심 표현의 경향 간에 아무런 관련성이 드러나지 않았다. 중국, 일본, 한국의 승자들과 미국, 캐나다, 에스토니아, 멕시코, 오스트리아의 승자들이 보이는 자부심의 표정과 몸짓에 아무 차이가 없었던 것이다. 이 결과를 확실하게 다지기 위해서 나는 당시 구할 수 있었던 전 세계 각국의 집단주의 및 개인주의 지수를 토대로, 집단주의가 강한 국가 출신 선수와 개인주의가 강한 국가 출신 선수를 분류하여 표본을 보합했다. 그런 다음 이 하위 표본의 사진들을 가지고 기본 비교 작업—승리 선수와 패배 선수의 자부심 표현을 비교하는 작업—을 재수행했다. 패턴은 동일하게 나타났다. 집단주의 경향이 강한 국가(브라질, 불가리아, 중국, 그리스, 이란, 일본, 남한, 포르투갈, 러시아, 타이완)의 선수들만 비교해도 여전히 패한 선수들보다는 승리한 선수들이 자부심을 표현하는 정도가 훨씬 더 높았다.

이 결과는 자부심의 표정이 단순히 전 세계 어떤 문화권의 사람이든 즉각 인식 가능한 상징 정도에 그치지 않음을 뜻한다. 자부심 표현은 전 세계 모든 사람들이 어떤 성공을 거두었을 때 실제로 보이는 행동 반응인 것이다.

그럼에도 불구하고, 이 연구 결과는 사람들이 자부심 표정을 보이는 이유가 자부심이 진화에 의해 우리에게 내재된 본성이기 때문임은 입증하지 못한다. 부르키나파소 연구에서 피험자들이 서구 문화에 가능한 한 적게 노출된 집단이어야 하는 것이 얼마나 중요한 문제였는지 떠올려 보자. 더구나 이번 연구는 올림픽 선수들에게서 나타난 행동에 대한 것이었다. 다시 말해, 이들은 세계 각국에서 온 다른 선수들의 비언어적 행동을 오랫동안 지켜봐 온 사람들이라는 뜻이다. 경기에서 승리했을 때 그들이 보인 자랑스러운 반응은 생물학적으로 내재된 본성의 결과일 수도 있지만, 학습의 결과일 수도 있는 것이다. 자부심을 표현하는 행동은 올림픽 메달을 딴 사람이라면 누구든 하게 되어 있으니 말이다.

이 마지막 난제를 어떻게 극복할 수 있을까? 자부심 표현이 학습으로 획득한 것이 아니라 타고난 것이라고 밝혀 줄 수 있는 유일한 피험자 표본은, 서양인의 자부심 표정을 한 번도 본 적이 없는 사람들이다. 그런 사람들이 정확히 표정과 몸짓을 보여 준다면 자부심이 사람의 보편적인 감정임이 결정적으로 증명될 것이었다.

다행스럽게도 동료 마쓰모토가 정확히 우리에게 필요한 자료를 구했다. 동일한 유도 연맹 공식 사진가가 찍은 새로운 사진들이었는데, 이번에는 장애인 올림픽 경기에 출전한 시각장애 선수들을 촬영한 것이었다. 일부 선수는 후천적으로 시각을 잃었는데, 우리는 선천적 시각장애 선수들의 사진을 하위 표본으로 잡아 중점적으로 분석했다. 당연히 그들은 서양인은 물론 어떤 문화권 사람의 자부심 표현도 본 적이 없어 다른 사람들의 표정이나 몸짓을 학습할 수 없었다. 사진에 담긴 선수들은 12명으로, 많은 수는 아니었지만 그중 6명은 승자, 6명은 패자였다. 이 선수들의 경기 직후 행동을 비교해 보니, 승리를 거둔 선천적 시각장애 선수들에게서도 확실히 동일한 행동 패턴이 나타났다. 가슴과 어깨가 활짝 펴지고 얼굴에 웃음을 띤 것이다.[21]

이 연구들의 결과를 종합하면, 의심의 여지는 거의 없다. 자부심은 인간의 본성이다. 우리로 하여금 자신이 가장 중요하게 여기는 것, 자신의 인생이 의미 있다고 느끼게 해줄 어떤 것을 하게 만드는 이 감정은 진화를 통해 우리 종에게 주어진 항목이다. 딘 카르나제스가 달리기를 하고, 나의 아버지가 책을 읽고, 고갱이 그림을 그리고, 내가 카페라테 만드는 일을 그만둔 것, 이 모두는 그 이상의 무언가를 추구하지 않을 수 없게 만드는, 우리 안에 내재된 강력한 힘에 이끌린 결과다. 자부심을 경험하기 위해 해야 하는 모든 일을 하게 만드는 힘 말이다. 우리는 유전적으로 이 힘을 느끼도록 태어났으며, 이 힘은 스스로를 뿌듯하게 느낄 수 있는 사람이 되게끔 우리를 밀고 나간다. 자부심을 추구하는 것은 결국 생존에도 유리한 적응적 특성이다. 앞으로 보게 되겠지만 자부심이 우리에게 찾아 준 자신의 정체성과 삶의 의미는 궁극적으로 우리의 유전자에 이롭다.

하지만 우선 몇 가지 질문을 해 볼 필요가 있다. 모든 사람의 일상에 그토록 막중한 영향력을 행사하는 이 감정은 정확히 무엇일까? 또 스스로 자랑스럽다고 말하는 것이 정말로 의미하는 바는 무엇일까? 한번 소리 내어 말해 보자. "나는 내가 자랑스럽다." 이는 경우에 따라 듣는 사람을 불편하게 만들 수도 있는 상당히 대담한 발언이며, 바로 이 이유 때문에 생각보다 훨씬 복잡한 발언이다. 자부심은 어디든 존재하는 보편적 감정이지만 여기에는 한 가지 의미만 있는 것이 아니다. 따라서 우리 삶에도 단순히 한 가지 영향만을 미치지 않는다. 다음 장에서 살펴보자.

프라이드

프라이드의
두 얼굴

2
오만과 긍지

자아도취 혹은 자존감

자부심에 대해 생각할 때 머릿속에 가장 먼저 떠오르는 낱말은 무엇인가? 만약 직장에서 새로운 고객을 확보한 것, 오랫동안 진행해 온 중대한 프로젝트를 마무리한 것 등 최근 이루어낸 대단한 성취가 떠오른다면, 그 대답은 '업적'이나 '달성', '자신감' 같은 어휘가 될 것이다. 이런 어휘들은 이 제7의 기본 감정을 경험할 때 전형적으로 따라오는 생각과 느낌에 대한 적절한 묘사이기도 하다.

그러나 이 질문을 받았을 때, 조금 지나치게 우쭐했던 자신의 모습이 떠오르는 사람도 있을 것이다. 친한 친구와 했던 치열한 체스 게임에서 이겨 방 안을 빙빙 돌며 승리의 춤을 추고 싶었던 순간 같은 경우 말이다. 아니면 이 질문에 자신이 아닌 다른 누군가가 떠오를 수도 있다. 자신의 성과를 굳이 남에게 내세우거나 부서 사람들이 다 같이 해낸 성과를 자기 몫으로 돌리지 않곤 못 배기는 직장 동료가 그런 예일 것이다. 이 질문을 받았을 때 이런 이미지가 그려진다면, 당신의 머릿속에 연상된 낱말은 성취나 자신감보다는 덜 훌륭하고 덜 바람직한 그리고 당연히 덜 적응적인 어휘일 것이다. '오만'이나 '우쭐댐', 나아가 '건방지다' 같은 단어일 수도 있다.

자부심에 대해 말할 때 사람들이 쓰는 어휘는 '두렵다'와 '겁내다'처럼 서로 동의어 관계가 아니다. '분노'와 '격노'처럼 동일한 감정의 정도 차이를 나타내는 관계도 아니다. 자부심은 이 감정들보다 어휘 자체가 풍부하다. 강의실에 모인 대학생들에게 비언어적 자부심 표현 이미지를 보여 주면서 그것이 어떤 감정인지 식별하고 거기에 자신이 생각하는 어휘를 붙여 보라고 주문한다고 해보자. 학생들의 답은 제각각일 것이다.[1] '성취감', '자신감', '성공한' 등 사람들이 느끼고 싶어 하는 각종 긍정적인 감정 어휘들이 나오는가 하면 '거만한', '젠체하는', '과시적인', '으스대는' 등 기분이 좋을 순 있지만 많은 사람이 피하고 싶어 하는 혹은 그렇게 느낀다는 사실을 선뜻 인정하려 들지 않는 낱말도 등장한다.

그러나 이들 어휘에는 한 가지 공통점이 있다. 전부 자기 자신에게 뿌듯할 때 느끼는 감정을 가리키는 단어라는 것이다. 하지만 그 각각은 서로 뚜렷하게 다른 의미를 담고 있다. 그리고 이들 어휘 간의 차이는 분노, 두려움 등 다른 기본 감정을 묘사하는 데 흔히 사용되는 어휘들 간의 차이보다 훨씬 더 크다. 자부심은 다른 보편적 감정보다 정의하기가 훨씬 더 복잡한 감정으로 보인다.

다른 언어에서는 자부심에 대한 정의가 훨씬 더 복잡하다. 이탈리아어에는 자부심으로 번역되는 단어가 둘인데, fierezza(피에레차)와 orgoglio(오르골리오)이다. 이 두 단어는 동의어가 아니며, 정도의 차이를 나타내는 것도 아니다. 사실 이 두 단어는 각기 다른 감정 경험, 그러니까 각기 다른 의미의 자부심을 이야기한다. fierezza는 흥분된 상태, 거침없는 상태와 관련된 자부심으로, 흔히 패션 관련 리얼리티 쇼에서 진행자들이 감탄할 때 사용하는 영어 단어인 fierce(맹렬하다)와 어원이 동일하다(라틴어 ferus). orgoglio는 독일어 urgol(남다르다)에서 유래했는데, 좀 더 부정적인 의미의 자부심이다. 일반적으로 자기 자신에 대해서는 이 단어를 쓰지 않고 타인이 스스로를 자랑스러워할 때 사용하는데, 긍정적인 뉘앙스는 아니다. 많은 언어에 이런 구분이 존재한다. 프랑스어에서는 fierté(피에르테)와 orgueil(오르게이유)가 그렇고, 아랍어에서는 al-kibr(알-키브르)와 al-fakhr(알-파크르)가 그렇다. 에스파냐어에서 자부심을 가리키는 건 orgullo(오르구요) 한 단어뿐이지만 두 가지 의미로 사용되는데, 하나는 '성취'와 가까우며 다른 하나는 '이기주의', '허영'의 의미로 사용된다.

영어에서도 pride(프라이드)는 '성취한', '저돌적인', '대담한', '남다른', '거만한' 등 여러 가지 상태를 모두 묘사한다. pride 의 어원은 11~12세기의 프랑스 고어古語인 prud(또는 prouz)로, '용감한' 또는 '용맹한'이라는 의미다. 당시에는 이 단어에 부정적인 뜻은 전혀 가미되지 않았던 것으로 보이며, 노르만족 기사들이 자신을 자랑스럽게 일컬을 때 이 어휘를 썼다. 그 후 앵글로색슨족이 이 단어를 (부정적인 의미로) 자신들을 침략한 적군을 묘사할 때 사용했다.

미국의 『메리엄-웹스터 영어 사전』에 등재된 pride에도 두 가지 정의가 수록되어 있다. 이보다 더 반대일 수 있을까 싶을 만큼 상반된 의미이다. 첫 번째 정의는 "과도한 자존감/자만심 inordinate self-esteem/conceit"이다. 두 번째 정의는 무엇일까? "자신에 대한 합당한 혹은 정당한 존중A reasonable or justifiable self-respect"이다. 이렇듯 자부심은 자존감 또는 자기 존중, 자신에 대한 좋은 느낌을 의미하긴 하지만, 가장 평판 높은 이 사전에 의하면 같은 단어가 자신에 대해 합당하게 좋게 느끼는 감정을 가리키는 동시에 자신에 대한 터무니없이 혹은 과도하게 좋게 느끼는 감정을 가리킨다.* 참으로 기이하다고밖에는 달리 표현할 길이 없을 지경이다. 사전에서 '분노'를 찾아보자. 정당한 때를 가리키는 분노가 있고 걷잡을 수 없는 상태를 가리키는 분노가 있을까? 아니다. 두 경우 모두 분노는 분노일 뿐이다.

아닌 게 아니라 이 감정의 이런 복잡한 사정은 서구 문명사에서 한 자락을 차지한다. 고대 지성사를 훑어보면 자부심에 대한 부정적 관점이 노골적인데, 『메리엄-웹스터 영어 사전』의 "과도한 자만심inordinate conceit"이라는 정의가 이와 맥을 같이한다고 하겠다. 이는 종교의 영향이 크다. 기독교 사상가들은 자부심을 신의 권능에 저항하는 죄악과 연관 지어 왔다. 유명한 구절 "교만은 패망의 선봉이요, 거만한 마음은 넘어짐의 앞잡이니라"(잠언 16장 18절, 개정개역판)를 위시하여 저명한 초기 기독교 학자인 아우구스티누스, 토머스 아퀴나스, 교황 그레고리오 1세 등 다수가 자부심을 "죄악의 여왕", "모든 죄의 시작", "만악의 뿌리" 따위로 규정했다. 단테에게 자부심은 7대 죄악** 중에서도 가장 위험한 악이었다. 『신곡』에서 단테는 교만을 저지른 자에게 목에 석판을 지고 다니는 벌을 내렸다. 이는 머리를 강제로 숙이게 함으로써 죄인이 꼿꼿이 서거나 가슴을 부풀리는, 전형적인 자부심 표현을 막는 조치였다.

기독교 학자들만 자부심을 혐오한 건 아니었다. 불교에서는 자부심慢을 인간의 몸과 마음을 결박해 고통의 생사 세계를 끊

---

* 노아 웹스터가 편찬한 1828년 초판은 고대, 중세의 관점과 일치하여 첫 번째 정의를 더 크게 강조했다. 두 번째 정의는 현대 서구의 세계관에 좀 더 가까우며, 메리엄 형제의 개정판에서 변경된 것이다.
** 가톨릭 공식 명칭은 칠죄종으로, 교만·인색·음욕·탐욕·나태·분노·질투를 일컫는다. ─옮긴이

임없이 윤회하게 하는 열 가지 번뇌인 십결+結 중 하나라고 가르쳤다. 또 노자는『도덕경』에서 자부심을 실패와 죽음으로 가는 길이라고 썼다.[2] 플라톤, 호메로스, 아이스킬로스, 헤로도토스 등 고대 그리스 철학자들에게 자부심이란 정치 질서를 파괴할 만큼 막강한 위력을 발휘하는 오만이었다.

이처럼 부정적인 관점이 압도적이었지만, 그럼에도 고대에 이 감정을 긍정적으로 바라본 철학자가 한 사람 있었다. 바로 그리스의 유명 사상가 아리스토텔레스였다. 그에 따르면 자부심은 악덕이 아니라 미덕이었다. 아리스토텔레스는 자부심이 넘치는 사람들은 자신의 위대함을 충분히 평가하고 인정하는 관점을 지녔다고 주장했다. 그의 관점에서 보면, 자부심을 갖는다는 건 훌륭한 사람이 되고 또 스스로가 그렇다고 말하기를 두려워하지 않는 것이었다.[3]

그로부터 한참이 지난 18세기 말에 이르러, 프랑스의 철학자 장 자크 루소가 미묘한 차이를 지닌 두 개념을 제시했다. 아무르 프로프르amour-propre(이기심 · 자만심)와 아무르 드 수아amour de soi(자애심自愛心)였다. 이 중 후자에 대해서 루소는 "자기 자신을 보존하고자 하는 자연적 감정으로, 모든 동물에게 존재하는 경향"이라고 설명했다. 문명 이전의 자연 상태에서도 인간은 자애심을 경험할 것이다. 우리의 생존 본능이기 때문이다. 만약 정말로 위기 상황에 닥친다면, (모든 사람이 그런 건 아니겠지만) 자신의 한쪽 팔을 잘라 내거나 다른 사람을 먹는 일도 꺼리지 않을 것이다. 한편, 전자인 아무르 프로프르는 이와 대조적으로 "사회에서 발생하는 상대적 개념의 인위적 감정으로, 개인이 다른 개인들보다 더 높은 평가를 받고자 하는 경향"[4]으로 설명된다. 이는 웹스터 사전의 정의 중 "과도한 자만심"과 비슷하게 들릴 수 있겠지만, 루소는 거기서 한발 더 나아갔다. 그는 '이기심'이 "명예의 진정한 원천"[5]이라고 주장했다. 즉 사람들이 타인이 자신을 어떻게 바라볼지 신경 쓰고 자기 자신을 타인과 비교해서 바라보게 만드는 감정이라는 것이다. 우리로 하여금 '훌륭한' 사람이 되고 싶도록 만드는 것, 사회로부터 자신의 가치를 인정받고 싶게 만드는 의지가 바로 자부심이라고 본 것이다. 아무르 프로프르는 과도한 자부심일 수도 있지만, 타인들과의 관계 안에서 소위 잘나가기 위해서는 이것이 필요하다는 게 루소의 관점이다.

종합해 보면, 이러한 과학 이전prescientific 시대에 제시된 개념들은 자부심에 대한 이해를 더 혼란스럽게 하는 듯하다. 종교사상가들에게는 자부심이 죄악이었지만 철학자들에게는 필요악이었으며 심지어는 그 자체로도 미덕이었으니 말이다. 사전적 정의로 돌아가 보면, 이에 대한 답은 아마도 그 사람의 자부심이 과도한가 또는 합당한가, 부당한가 또는 가치 있는가에 달려 있을 것이다.

이 혼란을 명료하게 정리하기 위해서는 과학이 필요하다. 신학자들과 철학자들이 자부심이 무엇에 관한 것인지, 그것을

어떻게 이해해야 하는지를 놓고 하루 종일 논쟁을 벌인다 해
도, 자부심이 실제로 무엇인지를 우리에게 말해 줄 수 있는 것
은 심리학자들이 과학적 방법으로 수집한 실증적인 데이터일
것이다.

그렇다면 심리학자들은 자부심을 어떻게 개념화해 왔을까?
사실을 말하자면, 그런 작업은 거의 이루어지지 않았다. 1990
년대에 연간 3편 미만의 논문이 발표될 뿐이었고, 2000년 전
까지 자부심을 주제로 한 심리학 연구는 없다시피 했다. 1년에
발표되는 심리학 연구 논문이 수십만 편에 달한다는 점을 감
안하면 지극히 적은 숫자다(미국심리학협회 학술 데이터베이스인
PsycINFO의 통계에 따르면 2013년 발표된 논문은 17만 9032편이다). 다
른 감정에 대한 연구들과 비교해 보자면, 분노를 주제로 한 논
문은 26편, 두려움을 주제로 한 논문은 41편이 연간 발표되었
다. 심리학자들은 새로이 확립된 분야인 감성과학에 상당한 관
심과 시간, 비용을 들이며 연구하고 있지만 유독 이 한 가지 감
정에 관해서는 다루지 않았던 것이다.

하지만 다행스럽게도, 1990년대에 많은 심리학자들은 자부
심과 아주 가까운 주제를 연구했다. 바로 나르시시즘narcissism 이
다. 이어질 내용에서 차차 살펴보겠지만, 종종 역기능을 일으
키는 이 심리 기제를 이해하려 했던 이들의 노력은 21세기 시
작과 함께 전면적으로 궤도에 오른 오늘날의 자부심 연구에
중요한 토대가 되었다.

자부심을 느끼는 방식

1976년 스물여덟 살의 아놀드 슈워제네거는 「롤링 스톤」에서 이렇게 말했다. "초등학교 시절부터 남들에게 인정받고 싶은 욕망이 엄청나게 컸습니다. […] 돈은 상관없었어요. 명성을 얻고 싶은 생각뿐이었습니다. 가장 위대한 사람이 되는 것 말이죠. 어떤 나라의 독재자가 된다거나 예수님처럼 구원자가 되는 걸 꿈꾸기도 했어요. 오로지 인정받기 위해서요."[6]

상당히 극단적인, 심지어 망상에 가까운 자부심이 느껴지지만 슈워제네거처럼 나르시시즘 범주의 성격 유형에 해당하는 사람들 사이에서라면 드문 수준은 아니다. 우리는 이런 유형의 사람들을 잘 알고 있다. 그들은 자신에 대해서 좋게 생각하는 정도가 아니라, 자신을 스스로 얼마나 대단하게 생각하는지 남들에게 늘 과시하지 않고는 못 견디는 사람들처럼 느껴진다. 이 유형에 포함되지 않는 평범한 사람들은 저런 생각과 실제가 일치하지 않음을 안다. 나르시시스트는 자신을 실제의 자신보다 훌륭하게 여기며, 자신이 자기 주위의 누구보다도 훌륭한 사람이라고 여긴다. 그래서 더 보기에 거슬린다.

그러나 나르시시스트들은 결코 낙오자가 아니다. 낙오자는 커녕 정치를 비롯한 일정 영역에서는 상당히 성공하는 경향을 보인다. 빌 클린턴은 공직자로서 자신의 성공을 격찬할 기회를 놓치는 법이 없었는데, 그럼에도 불구하고 그는 전문가 121명이 수행한 미 역대 대통령 나르시시즘 평가에서 겨우 7위에 올랐다(1위는 36대 대통령 린든 B. 존슨이었다).[7] 나르시시스트는 그저 오만방자한 무뢰한들도 아니다. 매력 넘치고 붙임성이 좋아 좌중의 활력소가 되는 이들도 있다. 여럿이 모인 곳에서 늘 대화를 주도하는 것으로 보이는 사람, 자신에게 이목을 집중시키려는 욕구에 매달리는 사람이 바로 나르시시스트다(당신이 속한 곳에는 나르시시스트가 없는 것 같은가? 그렇다면 슬프게도, 십중팔구 나르시시스트는 당신이다).

1980년대와 1990년대에 심리학자들은 나르시시스트 연구에 엄청난 열의를 바쳤다. 이때 나르시시스트는 자부심과 대단히 유사한 어떤 것을 빈도 높게, 그리고 강렬하게 느끼는 것으로 보이는 사람들을 가리킨다. 나르시시즘은 자부심에 대한 한 가지 정의와 아주 닮았는데, '오만한', '건방진' 등의 단어들로 설명되는 심리로 이탈리아인들에게는 '오르골리오'에 해당한다. 다시 말해, 나르시시스트는 사전에 등재된 프라이드의 첫 번째 정의인 '과도한 자만심'을 온몸으로 뿜어내는 사람들이다.

무엇이 나르시시스트들을 그렇게 행동하게 만들까? 한편으로는 매력 있고 외향적이면서, 다른 한편으로는 호전적이고 언짢게 느껴지는 행동들을 말이다. 그리고 다른 사람들은 이들의 행동에 어떻게 반응할까? 과도한 오만함으로 때우고 넘어갈까 아니면 사회적 처벌로 이어질까? 1990년대의 심리학자들이 이러한 질문에 매료되면서 나르시시즘 심리학은 하나의 연구 분야로 활짝 꽃을 피웠고 지금까지 이어지고 있다. 이 분야에서 의도적으로 자부심을 다룬 것은 아니었지만 결과적으로 자부심이 왜 때로는 오만함으로 비춰지는가를 해명하는 유익한 정보를 마련했다.

그중 기발한 연구를 하나를 살펴보자. 연구자들은 소규모 학생 집단이 7주간 매주 20분씩 친구, 가족 같은 소소한 일상사부터 마음속 깊은 걱정거리나 중대한 관심사까지 다양한 주제를 이야기하는 모임을 진행했다. 모임 초기에는 나르시시즘 측정법("내가 세계를 다스린다면 세계는 훨씬 더 좋은 곳이 될 것이다" 등의 문항에 '그렇다/아니다'로 답하게 해 점수를 매겼다)에서 높은 점수를 받은 학생들이 다른 구성원들에게 호감을 얻었다. 심지어 동경을 받기도 했다. 그들은 친화적이고 마음이 잘 맞으며 열심이고 심리적으로 유연하다는 평을 받았다.

하지만 7주가 지나 연구가 끝났을 때는 상황이 180도 바뀌어 있었다. 나르시시즘 점수가 낮은 학생들은 점수가 높은 학생들에 대해 호전적이고 불쾌하며, 걸핏하면 분노와 불안에 빠지고, 그다지 유연하지 않다고 느끼게 되었다.[8]

이런 심경 변화는 타당하다. 아무도 나서려 하지 않는 초반에 주도권을 잡고 대화를 이끄는 것은 나르시시스트들이다. 비록 이들이 좋아하는 주제가 그들 자신이기는 해도 다른 학생들은 괘념치 않았을 것이다. 어색한 침묵이 흐를 때는 누군가의 자기 자랑을 듣고 있는 것도 괜찮은 일일 수 있으며, 그런 상황에서 앞장서서 분위기 잡아 주는 사람은 소중한 자산이 된다. 이런 개성이 나르시시스트에게 인기와 힘을 부여한다. 미국의 대통령들이 보여 주듯, 나르시시스트는 그렇지 않은 사람보다 대통령이 될 가능성이 높을 뿐 아니라 나르시시즘 경향이 강한 사람일수록 지지율이 높고 더 많은 법안을 통과시키는 경향[9]을 보인다.

하지만 결국에 가면 사정이 달라진다. 처음에는 적극적이고 주도적이던 나르시시스트들은 그들에 대해 속속들이 알게 될 만큼 곁에 오래 남아 있는 이들에게 다른 면모를 보이게 되어 있다. 점차 일방적이고 무례하고 호전적인 모습을 보이는 것이다. 이는 다른 사람들이 그들의 거만한 태도에 이의를 제기할 때 특히 두드러진다. 타인이 이런 반응을 보이는 일은 클린턴이나 슈워제네거에게 같은 사람들에게는 웬만해선 일어나지 않겠지만, 일반적인 나르시시스트들에게는 흔히 발생한다. 클린턴 유형의 사람들에게도 나르시시즘은 위험 인자가 될 수 있다. 나르시시즘 정도가 높은 대통령들은 초반 지지율이 높더라도 탄핵에 직면할 가능성 또한 높은 게 사실[10]이다.

나르시시즘이 강한 사람들이 타인의 비판에 분노하고 호전적으로 반응하는 경향을 보여 주는 연구가 있었다. 이 연구에서는 우선 대학생들에게 당시 논란이 뜨거웠던 주제인 '여성의 낙태 권리'에 대한 자기 의견을 간단한 에세이로 써 보라고 했다. 연구자들은 학생들에게 연구 팀에 속한 다른 누군가가 에세이를 받아서 평가할 것이며, 그는 학생들을 만난 적 없고 앞으로도 만날 일이 없다고 밝혀 두었다. 실제로 그런 연구원은 없었다. 에세이에 첨부할 평가 글도 연구자들이 미리 작성해 둔 것이었다. 몇몇 에세이에는 빨간 펜으로 첨삭한 표시가 수두룩했고 "이렇게 형편없는 글은 처음 보네요!" 같은 부정적인 논평이 달려 있었다. 그런가 하면 "첨삭이 필요 없을 만큼 완벽하군요!"처럼 칭찬 일색인 에세이도 있었다.

다음 날 연구자들은 이 학생들에게 컴퓨터 게임을 하게 했는데, 게임 상대는 전날 에세이를 평가한 그 연구원이라고 알려 주었다. 게임은 화면에 나타나는 이미지에 상대방보다 빨리 반응하면 이기는 방식이었다. 그리고 승자에게는 버튼을 눌러서 나오는 소음으로 패자를 공격할 기회를 주었다. 소음의 볼륨은 승자가 원하는 대로 조절할 수 있었는데, 연구자들은 이들이 설정한 볼륨, 즉 어느 정도의 소음으로 상대를 공격하는가를 통해 피험자가 자신을 모욕한 사람 혹은 칭찬한 사람에게 얼마나 타격을 주고 싶어 하는지를 측정했다.

당연한 결과겠지만, 혹평을 받은 피험자들이 칭찬을 받은 피험자들보다 소음을 더 크게 키웠다. 남에게 모욕을 당하는 것을 좋아하는 사람은 없다. 하지만 이보다 더 흥미로운 점은 나르시시즘이 강한 학생들에게 이러한 경향이 뚜렷하게 나타났다는 사실이다. 자신이 도전받았다는 데 대한 분노로 상대방에게 호되게 벌을 주는[11] 공격적 행동이 나온 것이다.

이 기본 원리, 다시 말해 나르시시스트들이 자신의 자존심에 위협으로 감지된 대상에 강렬한 분노와 호전성으로 반응한다는 원리는 다른 많은 연구들에서도 반복적으로 드러났다. 비판받았다고 느끼는 나르시시스트들은 자신의 기분을 상하게 했다고 판단되는 대상에게 이처럼 굉음으로 보복할 뿐 아니라, 맵디매운 소스를 왕창 먹이기도 한다. 한 연구에서 나르시시스트들은 상대방이 매운 음식을 좋아하지 않는다는 사실을 이미 알고 있고, 심지어 상대방이 선호도 표시란에 "내가 싫어하는 걸 주는 망나니짓은 하지 마시오!"[12]라고 써 뒀어도 그의 음식에 매운 소스를 넣겠다고 했다.

물론 이쯤에서 당신은 이렇게 생각할 수도 있다. '나르시시스트들이 그렇게 행동해선 안 될 이유라도 있나? 자신에게 충고해 주는 사람들보다 내가 더 잘났다고 믿는 사람들인데, 열받는 게 당연하지 않겠어?' 실제로 나르시시스트들은 스스로가 생각하는 것만큼이나 똑똑하고 창의적이며 잘나가는 사람인 경우가 많다. 클린턴과 슈워제네거가 훌륭한 예이다. 하지만 항상 그런 것은 아니다. 나르시시즘은 재능이나 명석함, 특정 방면의 유능함과 본질적으로 결합된 요소가 아니다. 따라서 나르시시스트 중에 뛰어난 사람이 있는 만큼, 그렇지 않은 사람도 있다. 게다가 나르시시스트에게 나타나는 호전성은 유능함이나 지적 능력에 대한 객관적 척도와도 무관하다. 나르시시스트는 자신이 명백히 더 나은 대우를 받아야 할 영역에서 모욕당했을 때 특별히 더 분노한다기보다, 스스로 자부하는 영역의 문제에 관해서라면 그 어떤 부정적인 반응도 받아들이지 못하는 사람들이라고 봐야 할 것이다.

심리학자 프로이트가 창시한 정신분석 이론은 위협에 직면했을 때 공격적 행동을 보이는 나르시시즘적 경향을 더욱 잘 설명해 준다. 정신분석학자들은 나르시시즘적 호전성은 '반동형성reaction formation'으로 불리는 방어기제라고 이해하는 것이 가장 설득력 있다고 주장한다. 반동형성의 기본 개념은, 어떤 위협적인 신념을 극복하는 가장 강력한 방법으로서 그것을 부정하는 동시에 그 반대편에 선 신념을 지지하는 것이다. 예를 들면 커밍아웃을 하지 않은 게이 정치인이 반동성애 정책에 찬성표를 던지는 상황 또는 여자 친구에게 청혼할 계획을 세웠다가 먼저 여자 쪽에서 헤어지자고 하니 도리어 폭탄을 피한 셈이라며 자위하는 남자가 그런 경우다. 반동형성 개념으로 보면, 나르시시스트들의 과도한 자만은 순수한 자기 존중의 표현이 아니다. 또 그들이 공격당했다고 느낄 때 싸우는 것은 자신이 상대보다 더 똑똑하고 더 잘난 사람이라고 강하게 믿어서가 아니다. 그들이 싸우는 이유는 오히려 정반대로 믿고 있기 때문이다. 정신분석 이론의 관점에서 나르시시즘은 무의식 속의 불안을 이기기 위한 하나의 방어기제다. 나르시시스트가 느끼는 자부심은 수치심을 파묻기 위해 심리적으로 제조된 거짓 감정인 것이다.

언뜻 의아하게 들릴 수도 있다. 잠시 생각해 보자. 만약 당신이라면, 순전히 성적에 보탬이 될까 싶어 참여한 연구에서 순식간에 써낸 에세이를 생전 얼굴 한번 본 적 없는 사람이 모욕했다고 해서 그의 귀에 고강도의 고통을 주겠다는 마음이 들 것 같은가? 어쩌면 당신은 '그 사람이 뭘 알겠어?' 혹은 '내 글이 그렇게 훌륭하진 않았나 보지. 어차피 고작 몇 분 동안 썼는데, 뭐' 정도로 생각하고 말 수도 있다. 엄청난 굉음으로 상대방을 괴롭히겠다거나 혀가 얼얼하도록 매운 소스로 보복하겠다는 마음이 생기겠는가?

많은 연구들은 나르시시즘이 부분적으로는 무의식 깊이 자리 잡은 불안에 대한 반응임을 뒷받침한다. 위협이 되는 상대를 공격하려는 욕구를 느끼는 사람을 움직이는 힘은 자신의 훌륭함에 대한 확고한 믿음이 아닌 다른 무언가인 경향이 있다. 나르시시스트들이 공공연하게 자신에 대해 떠벌리고 자만에 차 있을지언정, 암묵적 또는 무의식적 차원에서 그들이 보여 주는 것은 그와는 정반대인 낮은 자존감이다. 한 연구에서는 나르시시스트들이 "나는 나 자신을 긍정적으로 바라본다" 등의 문항에 '그렇다/아니다'로 답하는 외현적 자존감explicit self-esteem 검사에서는 높은 점수를 받지만, 암묵적 자존감implicit self-esteem 검사에서는 낮은 점수를 받는다는 결과가 나왔다. 암묵적 자존감 검사는 '나', '자신'과 '바퀴벌레', '구토' 같은 어휘들을 얼마나 빠르게 연관 짓는지를 평가한다. 실제로 암묵적 차원에서 자신에 대해서 좋지 않게 느끼는, 즉 '나'와 '바퀴벌레'

를 빨리 연관시키는 나르시스트일수록 외현적 차원에서는 자신에 대해 긍정적으로 느끼는 것으로 나타났다.[13]

프로이트라면 이것이야말로 반동형성을 보여 주는 완벽한 예증이라고 주장했을 것이다. 나르시스트가 무의식 속에서 자신에 대해 나쁘게 느낄수록, 의식적으로 자신의 대단함을 더 과장한다고 말이다. 이는 나르시스트들이 자신에 대한 과도하게 긍정적인 생각을 자주 발언할 뿐만 아니라 그에 대해 주위의 모든 사람들에게 동의를 얻지 않고는 견디지 못하는 이유를 잘 설명해 준다. 또한 나르시스트들이 자신의 대단함에 대한 의문이 제기되었을 때 호전적으로 돌변하는 등 방어적으로 대응하는 이유도 설명이 된다. 나르시스트들은 내면 깊숙이 암묵적인 차원에서는 자신을 좋지 않게 느끼며, 타인도 이를 똑같이 느꼈으리라는 암시가 그들에게는 최악의 두려움을 활성화시킨다.

문제는 이 감정이 무의식 속에 존재한다는 것이다. 만약 나르시스트들이 자신의 암묵적 자존감이 낮다는 사실을 인지하고 있다면, 자존심에 위협이 되는 상황에서 그렇게 공격적으로 반응하지는 않을 것이다. 외현적 자존감이 낮은 사람들의 경우, 타인에게 도전을 받았다고 느껴도 폭발적으로 분노하지 않는다. 마찬가지로 내면 깊은 곳에서부터 자신이 가치 있다고 믿는 사람들 역시 비슷한 상황에서 적대적으로 행동하지 않는다. 상대방이 틀렸으며 더 이상 친하게 지내지 않겠다고 생각할 테지만, 그렇다고 해서 그 사람에게 물리적으로 해를 입혀야겠다는 욕구는 일어나지 않는 것이다. 나르시시스트들이 자신의 과장된 자기 지각*을 위협하는 이를 응징하고야 말겠다는 욕구를 느끼는 것은, 내면 깊이 숨어 있는 수치심으로부터 자신을 지켜 줄 보호막은 그 방법뿐이라고 믿기 때문이다.

결국 나르시시스트의 극단적 자만은 일종의 은닉술로, 무의식 속의 불안을 저지하는 데 사용되는 감정적 도구다. 나르시시스트가 경험하는 자부심은 자신에 대해 기분 좋게 느끼는 감정이 아니다. 자신에 대한 기분 나쁜 느낌을 기피하기 위한 감정이다.

자신에 대해서 좋게 느끼면서도 그 감정이 방어적이지 않은 사람들은 많다. "나는 자존감이 높다"[14]는 항목에 '그렇다'고 답하는 사람은 평균적으로 전 세계 인구의 절반이 약간 넘는다. 그중 일부는 나르시시스트이지만, 다수는 자신을 진정으로 자신을 좋아하며 내면에 도사린 자신 없는 마음을 방어하려고 긍정적인 자기 지각을 과장하지 않는다. 나르시시스트는 "모든 사람이 그렇게 말해 주기 때문에 내가 괜찮은 사람이라고 생각한다" 등의 문항에도 '그렇다'고 답하지만, 자존감이 높은 사람들은 "나는 내가 다른 사람들과 대등하게 가치 있는 사람이

---

* self-perceptions, 주어진 상황에서 자신이 하는 행동을 보고 자신의 태도와 가치관을 이해하는 것-옮긴이

라고 느낀다"라고 답하는 경향을 보인다.

바로 이것이 높은 자존감이다. 충분히 훌륭하다고 느끼는 감정 말이다. 언젠가 텔레비전 프로그램 〈SNL Saturday Night Live〉에서 앨 프랭큰*이 스튜어트 스몰리라는 가상의 자기계발 전문가를 연기하면서 이 정의를 절묘하게 잡아낸 바 있다. 스몰리는 매일 거울 앞에서 동기를 부여하는 주문을 소리 내어 외면서 자존감을 높인다. "나는 이만하면 훌륭해. 나는 이만하면 똑똑해. 젠장, 사람들은 나를 좋아한다고!"

자존감이 높은 사람들도 분명 자부심을 느낀다. 나르시시스트들이 느끼는 자부심과는 종류가 달라 '성취'나 '생산적인', 나아가서는 '자신감 있는', '가치 있는' 등의 어휘로 표현하는 것이 적합하다. 또한 이탈리아어로는 '피에레차'에 해당하며, 사전에서 "자신에 대한 합당한 혹은 정당한 존중"이라고 정의하는 자부심이다. 간단히 말해서, 이런 유형의 자부심을 느끼는 사람들은 자기 자신을 좋아한다.

자신을 순수하게 좋아하는 감정에는 엄청난 이점이 있다는 사실이 많은 연구를 통해 밝혀졌다. 사춘기 시절에 자존감이 높았던 청소년들은 행복하고 건강한 성인으로 성장해 비만이나 심장 질환 또는 폐 질환을 겪을 가능성이 낮다. 그들은 대학에 진학하며 직업적으로도 성공해서 경제적으로 안정된 생활

---

* 방송 작가 및 방송 진행자 출신의 미국 민주당 상원의원–옮긴이

을 영위한다. 이와 반대로 자존감이 낮은 청소년들은 성장한 뒤 범죄와 연관된 삶을 살아갈 가능성이 좀 더 높다.[15] 순수하게 자신에 대해 좋게 느끼는 감정, 즉 적극적이고 자신감 넘치며 성취를 지향하는 유형의 자부심은 큰 이점이며, 자신에 대해 그다지 좋지 않게 혹은 나쁘게 느끼는 것보다는 분명 훨씬 더 바람직한 일이다.

그런데 이와 달리 나르시시스트가 경험하는 자부심은 문제를 야기한다. 이 자부심은 그들을 자만하거나 호전적인 상태가 되도록 만들며 친구를 비롯한 인간관계에도 해를 미친다. 이는 건강하고 행복하며 인기 있고 성공적인 삶을 가능하게 하는, 높은 자존감과 자부심의 조합과는 상당히 상반된 결과다. 결국 똑같은 감정이라도 그에 대해 반응하는 방식은 극명하게 갈린다고 할 수 있겠다.

'자부심이란 무엇인가'에 대한 답도, '인류의 역사를 통틀어 이 감정이 이렇게 다르게 정의되어 온 이유는 무엇인가'에 대한 답도 여기서 찾을 수 있다. 자부심이 나르시시즘의 바탕에 깔려 있는 감정, 정확히 말하자면 나르시시즘적 행동의 핵심이라면 호전성, 적대성, 전반적으로 건들거리는 태도를 유발할 것이다. 하지만 자부심이 높은 자존감을 형성하는 감정이라면 성취와 성공, 건강한 삶을 촉발할 것이다. 과연 둘 중 어느 쪽이 맞을까?

자부심을 느끼는 방식

흔히 에스키모라고 불리는 이누이트 부족의 언어에는 눈snow 을 뜻하는 단어만 100개가 넘는다는 이야기가 있다. 사실 이는 과장된 것으로, 이누이트어에서 눈을 뜻하는 단어의 어근 개수는 영어와 거의 비슷하다[16]는 게 많은 학자들의 주장이다. 그럼에도 이 통설이 계속 떠도는 까닭은 이것이 중요한 사실을 말해 주기 때문이다. 우리는 우리 삶에서 중요한 무언가에 대해 말하고자 할 때 그에 해당하는 언어를 만들어 낸다. 이누이트 사람들에게 눈은 그저 휴교령이나 운전하기 까다로운 도로 혹은 즐거운 성탄절을 가져다줄 차갑고 하얀 물질을 의미하는 데 그치지 않으므로, 눈에 대해 이야기하기 위해 하나 이상의 어휘가 필요하다. 이누이트 사람들이 사용하는 어휘에 주의를 기울이면, 그들의 삶에서 가장 중요한 것이 무엇인지 알 수 있다.

이와 마찬가지로, 사람들이 자신의 감정을 표현할 때 사용하는 어휘는 그들이 그 감정을 어떻게 받아들이는지를 효과적으로 보여 준다. 어떤 감정이 중요하다면 그것을 뜻하는 단어가 존재할 것이다. 아주 중요한 감정이라면 더 많은 단어가 있을 것이다. 그리고 한 가지 이상의 방면에서 중요한 감정이라면, 각기 다른 범주의 어휘들이 존재할 것이다.

나는 철학자나 신학자가 아닌 일반인이 자부심을 어떤 것이라고 생각하는지 알아보기 위해 대학원 지도 교수인 릭 로빈스와 함께 연구를 진행했다. 우리는 표본을 학부생으로 설정한 뒤 이들에게 자부심이 무엇을 의미하는지, 또 자부심에 대해 어떻게 느끼는지를 생각할 때 떠오르는 모든 단어를 적도록 했다. UC 데이비스 학생 수백 명이 응답한 이 질문에서 795개라는 방대한 단어와 어구 목록이 도출되었다. 우리는 표본 집단에서 2퍼센트 미만으로 언급된 단어는 모두 제거함으로써 독특한 의견(예를 들면 '각성한')은 제외시켰다. 그 결과 65가지로 대폭 추려졌다.

이 결과가 영어에서 자부심을 느끼는 방식이 65가지라는 뜻은 아니다. 그보다는 이 어휘들을 의미상 몇 개의 범주로 묶을 수 있다고 봐야 할 것이다. 이누이트 사람들에게는 '지금 하늘에서 내리는 눈', '이제 막 땅 위에 살포시 쌓인 눈', '사람이 밟아서 깊이 팬 눈' 등을 쉽고 빠르게 구분할 수 있는 언어적 수단이 있다. 그렇지만 이들은 우리 대다수가 그렇듯 여러 종류의 눈이 서로 유사함을 이미 인지하고 있으며, 이를 토대로 개념의 범주를 구성할 수도 있다. 다시 말해서 이누이트 사람들은 눈의 형태나 상태에 따라 각기 다른 어휘를 사용할지언정, 그 어휘들이 전혀 별개의 사물을 가리키는 것이 아님을 잘 알고 있다. 그중에서도 서로 더 가깝거나 혹은 중첩되는 어휘군이 있으며, 서로 더 먼 어휘군이 있다는 사실도 잘 이해하고 있다.

우리 연구의 피험자들을 통해 생성된 65개의 어휘군도 마찬가지다. 이 단어들 대다수가 어떤 체계적인 방식으로 서로 연관된 것으로 보인다. 그리고 사람들이 이 어휘들을 어떻게 직관적으로 연관 짓거나 범주화하는지 알아보기 위해 우리는 새로운 대학생 표본을 구성해 어휘군에 수록된 각각의 단어와 나머지 단어가 얼마나 비슷한지 점수를 매겨 보도록 했다. 이 점수를 바탕으로 우리는 통계 프로그램을 이용해 일종의 '자부심 지도'를 작성했다(그림 2.1).[17]

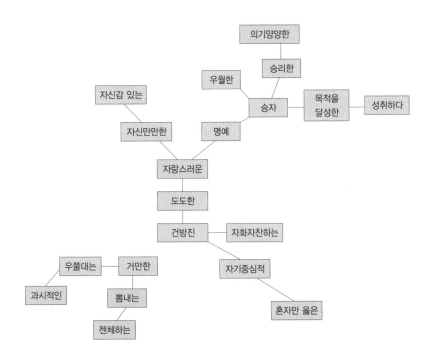

그림 2.1 자부심 지도. 자부심 어휘 20개의 의미적 유사성을 나타낸다. 이 연구에는 20개 단어만 포함했으며, 피험자들에게 점수를 매기도록 한 어휘는 190개(20개 어휘로 가능한 모든 조합의 총합)로 한정했다.

이 지도를 면밀히 들여다보자. 흥미로운 사실이 눈에 띌 것이다. 지도에 수록된 20개 단어들은 상단으로 한 그룹, 하단으로 한 그룹 해서 총 두 개의 그룹으로 묶이며, '자랑스러운proud'을 중심으로 해서 가지들이 뻗어 나가는 것으로 보인다. 그리고 상단에 제시된 단어들은 하단의 단어들과 현저하게 다른 의미군으로 보인다. 각 그룹에 속한 단어들의 의미를 생각하면서 좀 더 들여다보자. 그러면 이 지도의 단어들이 '나르시시즘'과 '진정한 의미의 자존감'으로 나뉜다는 사실 혹은 사전에 등재된 자부심에 대한 두 가지 정의대로 각각 나뉜다는 사실을 알아차릴 수 있다.

정리하자면, 이 20개의 단어들은 높은 자존감을 지닌 사람이 느낄 것으로 예상되는 감정과 나르시시스트가 느낄 것으로 예상되는 감정을 나타낸다. 중심부의 어휘 '자랑스러운'은 두 감정 그룹을 나누는 경계가 된다. 상단의 모든 어휘는 높은 자존감, 이탈리아어의 피에레차, 웹스터 사전의 두 번째 정의에 잘 부합한다. 하단의 모든 어휘는 나르시시스트, 오르골리오를 느끼는 사람 혹은 웹스터 사전의 첫 번째 정의에 적용된다고 할 수 있다. 이 지도로 우리는 사람들이 '자부심'을 이해하는 방식에 두 가지 유형이 존재하며, 그 두 유형은 대체로 긍정적 범주와 부정적 범주로 나뉜다는 사실을 알 수 있다.

하지만 이는 사람들이 자부심에 대해서 어떻게 '생각하는가'를 토대로 내린 결론이다. 사람들이 반드시 이 두 가지 방식으로 자부심을 '느낀다'고는 할 수 없다. 사고와 말은 실제를 보여 주는 유용한 창이지만, 그 창은 왜곡될 수 있다. 사람의 감정적 경험에 관한 연구에서 그러한 인지적 개념화cognitive conceptualization는 정보를 얻는 여러 경로 중 하나일 뿐이다. 예를 들어, 자부심에 대해 그저 생각만 할 때는 두 가지 범주로 구분하더라도 실제로 자신이 직접 자부심을 경험하는 순간에는 이 두 가지가 결합되어 동시에 나타날 수도 있다.

이러한 가능성을 정면으로 다루고자, 우리는 대학생들에게 살면서 실제로 자부심을 느꼈던 일을 하나 골라서 이를 글로 적어 그 경험을 다시 느껴 보도록 주문했다. 이것은 감정을 유도하는 정교한 심리학 연구 방법인데, 과거의 감정적 사건을 상세히 기술하는 것만으로도 피험자들은 당시의 감정을 상당히 정확하게 재경험한다. 심지어는 두려움을 일으켰던 사건을 기록할 때 심박 수가 증가하거나, 분노를 일으켰던 사건을 기술할 때는 수지 온도*가 상승하는 등 감정과 관련된 생리적 현상이 수반되는 경우도 있다.[18]

우리가 이들에게 자부심을 경험했던 때를 회상해 보라고 요청했을 때 이들이 기술한 사건은 이런 것이었다. "나는 '올리그 상the All-League Honor'을 받았다. 나는 열심히 연습했고, 수상자가 발표되었을 때 나 자신이 자랑스러웠다. 수년간의 훈련으로 흘

---

* finger temperature, 행동을 취하기 위한 준비 과정으로 혈액이 신체 말단으로 몰리는 현상

린 땀과 노력이 결실을 맺은 것이다." 피험자들은 이런 식의 짧은 이야기를 작성한 다음 우리가 수집한 '자부심' 어휘 65개가 모두 포함된 목록을 보며 각 단어가 자신의 감정을 말해 주는 정도를 1(전혀 아니다)에서 5(매우 그렇다)까지의 점수로 매겼다.

우리는 이들이 매긴 감정 점수에도 앞의 자부심 지도에서처럼 의미론적 연관성을 띤 패턴이 나타나는지 알고 싶었다. '성취한'이라는 단어에 5점을 준 사람은 '자신 있는'이라는 단어에도 높은 점수를 매길 것인가? 또 그 사람은 '건방진' 같은 단어에도 높은 점수를 줄 것인가? 우리는 요인분석*이라는 통계 방법론을 사용해 이들이 기술한 자랑스러운 기억에서 어떤 단어들이 가장 자주 함께 등장하는지, 즉 짝을 맺어 나타나는지를 측정했다.

결과는 놀라웠다. 이번에도 단어들이 두 개의 범주로 나뉘어 나타났다. 그리고 각 범주에 묶인 단어들도 낯익었다. '성취한', '목적을 달성한', '생산적인' 등의 단어들은 항상 한 범주에 같이 묶였고 '자신 있는', '자기 존중'도 같은 묶음으로 나타났다. '자만', '자기중심주의' 등은 다른 범주에 속했으며 여기에는 '과시적인', '건방진', '거들먹거리는', '젠체하는' 등의 단어들이 함께 묶였다.[19]

이 연구에서도 자부심이 두 유형으로 구분된다는 사실은 사

---

* 수많은 요인들 중에서 잠재된 몇 개의 요인을 찾아내는 분석 방법 – 옮긴이

람들이 자부심을 그저 어떻게 '생각하는지'를 넘어 '자부심이 무엇인지', 그리고 그것이 어떻게 '느껴지는지' 자체가 두 유형으로 나뉜다는 것을 말해 준다. 이 결과를 통해서 우리는 '목적을 달성하고, 뜻한 바를 성취하며, 생산적인' 경향의 사람들과 '자만하고, 자기중심적이며, 거들먹거리는' 경향의 사람들을 구분할 수 있었다. 올리그 상을 받았던 일에 대해 썼던 피험자는 첫 번째 범주에서 상당히 높은 점수를 받았다. 하지만 두 번째 범주에서 더 높은 점수를 받은 피험자들도 있었다. 그중 한 사람이 적은 글은 이러했다. "평점 4.0을 받았을 때 나는 스스로가 무척이나 자랑스러웠다. 대화를 주도하면서 친구들에게 지난 학기 성적이 어땠는지 물었고, 그들의 대답을 듣고 난 뒤 내 성적을 말해 주었다."

이 두 학생이 각각 자신이 자부심을 느낀 경험을 이야기하는 방식은 너무나 다르다. 똑같은 질문을 받고, 두 사람 똑같이 자부심의 경험을 되살리면서 글을 썼는데 말이다.

우리의 분석 결과는 이런 차이가 어떻게 가능한지를 말해 준다. 자부심은 하나가 아니라 둘이다. 그 둘은 중대한 차이를 지닌다. 우리가 요인분석으로 찾아낸 두 범주 간의 상관관계는 미약한 수준으로, 한쪽 범주의 자부심을 느끼는 경향과 다른 쪽 범주의 자부심을 느끼는 경향에는 특별한 연관성이 없었다. 두 가지 유형을 동시에 느끼는 경우가 있는가 하면 한쪽 유형만 느끼고 다른 쪽 유형은 느끼지 않을 수 있는 것이다.

그렇다고 해서 각각의 자부심을 느끼는 사람들을 구분할 수 없다는 뜻은 아니다. 우리는 각 자부심 범주를 대표할 만한 어휘(예를 들어 '성취한', '자신감 있는', '성공적인' 대 '거만한', '과시적인', '우쭐대는')를 이용해 개인들이 한 범주 또는 다른 한 범주의 자부심을 느끼는 경향을 평가할 표준화된 도구를 개발했다. 예측대로 자신감 있고 성취 지향 유형의 자부심에서 높은 점수를 받은 피험자들은 자존감도 높은 경향을 보였다. 거만하고 자기 중심적인 자부심에서 높은 점수를 받은 피험자들은 나르시시스트일 가능성이 더 높았으며 자존감은 낮았다. 다시 말해서, 한 개인이 주로 어떤 자부심을 느끼는가가 그 사람의 성격 유형과 관련 있는 것으로 나타났다.

물론 이 상호 관계만 보고 자부심이 성격 차이의 원인인지 아니면 단지 상관만 있는 것인지 단정할 수는 없다. 이론적으로는 진정한 자부심을 자주 경험하는 것이 장기적으로 자존감을 고양시키고, 한편으로 오만한 자부심을 경험하는 것은 나르시시스트 경향이 강한 성격을 만들어 낸다고 보는 것이 타당하겠지만 이 인과관계가 다른 방향으로 작용할 수도 있기 때문이다. 역으로 나르시시스트 경향이 강한 성격이 오만한 자부심을 느끼게 만들며, 진정한 의미의 높은 자존감을 유지하는 사람이 진정한 자부심을 자주 경험하는 식이 될 수도 있다는 뜻이다. 하지만 확실한 점은 자존감과 관련된 자부심이 나르시시즘과 관련된 자부심과 다르다는 것, 따라서 두 자부심 간의 차이가 적어도 이 두 성격을 구분 짓는 한 가지 요인은 된다는 것이다. 정확한 인과관계는 모른다 해도, 나르시시스트와 자존감이 높은 사람의 결정적 차이는 그들이 자부심을 경험하는 방식임이 분명하다.

이탈리아 사람들은 자존감에 관련된 자부심과 나르시시즘에 관련된 자부심의 차이를 훨씬 쉽게 이해할 것이다. 그들에게는 이 두 자부심이 다를 뿐만 아니라 훨씬 명확하기 때문이다. 영어에서는 이 두 가지가 똑같은 이름을 달고 있어, 영어권에 속하는 나 같은 심리학 연구자나 자부심에 대해 더 깊이 알고 싶은 사람들에게는 골치 아픈 문제가 된다.

오만한 자부심과 진정한 자부심

거만한 형태의 자부심에 걸맞은 이름은 이미 여러 가지 방식으로 존재한다. 고대 그리스인들이 수천 년 전에 그런 용어를 만들어 냈으니, 바로 오만hubris이다. 그리스인들은 거만한 자기 지각으로 자신이 언젠가는 죽고 마는, 남들과 똑같은 존재라는 사실을 망각하는 이들에게 이 단어를 썼다. 대표적인 사례가 그리스 신화에 등장하는 이카로스로, 아버지가 만들어 준 날개를 달고 태양에 너무 가까이 날아갔던 인물이다. 이런 오만한 자부심은 이 범주에 묶여 있는 어휘들이 전달하는 감정을 정확하게 포착한다. 오늘날 이 어휘는 심리학계에서 나르시시즘 경향이 강한 부정적 형태의 자부심을 뜻하는 용어로 정착되었다.

하지만 안타깝게도 긍정적인 유형의 자부심에는 그다지 적절한 이름이 없었다. 그리스 신화에도 '오만'과 구별되면서 자존감과 관련된 자부심을 상징하는 인물은 등장하지 않는다. 아리스토텔레스가 정의한 자부심은 자신의 가치에 대한 정확한 평가를 전제로 한 개념으로, 여기에는 그리스적 사유가 내포되어 있다. 이 어휘의 의미를 이해하기 위해서는 고대 그리스 철학에 깊은 조예가 필요하다.

하지만 이 유형의 자부심과 나르시시즘을 뿌리로 하는 오만한 자부심[20]의 구별을 강조하는 어휘가 하나 있다. 이는 이론적으로 정립된 명칭으로, 과장되지 않고 상대적으로 정확한 자기 평가를 토대로 하여 자신의 가치를 있는 그대로 바라보는 '진정한' 지각을 의미한다. 이 범주의 자부심에 적합한 것으로 받아들여진[21] 이름은 바로 '진정한 자부심authentic pride'이다.

'오만한hubristic'과 '진정한authentic', 이 두 용어는 단순히 두 자부심 유형을 구분 짓기 위한 어휘만은 아니다. 이 용어들 자체가 두 유형의 자부심이 각각 어떻게 느껴지는지, 각각의 자부심이 자신과 타인에 대해 어떤 느낌이 들게 하는지를 보여 준다. 심지어 그가 어떤 사람인지까지 드러낸다. 실제로 진정한 자부심을 일상적으로 경험하는 사람들은 오만한 자부심을 일상적으로 경험하는 사람들과 상당히 다른 성격 유형으로 나타나는 경향이 있다. 진정한 자부심을 경험하는 사람들은 외향적이고, 상냥하고, 차분하고, 불안해하지 않고, 창의적이며, 사람들에게 인기가 있다. 그들은 타인을 도와주고 조언해 주기를 좋아하며 실제로 시간을 내어 그런 자원 활동을 한다. 즉, 대체로 함께하는 삶을 지향하는데 이는 인간관계와 우정에 높은 가치를 부여한다는 뜻이다. 그리고 아마도 그 결과로 그들은 타인들과의 관계와 삶 전반에 대한 만족도가 대단히 높게 나타난다.

반면 오만한 자부심을 주로 경험하는 사람들은 나르시시즘 경향을 보이며, 자존감이 낮을 뿐만 아니라 수치심을 느끼는 상황에 취약한 모습을 보인다. 그들은 호전적이고 적대적이며, 남을 자기 뜻대로 조종하려 든다. 아마 그 결과로 그들은 인간관계에 갈등이 많으며 속마음을 나누는 친구가 거의 없다. 그들은 타인을 폄하하고 이용하려 든다. 또한 타인들과의 관계에서 불안을 느끼며, 심한 경우에는 임상 우울증*을 겪는다.[22]

그런데 이런 뚜렷한 차이점에도 불구하고, 어느 쪽이든 상관없이 이 사람들에게는 몇 가지 공통점이 있다. 그들은 모두 맡은 바를 완수하고자 하는 욕구와 세상에 영향을 미치고자 하는 욕구가 있으며, 보상을 추구하고, 원하는 것을 얻기 위해

---

* 주요 우울증 또는 주요 우울 장애로도 불리며, 사별 등으로 인한 일시적인 우울증이나 신체적 질병으로 인한 우울증과 대비되는 중증 우울증이다. —옮긴이

노력한다. 하지만 진정한 자부심을 느끼는 사람과 오만한 자부심을 느끼는 사람에게는 이러한 공통점조차 다른 방식으로 사용된다. 전자는 고강도의 자기통제력, 충동적인 행동을 자제하는 능력을 갖추고 있다. 실제로 이는 어떤 목적을 달성하는 데 결정적인 두 특질이다. 반면에 후자는 더 충동적이다. 아마도 이들 행동의 동력은 언제 어떤 행동을 취해야 할지를 판단하는 합리적 사고보다는 크나큰 자아일 것이다. 따라서 이들은 주의를 집중하고 자신의 행동을 조절하는 데 더 어려움을 겪는다. 주변 동료 중에도 원대한 구상으로 거창한 계획을 세우지만 이상하게도 그만한 결과는 만들어 내지 못하는 사람이 있지 않은가?[23]

이 두 자부심은 실패와 성공을 대하는 태도에서도 차이가 있다. 진정한 자부심 경향의 사람들은 실패를 균형 잡힌 눈으로 바라볼 줄 안다. 그들은 실패를 인정하지만 일시적 후퇴로 여기고, 머지않아 새로운 목표를 어떻게 설정할 것인가를 놓고 씨름한다. 한편 오만한 자부심 경향을 지닌 사람들의 대응은 그렇게 순탄하지 않다. 그들이 겪는 문제는 애초에 비현실적으로 높은 목표에서 출발하는 경우가 많은데, 그런 목표는 종종 부와 명성을 향한 절박한 욕망(예수처럼 되고 싶었던 슈워제네거를 생각해 보라)에서 비롯된다. 허황된 목표에 도달하지 못해 실패하는 경우가 다반사임에도, 그들은 실패를 외면하고 아주 사소한 성공에 대한 기억을 자신이 탁월하다는 증거로 해석하면서 생각을 다른 곳으로 돌린다. 그들은 "매력적인 사람이 나를 보고 웃으면, 그가 나에게 반했다는 신호라고 생각한다" 또는 "내가 무언가를 표현하는 방식을 누군가가 칭찬할 때 책을 한 권 써볼까 하는 생각이 든다"[24] 등의 문항에 '그렇다'고 답하는 사람들이다.

당연한 이야기이지만, 진정한 자부심을 느끼는 경향은 오만한 자부심을 느끼는 경향과 많이 다르다. 그러나 이 서로 다른 자부심이 다른 성격의 원인인지, 다시 말해 진정한 자부심을 지닌 사람들이 남을 보살피고 친화적이고 노력파인 것이 진정한 자부심 때문인지는 분명하지 않다. 상관관계가 곧 인과관계는 아니다. 그리고 여기서 적어도 일부 경우는 오히려 그 반대로 작용한다고 보는 것이 맞다. 즉, 어떤 사람의 지속적인 성격이 그가 주로 어느 유형의 자부심을 경험하는가에 영향을 미친다고 말이다. 하지만 그래도 의문은 남는다. 진정한 자부심이 직접적으로 친사회적 행동을 유발하는 것일까? 오만한 자부심이 이 감정을 주로 경험하는 사람의 경향으로 보이는 반사회적 적대성, 나아가 공격성의 동인이 되는 것일까?

단 한 번의 자부심 경험이 친사회적 행동 혹은 반사회적 행동을 일으킬 것 같진 않았지만, 어쨌든 우리는 이를 실험해 보기로 했다. 만약 자부심이 특정 성격의 원인이 된다면, 단 한 번 순간적으로 경험한 자부심으로도 해당 유형의 행동을 하게 만들어야 할 것이다. 진정한 자부심을 느끼는 사람이라면 더 친사회적인 행동을 취할 것이며, 오만한 자부심을 느끼는 사람이라면 더 반사회적인 행동을 취할 것이다.[25]

실험에서 우리는 피험자들이 자부심을 느낄 상황을 연출했다. 이번에도 과거에 자부심을 경험했던 사건을 기술하는 과제였지만, 개별 피험자에게 진정한 자부심과 오만한 자부심 중 어느 한쪽을 지정해 주었다. 어떤 이들에게는 "열심히 노력해서 잠재된 능력을 발휘하거나 목표를 달성했다고 느꼈던 일"을 회상하게 했고, 다른 이들에게는 "자신이 대단한 사람인 것처럼 행동했던 일 또는 자신이 젠체하거나 우쭐댄다고 느꼈던 일"을 회상하도록 했다.

다음으로 피험자 전원을 (타인에게 친절하고 공감하는) 친사회적 행동 또는 (타인을 폄하하고 적대적으로 구는) 반사회적 행동을 스스로 선택할 수 있는 상황 속에 투입했다. 특히 우리는 피험자들에게 자신과 다른 민족 집단에 속한 사람들에 대해 평가하도록 요청했다. 다른 민족 집단에 속한 이들, 특히 그 다름 때문에 주류 사회에서 낙인찍힌 이들은 타인에게 창피를 줌으로써 스스로의 자존심을 세우려는 사람들에게 손쉬운 표적이 된다. 이것은 편견의 한 형태이며, 나르시시스트들이 흔히 취하는 태도다.[26]

우리는 오만한 자부심이 과연 이 과정을 주도하는 동력이 될지, 또 나르시시스트들에게 편견에 사로잡힌 판단을 하게 만들지 궁금했다. 수치심과 대인관계에 대한 불안, 방어적 태도

프라이드

등 오만한 자부심과 함께 나타나는 여러 감정들은 물론이고, 평소 편견 없이 살아가는 사람일지라도 오만한 자부심이 발동하면 자신과 다른 사람들에게 공격적 행동을 취할 수도 있다는 것이 우리의 가설이었다.

한편 우리는 진정한 자부심은 이와 정반대의 효과를 가져와야 할 것이라는 가설도 세웠다. 진정한 자부심에서 비롯되는 순수한 자기 존중과 자신감은 타인에 대한 방어적이고 공격적인 태도를 약화시켜야 한다. 진정한 자부심은 친사회적이고 타인에게 공감하는 태도와 관련되므로, 이 감정은 사람들에게 자신과 다른 사람들을 돕고자 하는 욕구를 키울 것이다. 진정한 자부심은 주류 사회로부터 낙인찍힌 사람들에게 감정을 이입하게 함으로써, 오히려 편견을 타파하도록 만들 것이다.

우리는 캐나다 밴쿠버에 있는 브리티시컬럼비아 대학교에서 백인 학생으로만 구성된 표본 집단을 상대로 인구 조사라고 설명한 뒤 설문을 실시했다. 이 설문은 캐나다 인구에서 백인과 아시아인의 비율이 어떻게 되는지 추정하는 내용으로, 그들의 특성으로 부정적(적대적, 공격적) 측면과 긍정적(친화적, 호감 가는) 측면을 명시해 이에 응답하게 했다. 하나의 인구 집단에 일련의 특성이 어느 정도인지를 답하는 것이었기 때문에, 피험자들은 이것이 인종차별주의를 측정하는 조사라고는 생각하지 못했다. 우리는 얼마나 많은 아시아인들이 적대적이고 공격적인지, 친화적이고 호감 가는 아시아인들은 또 얼마나 되는지를 질문한 다음, 이 추정치를 이들이 백인에게 매긴 추정치와 비교했다. 그리고 이를 통해 백인 피험자들에게 한 민족적 외집단*의 구성원들을 공격하고자 하는 의사가 있는지를 객관적으로 수치화했다.

정치적 올바름을 지향하는 진보 성향의 캐나다 서부 지역 백인 대학생들이 단지 설문자가 오만한 자부심을 유도했다고 해서 인종차별적 태도를 표현할 것이라곤 상상하기 어렵다. 하지만 그 상상하기 어려운 일이 바로 이 연구의 결과였다. 우리는 그 학생들 중 무작위로 몇 명을 지정해 오만한 자부심을 느꼈던 일에 대해 기술하라는 과제를 주기도 했는데, 백인보다는 아시아인에 대해 더 부정적이었다. 진정한 자부심 경험을 기술하라는 과제를 받은 학생들의 경우 결과는 정반대였다. 백인보다 아시아인을 더 긍정적으로 평가한 것이다.

이는 두 유형의 자부심이 사회적으로 낙인찍힌 타인에 대한 생각을 뒤바꿀 수 있음을 설득력 있게 보여 준다. 하지만 우리가 이 연구에서 쓴 편견의 척도는 '태도'였다. 따라서 이 결과가 보여 주는 것은 편견 어린 믿음일 뿐, 편견이 담긴 행동은 아니다. 그렇다면 오만한 자부심이 실제로 타인을 차별하는 행동을 유발할까? 우리는 미국 노스캐롤라이나 대학교 학생들을

---

* 규범이나 가치, 습관, 태도 등에서 자기와 공통성이 없는 타인으로 이루어져 불쾌감과 대립감을 불러일으키는 집단.

대상으로 2차 연구를 수행했다. 이번에도 두 유형의 자부심을 느끼게 만드는 상황을 연출했지만, 그 후 범죄자에 대한 처벌에 관해 어느 정도의 편파성을 보이는지 측정함으로써 차별적 행동을 살펴보고자 했다.

우리는 피험자들에게 한 범죄자에 대한 경찰 조서를 읽은 뒤 보석금을 정하라는 과제를 주었다. 범인은 성매매자였는데, 이는 보통 희생자 없는 범죄자로 통한다. 일각에서는 성매매자를 희생자로 여기기도 한다. 이처럼 성매매자는 비난을 받는 만큼 동정도 받는 까닭에 그에게 어떤 처벌을 내릴 것인가는 사실 뚜렷한 정답이 없는 질문이다. 피험자들의 판결은 어느 쪽으로도 나올 수 있으며, 오만한 자부심이 작동하느냐 진정한 자부심이 작동하느냐에 따라 달라질 것이다.

앞의 1차 연구에서는 자부심이 사람들을 모든 면에서 적대적으로 혹은 어질게 만드는 것은 아니었음을 상기하자. 그 실험은 특정한 민족 외집단 구성원을 대상으로 느끼는 자부심에 국한했다. 이번 실험은 피험자들에게 비교적 낙인의 표적이 되기 쉬울 것으로 보이는 성매매자의 보석금을 판결하도록 했다. 바로 남성 동성애 성매매자였다(이 실험에 참가한 학생들 중에도 남성 동성애자가 존재했을 수 있지만, 대다수는 아닐 것으로 가정해 남성 동성애 성매매자를 외집단 성원으로 설정했다).

아니나 다를까, 우리의 연출로 유도된 잠깐의 자부심 경험이 보석금의 액수에 영향을 미쳤다. 오만한 자부심을 느끼도록 유도된 피험자들이 진정한 자부심을 느끼도록 유도된 피험자들보다 동성애 성매매자에게 가혹한 처벌을 내린 것이다.

이 실험 결과는 우리의 예측과 일치했지만 다소 놀라운 점이 있었다. 우리는 우월감을 느낀 경험을 기술하는 과제와 자신감과 성취감을 느낀 경험을 기술하는 과제를 무작위로 할당했는데, 이들은 자신이 받은 과제에 따라 편견을 행사하려는 의사가 더 강해지거나 더 약해지는 경향을 보였다. 겉보기에는 친사회적으로 보이는 피험자들이라도 짧은 순간 오만한 자부심을 느낀 뒤에는 아시아인에게 공격적인 태도를 보였으며 동성애 성매매자를 가혹하게 판결했다.

이 연구에서 한 가지 희망적인 전망이 있다면, 그들이 짧은 순간 진정한 자부심을 느낀 뒤에는 친사회적이 되었다는 점이다. 마지막 실험으로 우리는 공감 능력 척도를 추가했다. 그리고 진정한 자부심이 사람들에게 타인을 더 배려하게 만들며 오만한 자부심은 타인에게 더욱 무관심하게 만든다는 결과를 얻음으로써, 두 유형의 자부심이 극명하게 대비된다는 사실을 다시금 확인했다. 자부심의 매개 효과를 분석한 결과, 자부심을 느낀 사람이 친사회적 혹은 반사회적 (인종차별주의적, 동성애 혐오적) 판단을 내리는지에 영향을 미치는 것은 바로 이 공감 능력이었다.

이 매개 효과가 의미하는 바는 명확하다. 진정한 자부심을 느끼는 사람과 오만한 자부심을 느끼는 사람이 다른 것은, 부분적으로는 이 감정이 타인에 대한 판단에 미치는 영향 때문이다. 그 결과, 진정한 자부심과 오만한 자부심은 편견 어린 태도와 행동에 서로 정반대의 영향을 미친다. 이 사실 자체에도 중대한 함의가 있다. 정치인이나 고용주, 행정가 등 권력 있는 사람이 느끼는 자부심 유형이 어느 쪽인지에 따라 이들에게 의지하거나 이들의 도움이 필요한 사람들을 대하는 태도가 달라질 수 있다는 것이다.

그런데 이들 각 유형의 자부심에서 비롯된 행동의 차이는 편견의 차원을 크게 넘어선다. 뒤에서 살펴보겠지만, 진정한 자부심과 오만한 자부심이 광범위한 사회적 행동을 유발하는 강력한 동인으로 작용하기 때문이다. 단적인 예로, 내집단* 구성원 간의 편애주의, 외집단에 대한 폄하outgroup derogation는 이 두 유형의 자부심이 인간의 행동에 좋은 쪽으로든 나쁜 쪽으로든 얼마나 현저한 영향을 미칠 수 있는지 보여 준다.

왜 자부심을 느끼는가

어떤 감정 경험이나 심리적 현상을 이해하는 데에는 그 감정의 궁극인窮極因으로 접근하는 방법과 근접인近接因으로 접근하는 방법이 있다. 궁극인은 '왜?'라는 근본적인 물음에 대한 답

---

* 가치관과 행동양식이 비슷하여 구성원이 애착과 일체감을 느끼는 집단

이 될 것이다. '인간은 왜 평생 함께할 짝을 찾는가?', '남녀는 왜 다른가?', '어린이는 왜 부모에게 의존하는가?' 등의 물음에 답을 구하기 위해서는 진화의 역사를 살펴보거나 특정 사회 및 문화의 역사를 살펴봐야 한다.

내가 이 책을 쓰게 된 목표 중 하나는 '왜 사람은 자부심을 느끼도록 진화했는가?' 하는 근본적인 질문에 대한 답을 구하는 것이다. 하지만 먼저 근접인을 다뤄야 할 필요가 있다. 근접인은 주어진 상황 혹은 특정 순간에 어떤 사건이 발생한 원인이 무엇인지를 살피는, 좀 더 작은 '왜'에 대한 답이므로 훨씬 더 구체적인 설명이 될 것이다. 근접인의 층위에서, 사람들이 어떤 상황에서 자부심을 느끼게 만드는 것이 정확히 무엇인지 그리고 특히 두 유형의 자부심 중 어느 한쪽을 느끼게 만드는 것은 무엇인지 찾아보자. 자부심을 느끼게 하는 어떤 사건에서, 무엇이 자만과 우월감의 자부심 혹은 자신감과 성취감의 자부심을 느끼도록 결정할까?

감정은 어떤 사건에 대한 구체적인 해석, 즉 '평가'에 의해서 발생한다. 우리가 두려움을 느끼는 것은 뭔가 무서운 일이 벌어졌을 때가 아니라 우리의 뇌가 그것을 무서운 것으로 받아들였을 때다. 두려움은 우리가 어떤 사건을 위협적인 것으로 평가했을 때, 가령 한밤중에 정체를 알 수 없는 소리를 들었거나 숲 속에서 곰과 같은 생명체를 보았을 때 생긴다. 이 평가로부터 생리적 각성, 근육의 긴장, 달릴 태세, 겁먹은 기분 등 일련의 반응이 유발된다.

이와 달리, 자부심의 경우 '뭔가 좋은 일이 일어났다'는 해석이 결정적인 평가가 된다. 하지만 이는 첫 단계일 뿐이다. 두 번째 단계는 '이 좋은 일의 원인이 자신이라는, 즉 좋은 일이 일어난 것은 자기 자신이 그렇게 만들었기 때문이라고 생각하는 것'이다. 우리 대다수는 이런 평가를 기본적으로 매일, 심지어는 매시간 내린다. 그 평가가 정당할 때도 많다. 맛있는 음식을 요리했을 때, 기발한 생각을 떠올렸을 때, 재미있는 농담을 던졌을 때, 할 일 목록에 적어 뒀던 사항들을 처리했을 때라면 자신에게 높은 점수를 주는 게 마땅하다. 하지만 평가가 정당하지 않은 경우도 더러 있다. 포커 게임에서 패가 잘 들어왔거나 친구가 직장에서 승진했는데 이를 전부 자기 덕으로 돌리는 사람들이 있다. 정당한가 아닌가를 떠나서 어떤 좋은 결과를 자신의 공, 즉 내적 귀인internal attributions으로 평가하는 것은 자부심 경험의 필수 조건이다. 우리는 좋은 일의 원인이 다른 사람이나 어떤 다른 것이 아닌 바로 자신이라고 생각할 때 자부심을 느낀다.[27]

하지만 내적 귀인이 두 유형의 자부심을 모두 이끌어 낼까? 이를 밝히기 위해서 릭과 나는 살면서 가장 자랑스러웠던 순간을 회상하라는 과제를 받았던 대학생들의 이야기를 살펴보았다. 우리는 연구 조교들에게 각 에세이를 꼼꼼하게 읽으면서 피험자들이 자부심을 일으켰던 상황을 어떻게 해석했는지 집중적으로 살펴볼 것을 주문했다. 결과는 놀랍지 않았다. 거의 모든 이야기에 내적 귀인이 있었다. 즉, 피험자들은 자부심을 느끼게 만들었던 그 일의 원인이 자기 자신이라고 믿었다. 그런데 흥미롭게도, 진정한 자부심의 경험을 기술한 피험자들은 오만한 자부심 경험을 기술한 피험자들과는 다른 종류의 내적 귀인을 서술하고 있었다.

진정한 자부심을 느꼈던 피험자들은 자신들이 행한 무언가, 즉 노력으로 거둔 성공에 대해 적었다. 반면 오만한 자부심을 느꼈던 피험자들은 자신의 능력이나 재능, 평소 성격 등 자신의 정체성, 자신이 어떤 사람인가에 관련된 요소를 성공의 주요한 몫으로 평가했다.[28]

말하자면 이는 시험에서 최고 점수를 받은 이유로 공부를 열심히 했기 때문이라고 생각하는 학생과 타고난 머리가 좋기 때문이라고 생각하는 학생 간의 차이다. 전자는 성공의 원인을 자신에게서 찾지만, 이는 제어 가능한 내적 귀인이다. 얼마만큼의 노력과 공을 들일 것인지를 우리 스스로가 제어할 수 있다. 후자도 성공의 원인을 내부에서 찾지만, 이는 제어할 수 없는 귀인이다. 어떤 노력을 얼마나 하든, 머리가 좋고 나쁨은 개인이 제어할 수 있는 것이 아니다.

이러한 차이는 두 자부심 간의 심리적 차이를 낳는 결정적 요인이다. 진정한 자부심은 '자신이 힘겨운 노력의 결과로 이룬 것으로 인식하는 성공'에 대한 감정적 반응이다. 오만한 자부심은 '노력을 덜 들인, 따라서 의지로 되는 게 아니라 단순히 자신이 원래 갖고 있던 것에 의해 이룬 것으로 인식하는 성공'에 대한 감정적 반응이다.

진정한 자부심이 무언가를 이루어 냈다는 성취감과 관련되는 반면, 오만한 자부심은 자기중심적 성향이나 자만과 연관되는 사실도 새삼스럽지 않다. 자신의 땀과 노력 덕분에 성공했다고 생각한다면 자신감과 성취감을 느끼며 자신이 생산적인 사람이라고 느낄 것이다. 자신이 원래 그런 사람이기 때문에 성공했다고 믿는다면, 스스로가 대단하다고 여기는 게 억지는 아니겠지만 어쨌든 다른 사람들의 눈에는 과시적이거나 거들먹거리는 것으로 보일 수 있을 것이다.

이 두 평가가 각기 다른 두 유형의 감정을 유발하는지를 입증하기 위해 우리는 귀인을 조작한 연구를 수행했다. 다시 말해 피험자들이 자부심을 느낄 만한 특정한 이유를 설계한 것이다. 대학생 피험자들에게 중요한 학교 행사에서 성공하는 가상의 시나리오를 읽게 했는데, 바로 학과 시험에서 좋은 성적을 내는 이야기였다. 학생들에게 이 시나리오 속 상황은 아주 중요한 일로, 자주 있는 일은 아니더라도 모두가 자기 일처럼 느낄 수 있는 사건이었다. 따라서 우리는 학생들에게 두 가지 시나리오를 읽고 각각 어떤 기분이 들지 상상해 보도록 요청했다. 첫 번째 시나리오는 이렇다. "당신은 최근에 중요한 시험이 있었고 정말 열심히 준비했다. 방금 시험 결과를 확인했는데, 아주 좋은 점수를 받았다." 두 번째 시나리오는 이렇다. "당신은 모든 방면에서 재능을 타고난 사람이다. 최근에 중요한 시험이 있었는데, 굳이 열심히 공부할 생각은 없었지만 상당히 수월하게 느껴졌다. 방금 시험 결과를 확인했는데, 아주 좋은 점수를 받았다." 한 시나리오는 노력으로 얻은 성공이라는 점에서 진정한 자부심을 아주 강렬하게 느꼈다는 보고가 나올 것이며, 다른 시나리오는 스스로 노력을 계획하고 실행하는 것과는 거의 상관없는 성공으로 오만한 자부심을 훨씬 더 강렬하게 느꼈다는 보고가 나오리라는 것이 우리의 가설이었다.

실제로 결과는 그러했다. 자신의 노력에 힘입어 성공한 시나리오를 읽었을 때 피험자들은 타고난 능력 덕분에 성공한 시나리오를 읽었을 때보다 진정한 자부심을 더 강하게 느낀 것으로 보고했다. 반대로 타고난 능력에 의해 성공한 시나리오를 읽었을 때 피험자들은 노력에 의해 성공한 시나리오를 읽었을 때보다 오만한 자부심을 더 강하게 느꼈다. 이는 성공의 귀인을 노력으로 보느냐 능력으로 보느냐가 어떤 유형의 자부심을 경험하는가를 결정하는 근접인이 된다는 뜻이다. 그렇다면 사람들이 이것을 결정하는 요인은 무엇일까? 여기서 다시 '성격'이라는 문제가 등장한다. 나르시시스트들은 성공의 요인을[29] 자신의 계획과 행동으로 영향을 미치지 못하는 내적 요소로 여기는 경향이 있으며, 자존감이 높은 사람들은 자신의 계획과 행동으로 제어할 수 있는 내적 요소를 성공의 요인으로 여기는 경향이 있다.

이 모든 연구의 결과는 진정한 자부심과 오만한 자부심이 대단히 상이한 감정 경험임을 보여 준다. 여기에는 개인이 주관적으로 느끼는 상이한 감정 유형이 작용하며, 서로 거의 정반대인 성격 유형과도 관련이 있다. 이 두 유형의 자부심은 성공 요인에 대한 서로 다른 평가에서 유발된다. 그리고 진정한 자부심과 오만한 자부심은 각각 서로 다른 사회적 행동을 일으킨다.

중요한 것은 이처럼 두 자부심을 구별하는 것이 자부심에 대한 미국 문화의 산물이 아니며, 영어에서 이 어휘pride를 사용하는 방식 때문도 아니라는 점이다. 앞서 살펴봤듯 오히려 프랑스어나 이탈리아어가 훨씬 더 명시적인 어휘를 통해 두 유형의 자부심을 구분한다. 또 우리는 중국과 한국에서도[30] 동일한 연구로 마찬가지의 결과를 얻은 바 있다. 아시아 문화에서는 자부심을 높이 평가하지 않으며[31] 자신을 높이는 태도나 행동을 자제하는 경향이 있지만, 그럼에도 그들은 진정한 자부심과 오만한 자부심을 구분해 사용하며 두 유형 모두를 경험한다.

실제로 우리는 진정한 자부심과 오만한 자부심 두 가지 모두를 경험한다. 일반적으로 '자부심이란 무엇인가?'에 대한 답으로 두 가지 모두가 등장한다. 또한 둘 다 과거의 자부심 경험을 회상할 때 느껴지는 감정이며, 둘 다 비언어적 자부심 표현과 연관된다.

비언어적 자부심 표현과 관련해 좀 더 설명하자면, 피험자들이 여러 종류의 자부심 표현(예를 들면 주먹 쥔 두 팔을 높이 들고 고개를 세운 몸짓, 양손을 각각 허리에 얹은 자세 등)을 본 뒤 각각의 표현이 진정한 자부심을 전달하는지 오만한 자부심을 전달하는지를 판단하게 한 실험에서 두 자부심은 대체로 동일한 모습으로 표현되었다. 즉, 피험자들이 확실한 답을 내리지 못한 것이다. 똑같은 표현을 놓고 피험자 중 절반가량은 진정한 자부심이라고 했고 나머지 절반가량은 오만한 자부심이라고 답했다.[32] 우리가 제시했던 거의 모든 표현들에 대해 이런 결과가 나왔다.

그렇다고 해서 어떤 사람이 진정한 자부심을 느끼고 있는지 오만한 자부심을 느끼고 있는지 알아볼 수 없다는 이야기는 아니다. 우리가 피험자에게 이 자부심 표현이 담긴 사진들을 보여 주면서 그 인물에 관련된 다른 정보를 제공했을 때는 어느 쪽 자부심이라고 확신을 갖고 대답했다.[33] 가령 사진 속 여성은 사람들 사이에서 거만한 성격으로 통한다거나, 이 남성은 방금 어떤 일에서 성공했는데 그게 자신이 열심히 노력한 덕분이라고 생각한다는 식의 정보였다. 이러한 전후 배경이 피험자들의 판단에 도움이 된 것이다.

특히 사람들이 자신이 느끼는 자부심을 어떻게 말하는지를 보면, 그 사람이 어느 쪽 자부심을 느끼는지 알 수 있다. 예를 들어 "내가 하나 말해 주죠. 나는 정말로 머리가 좋은 사람입니다. 이 나라 최고의 학교에 다니면서 정말로 공부를 잘했죠."[34] 라고 말한 도널드 트럼프가 어느 유형의 자부심을 경험하는지는 능히 짐작할 수 있다. 마찬가지로, 한 오스카상 수상자가 "후보에 오른 것만으로도" 얼마나 영광인지를 강조해 말할 때, 이 말이 진심이라는 가정하에 우리는 그가 어떤 자부심을 느끼는지 알 수 있다.

요컨대, 두 유형의 자부심이 구별된다는 것을 증명한 우리의 연구는 자부심을 이해하기 위해 이루어졌던 숱한 시도를 괴롭힌 한 가지 수수께끼에 실마리를 제공한다. 철학자들, 신학자들, 심지어는 소설가들까지도(제인 오스틴의 『오만과 편견』을 생각해 보라) 자부심에는 좋은 점도 있고 나쁜 점도 있음을, '고원高遠한 미덕'이 될 수도 '대죄'가 될 수도 있음을 간파해 왔다. 그것이 어떻게 가능한지를 이제 알게 된 것이다.

자부심은 너무나 복잡해서 좋다 또는 나쁘다 하는 차원으로는 그 특징을 설명할 수 없다. 자부심을 이해하기 위해서는 자존감과 나르시시즘의 차이를 이해해야 한다. 그리고 둘의 차이를 제대로 이해하기 위해서는 그보다도 한층 더 복잡한 문제를 풀어야 한다.

우리 인간이 '왜' 자부심을 느끼는가 하는 이 궁극의 질문에 답을 구하기 위해서는 자아, 즉 매우 다른 두 가지 방식으로 기분이 좋을 수 있는 이 복잡한 심리적 실체에 대해 이해해야 한다. 자부심은 어느 쪽 유형을 취하건 상관없이 우리 모두가 자신에 대해 가장 느끼고 싶어 하는 감정이다. 또한 우리 스스로가 원하는 바람직한 자신이 되기 위해, 자랑스러운 자신으로 발전하기 위해 노력하게 만드는 감정이다. 두려움이나 불안이던 카르나제스를 안정적이고 보수가 좋은 직업을 구하게 만들었다면, 자부심을 느끼고자 하는 욕구는 그를 세계에서 가장 강하고 가장 영향력 있는 울트라마라톤 주자로 만들었다.

다음 장에서는 우리 인간에게만 있는 '자아'를 면밀히 살펴볼 것이다. 이를 통해서 우리는 자부심을 둘러싼 궁극의 질문에 한발 더 가까이 다가갈 것이다. 인간은 왜 이 감정을 경험하도록, 그것도 두 얼굴의 영광으로 경험하도록 진화했는가?

3
프라이드와 정체성

인간과 동물의 차이점

심리학자, 인류학자, 영장류학자에서 생물학자는 물론 철학자
와 경제학자까지 다양한 학자들은 종종 이러한 의문을 제기해
왔다. 인류와 다른 종을 구분하는 결정적 요소는 무엇인가? 우
리는 어떤 면에서 고유한 존재인가?

어떤 사람은 그것이 미래를 생각하는 능력, 그러니까 미래
에 무엇을 원하게 될 것이며 어떻게 느낄 것인지를 예측하는
능력이라고 말한다.[1] 또 문화적 지식을 구축하고 공유하는 능
력, 즉 기본적인 기술을 타인으로부터 배움으로써 제각각 혼자
서 할 수 있는 것보다 훨씬 혁신적인 진보를 이루어 내는 능력

이라고 말하는 사람들도 있다.[2] 그런가 하면 마주 보는 엄지손가락_{opposable thumbs}이라고 보는 사람들도 있다.

알고 보면, (아마도 엄지손가락은 제외하고) 이 중 어느 것도 한층 더 근본적이고 분명한 인간 고유의 능력인 자기감_{human sense of self} 없이는 존재할 수 없다. 자아가 없다면 우리 종은 우리와 다른 종을 구분하는 그 무엇도 할 수 없고 또 될 수도 없다. 그리고 이 모든 것을 하도록 혹은 되고 싶도록 만드는 동력이 바로 우리가 스스로에게 가장 느끼고 싶어 하는 감정인 자부심이다. 다시 말해 자부심은 우리가 자기 안에서 최고의 자신을 찾게 만들며 최고의 자신이 되고자 하는 욕구를 일으키는 힘이다.

그러나 자부심과 자아는 일방통행 관계가 아니다. 자부심은 훌륭한 자신이 되기 위해 필요한 동기부여에 박차를 가하지만 한편으로 우리는 자아가 있기 때문에 자부심을 경험할 수 있다. 자부심과 자아는 서로를 보강하는 심리 현상으로, 이 두 현상이 상호작용하면서 합작으로 이루어 낸 진화적 적응이 우리 종을 오늘날의 우리로 만들어 주었다.

이런 측면에서 볼 때 사람의 진화 과정에서는 자아가 자부심보다 먼저였다고 보는 것이 타당할 듯하다. 어쨌거나 우리가 자부심을 경험하는 것도 우리가 좋게 느껴야 할 자신이 있고 나서야 가능한 일일 테니 말이다. 자부심은 우리가 자신이 어떤 사람인가를 생각하면서 스스로가 마음에 들었을 때 느끼는 감정이다. 자신에게 의미 있는 어떤 목표를 향해 열심히 노력하는 스스로가 마음에 들 때 우리는 진정한 자부심을 느낀다. 또한 자신이 남보다 낫기 때문에 혹은 남보다 우월한 어떤 능력이 있다는 점에서 스스로가 마음에 들 때 오만한 자부심을 느낀다.

이는 곧 자기감이 없다면, 그러니까 자신이 어떤 사람인지를 알고 그런 자신을 평가하는 능력이 없다면 자부심을 느끼지 않을 것이라는 이야기다. 따라서 우리가 자부심을 느끼는 이유가 무엇인지를 진화적 층위에서 파악하기 위해서는 자기감을 갖는다는 게 무슨 뜻인지를 먼저 이해해야 한다.

사람의 자아는 어떤 다른 동물의 자기self와도 다른데, 이것은 우리와 달리 원숭이, 개, 지렁이가 자부심을 경험하지 않는 (적어도 지금까지 알려진 바로는) 이유를 설명해 준다. 하지만 그렇다고 해서 우리가 자아 개념이 있는 유일한 종이라는 뜻은 아니다. 단세포인 아메바를 포함해, 모든 유기체에게는 자신과 나머지 모든 것들을 서로 구분 짓는 기본 능력이 있다는 의미에서 자기가 존재한다. 모든 유기체에게 자기는 생명 활동의 동기다. 이것이 모든 동물종이 생애의 많은 시간을 외부 세계의 모든 비자기nonself로부터 자기를 보호하는 데 할애하는 이유다.[3]

자기와 비자기를 구분하는 것 이상의 자기 개념을 지닌 종은 생각보다 많다. 일부 종은 자기와 비자기가 어떤 관계를 맺고 있는가에 관해 풍부한 정보망을 축적한다. 예를 들어, 침팬지와 오랑우탄은 영장류 간 관계의 대부분을 규정하는 지배 서열 내에서 자기의 위치를 계산할 수 있다. 사람도 마찬가지다. 자신이 속하는 모든 집단 내 타인들과의 관계 속에서 자신의 사회적 지위가 어떻게 되는지를 잘 인지하고 있다.

하지만 사람의 자기감은 이런 영장류 사촌들보다 훨씬 더 복합적이다. 사람은 생후 18개월이면 성체 침팬지에게서 나타나는 자아 인식을 최고 수준으로 갖추게 된다. 유아에게 거울을 보여 주면 거기에 보이는 것이 자신임을 알아본다. 성인이 되면 우리 종에게 고유한 인지 능력과 감정 능력이 결합된 복합적인 자아가 형성되며, 이를 통해서 우리는 타인으로부터 학습하는 능력, 창조하고 혁신하는 능력, 도덕적으로 행동하는 능력을 획득한다.

그렇다면 인간 고유의 자아란 정확히 무엇일까? 먼저, 자아는 단 하나의 단순한 실재가 아니다. 자아라는 개념을 처음 사용한 것은 철학자 윌리엄 제임스William James로, 그는 자아의 주요한 구성 요소를 둘로 구분하여 "사유 주체로서의 자아Self as Knower"와 "사유 대상으로서의 자아Self who is Known"[4]라는 개념을 제시했다. 문법적 개념에 익숙한 사람이라면, 이 둘을 각각 '주어가 되는 자아I'와 '목적어가 되는 자아me'라고 인식할 수 있을 것이다. 즉, 주체인 나the I는 사고를 행하는 자아이며, 객체인 나the Me는 사고와 관심의 대상이 되는 자아에 가깝다.

주체로서의 나는 모든 것을 행하고 모든 것을 사고하는 자아다. 이 자아는 모든 정보를 처리하고 모든 행동을 제어하는, 은유적으로 말하면 우리 뇌 안의 난쟁이* 같은 존재이며 "나는 아이스크림을 먹고 싶다"라거나 "나는 지금 출근하는 길이다"라고 말할 때의 '나'다. 반면 객체로서의 '나'는 행동하거나 사고하지도, 무언가를 원하지도 않는다. 이 '나'는 우리 개개인에 대한 지식 구조물, 이를테면 정보를 담은 책자에 가깝다. 즉, 본질적으로 우리의 정체성이며 우리가 스스로를 생각할 때 떠올리는 그 '자신'이다. 여기에는 자신의 성격과 적성, 능력, 지식, 생김새 등 우리가 자신에 대해 알고 있는 모든 사항이 포함된다. "나는 신장이 173센티미터다"라거나 "나는 야구를 잘한다"** 같은 말로 설명되는 것이 대상으로서의 나, 객체적 나다. 자신에 대해서 알고 있는 모든 것, 이는 객체로서의 자아가 존재하기 때문에 알 수 있는 것이다.

그런데 생각해 보자. 객체로서의 나는 주체로서의 나 없이는 존재할 수 없다. 내가 누구인지를 안다는 것은 자신을 들여다보는 주체로서의 나를 사용함으로써만 가능한 일이기 때문이다. 자아 인식 없이, 다시 말해 '이건 나다' 하는 의식적인 자각 없이 자신을 바라보는 기묘한 실존적 상황에 처해 본 적이

---

* homunculus, 라틴어로 '작은 사람'을 뜻하는 말로, 대뇌피질과 신체 각 부위의 연관성을 사람의 형상으로 그려 낸 지도 - 옮긴이
** 흔히 사용되는 구문은 아니지만 이 '주체인 나-대상인 나' 용어를 좀 더 적절하게 보여 준다면 다음의 문장이 될 것이다. "저것이 야구를 잘하는 나다."

있는 사람이라면, 이게 무슨 이야기인지 알 것이다. 그런 상황이 드물긴 해도, 어쨌든 이 경우에 내가 바라보는 그 사람은 객체로서의 내가 아닌 어떤 다른 존재로 인식될 것이다. 소설가 호르헤 루이스 보르헤스Jorge Luis Borges가 아주 적절한 가설로 이 점을 조명한 바 있다. "피트는 […] 백화점에서 […] 줄을 서서 기다리다가 계산대 너머로 CCTV 모니터가 있는 것을 본다. […] 모니터를 통해 혼잡하게 뒤섞여 있는 사람들을 지켜보다가 그는 화면 왼쪽으로 보이는 코트 차림의 누군가가 바로 그 뒷사람에게 소매치기를 당하고 있다는 사실을 알아챈다. 놀라서 손을 입으로 가져가던 피트는 그 피해자의 손도 똑같이 입으로 가고 있다는 점에 주목한다. 피트는 불현듯 깨닫는다. 소매치기를 당하고 있는 사람이 바로 자기 자신이라는 사실을."[5]

피트는 갑작스러운 깨달음으로 중대한 지각의 전환을 일으킨다. 주체인 내가 타인을 관찰하는 행위에서 순식간에 나 자신을 관찰하는 상태로 이동한 것이다. 이 이야기 내내 피트가 지켜보던 대상은 동일한 사람이었지만, '어, 저거 나잖아!' 하는 깨달음에 의해서 그의 경험은 전혀 달라졌다.

말하자면, 자기를 의식하게 되는 것이다. 이는 자신을 바라보면서 어떠한 생각이나 여타의 의심 없이 '이건 나'라는 사실을 아는 능력이며 그렇게 바라보는 행위의 결과로서, 자신이 바라보고 있는 대상에 대해 완전히 다르게 느끼는 능력이다. 지금까지 밝혀진 바로 이것은 우리 종에게만 온전히 존재하는 능력이자, 우리 종을 현재의 모습으로 만들어 준 능력이다.

정체성은 어떻게 길러지는가

우리 인간은 자신이 누구인지를 알 수 있다. 주체로서의 자아, 즉 '보는 행동을 하는 나'를 이용해 (상대적으로) 명확하게 객체로서의 자아, 즉 '타인의 눈에 보이는 나'에 대한 감각을 획득하는 능력이 있는 것이다. 이는 생각보다 놀라운 능력이다. 다른 어떤 동물도 할 수 없는 일이며(적어도 우리가 할 수 있는 수준으로는), 먹고 마시고 잠자는 일에서 새 친구를 사귀고 일자리를 구하고 데이트 상대와 줄다리기하는 일까지 우리가 하는 거의 모든 일에 영향을 미치는 능력이다. 가벼운 간식 하나 고르는데에도 자신의 취향이 반영되며 아울러 간식 시간을 즐기는이유는 말할 것도 없고, 건강을 위한 생활 수칙이나 그날의 저녁 식사 계획, 간식에 포함된 성분 등 자신에 대한 총체적 지식이 동원된다. 이처럼 우리는 자신에 대해 상당히 많은 것을 알고 있으며, 우리가 내리는 모든 결정에 그 지식이 활용된다. 하지만 애초에 우리는 이런 정보를 어떻게 획득하는 것일까?

사회학자 찰스 쿨리Charles Cooley가 1902년에 내놓은 용어인 거울자아looking-glass self가 이 문제를 다루고 있다. 우리가 자신에 대해서 갖는 느낌, 즉 정체성은 우리를 둘러싼 사람들의 눈에 비친 자신의 이미지에서 형성된다는 것이 쿨리의 주장이다. 우리는 타인들이 나를 어떻게 바라보는지 면밀히 관찰함으로써 내가 어떤 사람인지 알게 된다는 뜻이다. 쿨리는 이를 시적으로 표현했다. "서로에게 서로는 하나의 거울, 지나가는 타인을 비추는 거울이다."[6]

그런데 이는 직관에 반하는 접근법으로 느껴진다. 쿨리에 따르면, 사람의 정체성은 깊은 사유와 반성을 통해서 형성되는 것이 아니다. 주위 사람들과의 상호작용 그리고 사람들이 자신을 어떻게 볼지에 대한 짐작을 토대로 자신이 어떤 사람인지를 추론한다. 내가 말하는데 사람들이 웃는다면 '나는 재미있는 사람이구나' 하고 생각하고, 사람들이 나를 피한다면 '나는 사람들에게 호감을 주지 못하는구나'라고 생각하게 될 것이다. 나의 총체적인 정체성은 그동안 상호작용해 온 모든 사람들에게서 반사된 이미지가 쌓여 형성된다. 여기서 중요한 것은 그렇게 형성된 정체성이 다른 사람들이 나를 어떻게 인식하는지를 실제 거울처럼 있는 그대로 보여 주진 않는다는 점이다. 오히려 유령의 집에 있는 거울에 비친 것처럼 왜곡된 상에 가깝다. 다른 사람들이 나를 분명 이렇게 생각할 것이라는, 어쩌면 착각일 수도 있는 나의 생각이 투영되기 때문이다.

쿨리의 거울자아 개념은 정체성의 형성에 타인이 미치는 영향이 생각보다 훨씬 더 크다는 점을 강조한다. 어른이 된다는 것은 어느 정도는 남들이 나를 어떻게 생각하든 신경 쓰지 말자고 결심하는 것이다. '내가 어떤 사람인지, 어떤 사람이 되고 싶은지는 잘 알고 있으니 이래라 저래라 하지 마!' 하고 말이다. 그렇지만 농담을 던졌는데 남들이 웃지 않으면 자신이 재미있는 사람이라고 생각하기가 쉽지 않은 게 사실이다. 우리는 모두 타인에 기대어 자신을 정의한다. 물론 그 타인을 우리가 선택하긴 하지만, 주변의 친구나 동료, 친목 그룹은 물론 부모가 우리의 정체성 형성에 영향을 미친다는 점은 부인할 수 없다. 특히 객체로서의 자아가 갓 발달하기 시작하는 유아에게 이러한 타자들은 없어서는 안 될 존재다.

초기 유아기에는 부모가 자기를 어떻게 보는지와 유아 스스로 자신을 어떻게 보는지에 대한 구분이 없다. 두 살 무렵이 되어서야 주체로서의 나를 사용하기 시작하며, 그럼으로써 자신에게 타인들과 구분되는 객체로서의 내가 있다는 사실을 깨닫기 시작한다. 유아에게 이 깨달음은 위협적인 경험이다. 아장아장 걸음마를 배우던 아기가 어느 날 갑자기 다른 사람들이 자기를 볼 수 있다는 사실을 지각하는 순간, 처음 떠오르는 생각은 '숨자'는 것이다. 가장 전형적으로 나타나는 반응이 자신의 얼굴을 부모의 무릎에 파묻는 행동이다.[7] 유아의 이런 행동은 부끄럽고 당황한 모습으로 보이겠지만, 이는 성인이 경험하는 당황스러움과는 다르다. 걷다가 유리벽에 부딪히는 것을 다른 누군가가 봤을 때 혹은 실수로 동료의 옷에 수프를 쏟았을 때 느끼는 감정과 같지 않다는 말이다. 유아기의 자의식self-consciousness은 수프가 옷에 묻은 사람, 즉 수프가 쏟아진 이 사건에 아무런 책임이 없음에도 자기 옷에 수프가 쏟아졌다는 이유로 자의식을 느낄 동료의 감정에 가깝다. 두 살배기 유아가 그렇듯이 옷에 수프가 묻은 동료는 다른 사람들이 보고 있다는 것을 알며, 그런 자신이 사람들로부터 평가를 받고 있음을 느낀다(수프를 뒤집어쓰기 전까지 그는 더할 나위 없이 프로페셔널한 사람으로 보였다). 객체로서의 자아가 있는 사람이라면 누구에게든 이것은 결코 편안한 감정이 아니다.

정체성 발달의 첫 단계는 자의식이 생기는 것이다. 이는 나의 자아가 타인의 자아와 다르며 타인에게 평가받을 수도 있음을 인지하는 의식이다. 두 번째 단계에는 긍정적인 평가나 부정적인 평가를 받는 것이 무엇인지를 학습한다. 자의식이 생기는 동시에 유아는 자신이 속한 사회에서 어떤 행동이 적절하고 또 그렇지 않은지를 규정하는 규칙과 도덕적 규범을 학습한다. 이 두 단계가 병행되는 과정이 정체성 발달의 세 번째 단계로, 자신의 행동이 사회의 규범에 따라 판단된다는 것을 이해한다.[8]

이 3단계는 생후 몇 년이라는 짧은 기간에 일어나지만, 네 번째 단계는 유년기의 오랜 시간에 걸쳐 점진적으로 이루어진다. 이 단계에서 어린이들은 부모, 교사, 또래 친구 등 외부의 평가를 내면화하여 이를 자기 평가로 전환하기 시작한다. 이 단계에는 '내가 손을 씻으면 엄마가 기뻐한다'에서 '손을 씻을 때 나는 착한 아이다'가 되는 중대한 전환이 일어난다. 이 시기에는 기쁨이 자부심으로 바뀌고, 스스로 해내는 성취감을 느끼며 그 성취를 자축하는 능력을 갖게 된다.

유아기에는 어떻게 행동해야 할 것인가에 관한 모든 결정이 그 행동에 대한 성인의 감정에 맞춰진다. 하지만 유아가 더 자라서 사회화되기 시작하면 부모가 정한 규칙과 규제를 자기식으로[9] 받아들이게 된다. 이처럼 내면화된 기준으로 스스로를 평가하고, 자신이 그에 미달하거나 초과하는 경우에는 우리 성인이 스스로에게 품었던 기대나 소신에 자신을 비교할 때 느끼는 감정과 동일한 감정을 경험한다. 이것이 바로 죄의식, 수치심, 자부심과 같은 '자의식적 감정'이다. 내면화된 사회규범과 이를 토대로 자신을 평가할 인지 능력이 없다면, 다시 말해 주체로서의 나를 통해 객체로서의 나를 바라보고 자기 기준에 따라 어떤 행동이 좋은지 나쁜지를 판단할 능력이 없다면, 자부심 자체도 있을 수 없다.

사회적 기준을 객체로서의 나와 통합해 내면화하는 이 과정은 여러 해에 걸쳐 이루어진다. 초등학교 2학년생이 말하는 죄의식이 '사람들이 나를 더 이상 좋아하지 않을까 봐' 두려워하는 감정이라면 5학년생이 말하는 죄의식은 '나는 왜 이렇게 멍청할까'[10] 하는 감정이다. 5학년 아이는 자신이 한 행위에 대해서 부모님이 뭐라고 할지 생각하지 않고도 자책감을 느낀다. 성인들이 직장에서 계약을 따내지 못했거나 중요한 기념일을 잊어버렸을 때, 재활용 폐기물을 일반 쓰레기통에 던져 넣었을 때 느끼는 것처럼 말이다. 다행히도 여기에는 장단점이 있다. 이를테면 업무상 중요한 거래를 마무리했을 때나 뜨개질로 스웨터를 완성했을 때 또는 책장을 만들었을 때, 대부분의 성인들은 부모님 생각을 하지 않고도 스스로를 대견하게 여길 수 있다는 점이다.

사회적 규범이 성공적으로 내면화되는 것, 즉 자신이 어떤 사람이 되는가를 결정하는 데 사회적 규범이 부분적으로 작용하는 것은 사회적 존재가 되는 데에 가장 중요한 전제 조건이다. 인류학자이자 실존주의의 현자인 어니스트 베커Ernest Becker는 이 과정을 엄정한 결과가 따르는 연극 공연에 비유했다. "공연에서 우리가 맡은 역을 충실히 수행한다면, 우리에게는 정체성을 사회적으로 승인받는 보상이 주어질 것이다. [하지만] 서툰 연기로 공연을 망친다면 우리는 사회적으로 파멸, 문자 그대로의 파멸에 이르고 말 것이다."[11]

성공적인 정체성의 형성이 죽느냐 사느냐의 문제라는 베커의 주장이 극단적으로 들릴지 몰라도, 엄연히 옳은 말이다. 자신이 속한 사회의 규범을 충족하는 정체성을 확립하지 못한 사람은 사회에서 거부당한다. 인류 진화의 역사를 볼 때 말 그대로 '죽음'을 의미하는 운명인 것이다. 이런 이유로 우리는 사회적 규범을 내면화하여 자신의 규범으로 삼도록 진화했다고 할 수 있다.

다음으로, 다섯 번째 발달 단계에서는 다시 한 번 전환이 이루어진다. 이는 사회규범이 내면화된 결과로, 죄의식, 수치심, 자부심과 같은 자의식적 감정이 행동의 동인이 되기 시작하는 단계다. 사회적 규범이 내면화되기 전, 어린이는 어떤 행동을 실행에 옮길지 말지를 결정할 때 부모님이 그 행동을 어떻게 평가할지를 생각한다. 그러나 내면화된 자신의 규범에 따라 스스로 평가할 수 있게 된 후에는 자신이 어떻게 행동할지 결정할 때 더 이상 다른 사람이 어떻게 판단할지를 생각할 필요가 없어진다. 만약 이 단계의 어린이가 옳은 일, 다시 말해 사회가 원하는 일을 하기로 선택한다면, 이는 부모님이 그러기를 원한다고 생각해서가 아니다. '아이 스스로' 그 일을 하고 싶기 때문이며, 아이가 느끼는 감정이 그 아이에게 사회적 규범을 따르는 것이 최선이라고 말하기 때문이다.

발달심리학자들은 이 전환을 설명하기 위해서 5세와 8세 어린이들에게 복잡한 사회적 상황 두 가지를 상상해 보라고 주문했는데, 하나는 친구의 자전거를 망가뜨린 상황이고, 또 하나는 시험에서 좋은 성적을 받은 상황이었다. 그런 뒤 어린이들에게 이 상황이 되면 어떤 기분이 들 것 같은지, 자신이라면 어떻게 행동할지를 상상해 보라고 주문했다. 5세 아동의 경우, 이들이 느끼는 죄의식이나 자부심의 정도는 어떤 행동을 취할 것인지와는 딱히 연관성을 보이지 않았다. 일부 아이들은 적합한 행동, 즉 자전거 수리비를 내거나 시험을 잘 봤으니 금별 스티커를 주겠다고 말했고 일부는 그렇지 않았지만, 이들이 느끼는 감정과 행동은 거의 무관한 것으로 나타났다.

하지만 8세 아동의 경우 다른 양상을 보였다. 여전히 적합하지 않은 행동을 취할 것이라는 대답이 많았지만, 일부 아이들은 옳은 행동을 할 것이라고 답했다. 그렇게 느꼈기 때문이라는 것이었다. 8세 아이들은 자전거 사고로 죄책감을 많이 느낄수록 자전거 수리비를 부담하겠다는 답이 많았으며, 자부심을 더 많이 느낀 어린이들이 스스로에게 더 많은 금별 스티커를 주는 것으로 나타났다.[12]

이 연구가 의미하는 바는 명확하다. 일정 연령 이상의 어린이는 성인과 마찬가지로 스스로에 대해서 좋은 기분을 느낄 행동을 선택한다는 것이다. 결과적으로, 자부심을 느끼고 죄의식은 피하려는 이런 감정은 사회가 우리에게 바라는 바, 즉 우리를 좋은 사람으로 만들어 줄 모든 행동들을 하게 만드는 동기가 된다.

우리가 가진 객체적 자아는 상당 부분 타인이 바라보는 나가 내면화된 이미지이며, 여기에 사회적 규범과 규칙에 대한 이해가 결합된 것이다. 따라서 자부심은 객체로서의 내가 사회가 원하는 바를 행하고 있음을 주체로서의 내가 인식할 때 느끼는 감정이다. 객체로서의 나는 사회적 존재로 살아간다는 것이 무슨 의미인지, 사회 안에서 자신의 위치가 어디인지를 말해 준다. 그렇다면 자부심은 우리가 사회의 기대치를 충족하고 있는지 아닌지, 우리가 어느 정도로 좋은 사람인지 혹은 그런 사람에 가까워지고 있는지를 말해 주는 내면의 바로미터라고 할 수 있다. 이때 좋은 사람이란 우리가 속한 사회적 집단이 바라는 바에 따라 규정된다.

이처럼 자부심은 우리에게 사회가 바라는 방식으로 행동하게 만드는 동기다. 우리는 사회가 우리에게 바라는 바를 유념할 때 그 일을 성공적으로 해낼 수 있다. 즉, 이상적인 객체로서의 자아를 확립하여 우리가 되고자 하는 사람이 될 수 있는 것이다. 수많은 연구가 이를 증명해 왔다. 자신의 정체성, 그러니까 자신이 어떤 사람이며 또 어떤 사람이 되고자 하는지를 잊지 않는 사람일수록 사회가 중시하는 가치를 추구한다.

한 가지 예를 보자. 한 실험에서 발달심리학자들이 7세와 8세 어린이들에게 볼링 게임을 하게 했는데, 이긴 사람이 상을 받되 원한다면 다른 아이들에게 상을 줘도 된다고 설명했다. 또한 다른 아이들이 더 달라고 할 경우에는 적어도 몇 개의 상은 나눠 줘야 한다는 규칙을 알려 주었고, 실제로 그렇게 행동했을 때 실험 진행자는 이 어린이에게 "와, 꽤 많이 나눠 줬구나. 너는 언제든 다른 사람을 도와주고 싶어 하는 아이인가 보네. 넌 아주 친절하고 남을 도울 줄 아는 사람이야"라고 말하거나 "와, 꽤 많이 나눠 줬구나. 가엾은 친구들에게 상을 나눠 주다니, 잘했다. 그건 친절하고 남에게 도움이 되는 행동이었어"라고 말했다.

당신이 앞의 문장을 재빨리 읽었다면 두 실험 조건 간의 차이를 놓쳤을지도 모른다. 천천히 읽어 봐도 그 미묘한 차이가 무엇을 의미하는지는 잘 모를 수 있다. 자, 생각해 보자. 실험에서 친구들에게 상을 나눠 준 아이들은 모두 칭찬을 받았다. 하지만 첫 번째 조건에서는 관대한 행동을 정체성의 문제로 설명했다(넌 아주 친절하고 남을 도울 줄 아는 사람이야). 한편, 두 번째 조건에서는 어린이가 자신의 관대함을 일회성 행동으로 바라보게 했다(그건 친절하고 남에게 도움이 되는 행동이었어).

실험 결과 첫 번째 조건의 메시지를 받은 어린이들은 두 번째 조건의 어린이들보다 더 연구원들이 준 색연필을 친구와 나눴다. 두 번째 조건의 메시지를 받은 아이들은 앞서 언급하지 않은 세 번째 실험 조건이던 '상을 나눠 주고도 아무런 반응을 받지 않은 어린이들'보다도 덜 관대했다. 이는 단순한 강화, 즉 어느 한 영역(가엾은 친구를 돕는 일)에서 한 가지 행동에 대한 칭찬은 그와 약간 다른 영역(색연필을 학급 친구들과 나눠 쓰는 일)에서 장차 이루어질 행동을 결정하는 데 아무런 효과를 미치지 않음을 시사한다. 반면에 아이가 자신을 관대한 행동을 하는 사람으로 바라보도록 격려함으로써 객체적 자아에 대한 인식을 전환하는 것은 앞으로의 행동을 향상시키는 데[13] 효과적인 수단이었다.

됨됨이에 대해 칭찬해 주면, 아이는 스스로 그에 걸맞게 행동하고 싶어 한다. 그것은 객체적 자아가 자부심의 대상이며 사람이 취하는 행동의 많은 부분이 가능한 한 모든 상황에서 자부심을 느낄 수 있는 쪽으로 선택되기 때문이다. 어떤 상황에서 아이의 행동을 칭찬해 준다면, 어쩌면 아이는 그 한 차례의 행동에서 자부심을 느껴 다음에 그 행동을 다시 할 수도 있다. 하지만 거기에 그치지 않고 아이가 다른 여러 상황에서도 관대하게 행동하도록 독려하는 것이 목적이라면, 아이가 자신의 객체적 자아를 관대한 사람으로 바라볼 수 있게 만들어 줘야 한다. 평범한 아이라면 자신의 그런 정체성에서 자부심을 느낄 수 있는 행동을 하려 할 것이다.

이것이 성인에게도 동일하게 적용될까? 대부분의 성인은 자신의 객체적 자아에 대해 상당히 잘 알고 있다. 이미 그러한 정체성이 형성되어 상당히 안정적인 상태로 고착화되어 있기 때문에, 외부에서 공급되는 정체성 관련 정보가 행동에 얼마나 영향을 미치는지는 분명치 않다.

하지만 성인도 자신이 어떤 사람인가에 관한 정보에 영향을 받는다. 단, 그 정보는 이미 알고 있는 바를 상기시켜 주는 것이어야 한다. 성인에게는 자신이 생각지도 못한 어떤 사람일 수 있다는 이야기를 믿게 만드는 일이 쉽지 않다. 하지만 자신의 어떤 면들을 얼마나 소중히 여기는지, 즉 그의 객체적 자아 중 얼마나 많은 부분이 그에게 자부심의 원천이 되는지를 상기시키는 것은 가능하다. 이렇게 자신의 자아 중 어떤 면에 중점을 두리라는 격려를 받으면, 자신의 이런 면에 자부심을 느끼려는 욕구가 일어나 그 자아가 바라는 방향으로 행동하게 된다.

성인의 객체적 자아가 동기부여에 발휘하는 힘은 2008년 미국 대통령 선거 직전에 행해진 한 연구가 잘 보여 준다. 무작위로 선정한 캘리포니아의 유권자들에게 투표 계획에 대해 몇 가지 질문을 던졌다. 일부에게는 "다가오는 선거에서 투표자가 되는 것이 당신에게는 얼마나 중요한 일인가?"처럼 투표 행위에 투표자의 정체성이 반영되는 문항으로 구성한 질문지를, 나머지에게는 "다가오는 선거에서 투표하는 것이 당신에게는 얼마나 중요한 일인가?"처럼 투표를 하나의 행동으로 바라본 문항으로 구성한 질문지를 제공했다.

두 질문지에 사용된 언어 표현은 크게 다르지 않아 보이지만, 매우 다른 행동으로 이어졌다. 놀랍게도, 정체성 조건 질문을 받았던 이들 중 96퍼센트가 실제로 투표에 참여했다. 참고로 캘리포니아 지역 유권자의 투표율은 79퍼센트, 실험에서 행동 조건 질문을 받았던 참여자들의 투표율은 이와 비슷한 82퍼센트였다.

총 유권자 수를 고려한다면, 접전 상황일 때는 이 정도의 차이, 즉 참여자 14~17퍼센트의 투표 행위에 변화를 가져오는 것만으로도 선거의 판세가 바뀔 수 있다. 이 실험을 진행한 연구자들은 이 결과가 민주주의의 기초에 대해 크게 시사하는 바가 있다고 했지만, 한편으로는 객체적 자아와 우리가 그 자아에 대해 느끼고자 하는 자부심이 행동을 결정하는 데 미치는 영향[14]에 대해 시사점이 있다고도 볼 수 있다. 투표가 얼마나 중요한지에 대한 질문을 받았지만 투표를 하지 않은 피험자들은 나쁜 사람이라서 그런 행동을 한 것이 아니다. 유권자로서 그들은 자신의 정체성 안에 '투표자로서의 나'라는 표상을 심어 두었을 것이다. 그러나 투표 당일에는 이 실험에서 받았던 자극이 그 표상을 활성화시키지 못했고, 대신 '부모로서의 나', '열심히 일하는 직원으로서의 나' 등 자아의 다른 측면이 더 두드러지면서 다른 행동을 취하도록 이끌었을 것이다.

우리의 자아 안에 내면화된 사회규범은 단 하나만 존재하는 것이 아니다. 속해 있는 사회집단별로 각각의 규범이 내면화되어 있다. 따라서 주체로서의 내가 객체로서의 나에게 주의를 집중한다고 해서 우리가 항상 우리에게 혹은 우리가 속한 모든 공동체에 좋은 행동을 취할 수 있는 것은 아니다. 도시 빈민가의 마약상들 간에 흔히 통하는 규범을 생각해 보자. 의리 또는 투철한 직업 정신처럼 구성원 개인과 그가 속한 집단에 공히 이로운 규범들이 있다. 그런가 하면 단골 고객을 늘릴 목적으로 위험하고 중독성 강한 마약을 아이들에게 접하게 하는 관행이 있는데, 이는 마약상들이 이루고 있는 집단보다 큰 범위의 사회에서는 심각한 문제가 되는 규범이다. 또 총기 소지라든가 경쟁 집단 간의 총격전 등은 일반 사회와 구성원 모두에게 해가 되는 규범이다.

한 사람의 정체성에는 이처럼 긍정적 사회규범과 부정적 사회규범이 모두 자리 잡고 있다. 따라서 부정적인 정체성과 관련된 규범을 상기시키는 요소는 그에 상응하는 문제적 행동을 유발할 수 있다. 한 예로, 폴 고갱은 그가 가장 간절히 원했던 자아 안에서 자부심을 느끼기 위해 자신이 속한 파리 부르주아 사회의 규범과 자유로운 예술 세계의 규범을 맞바꿨다. 아내와 자녀를 버리고 10대 여성들과 문제 많은 관계를 맺은 것이다.

어떤 사람의 정체성을 상기시키는 것이 결코 이상적이지 않은 결과를 낳을 수도 있다. 가령 한 연구에서 심리학자들은 소수 인종인 동시에 저소득층인 중학생 그룹에게 그들의 사회·경제적 지위에 대해 상기시켰다. 계층화된 사회에서 살아가는 사람들에게는 사회·경제적 지위가 객체적 자아에서 대단히 중요한 위치를 차지한다. 연구자들은 학생들에게 건강 관련 지식을 평가하는 퀴즈를 냈다. 이 학생들은 영양가 있는 식사, 충분한 수면, 운동 등 건강을 증진시키는 행동을 "주로 중산층 백인들의 생활 방식", 즉 자신들이 속하지 않은 사회의 규범으로 여기는 경향을 보였다. 한편, 마찬가지로 소수 집단에 속하는 학생들에게 건강 지식 퀴즈에 앞서 주체인 내가 인종·민족 성원으로서의 객체인 나에게 중점을 두도록 하는 과제를 냈다. 예를 들면 다양한 인종과 민족이 나열된 지문 아래에 있는 "나는 _____이다" 하는 문장을 완성하는 과제였다. 퀴즈를 푼 결과, 이 학생들은 역시 소수 집단에 속하지만 이를 상기시키지 않고 퀴즈를 풀었던 학생들보다 낮은 점수를 받았다. 설명하자면, 이 학생들은 건강한 생활 방식에 맞지 않는 객체로서의 나의 한 측면에 대한 언급을 들은 뒤, 그 자아가 바라는 방식으로 행동하게 되었다. 이미 알고 있던 건강 지식을 말 그대로 싹 잊어버린 것이다.

결국 자아를 구성하는 각각의 모든 요소 혹은 최소한 현재 마음속에 있는 요소에 대해 자부심을 느끼고자 하는 욕구는 문제가 될 만한 행동을 장려할 수 있으며, 심지어는 동일한 자아를 구성하고 있는 다른 요소에 저해되는 행동을 하게 할 수도 있다. 이는 우리가 자신의 이상적인 자아와 일치하는 행동을 할 때 가장 자부심을 느끼기 때문이다. 그런 정체성 혹은 정체성의 특정 부분을 떠올릴 때 우리는 특히 더 그에 맞게 행동하려는 경향이 있다. 정리하자면, 우리는 정체성을 구성하는 많은 요소 중 현재 마음속에 떠오른 요소가 가장 바라는 행동을 한다. 그 행동이 자아의 나머지 요소에 이로운지 해로운지는 상관이 없다.

우리는 사회적 존재인 까닭에, 우리가 되고 싶어 하는 이상형도 우리 사회 혹은 우리가 살고 싶은 사회에서 바람직한 유형을 꼽는 사람인 경우가 상당히 많다. 이는 법과 사회에서 요구하는 행동 규칙을 준수하고 남에게 대접받고자 하는 대로 남을 대접하는, 집단의 규범을 존중하는 사람을 의미한다. 어떤 사회에 속한 사람이든 대부분의 시간을 그 사회가 정한 규칙을 지키며 살아가는데, 그렇게 해야 스스로에 대해 좋게 느낄 수 있기 때문이다. 하지만 사회적 집단은 우리가 좋은 사람이 되기만을 바라지 않는다. 그 집단이 정의하는 좋은 사람이 어떤 것이건 말이다. 물론 어린 시절에는 '착하다', '남에게 너그럽다', '성실하다' 등의 평가를 받는 것만으로도 대개 자부심을 느낀다. 하지만 성인이 되면 사회는 우리에게 그 이상의 것을 기대하며, 따라서 우리 스스로도 자신에게 그 이상의 것을 기대하게 된다.

우리 대다수는 좋은 사람이 되고 싶어 한다. 하지만 한편으로는 대단한 사람이 되고 싶은 욕구도 있다. 우리는 놀라운 사람, 유능한 사람, 또 성취한 사람이 되고 싶어 한다. 즉, 성공하고 싶은 것이다. 우리 안의 객체적 자아가 자부심을 느끼려는 욕구 때문에 우리를 방황하게 만들 수 있는 것처럼, 지금 마음속에서 중요하게 여기는 정체성이 어떤 것이냐에 따라 그 자아는 우리로 하여금 성공을 향해 나아가게 만들 수도 있다.

자부심이 만들어낸 정체성

전 세계를 통틀어 미국만큼 누구든 성공을 얻을 수 있다고 여겨지는 나라도 없을 것이다. 이른바 '기회의 땅' 아니던가. 하지만 이 요란한 아메리칸 드림의 가능성이 모든 사람에게 동등하게 열려 있는 것은 아니다. 이를 입증하는 많은 불편한 진실 중 하나가 백인 학생들과 흑인 학생들 간에 존재하는 성적 차이다. 이는 수많은 연구에서 밝혀진 사실로, 학교 성적, 전국 시험 점수, 중퇴율 등 무엇을 기준으로 하든 미국에서는 백인 학생들이 흑인 학생들보다 일관되게 높은 성취를 보이며[15] 종종 그 격차는 상당하다.

이 편차를 좁히기 위해 수많은 정책이 시행되었지만, 희망적인 가능성을 보여 주는 결과는 객체적 자아에 관한 한 연구에서 나타났다. 학생들에게 자신의 자아가 가장 소중히 여기는 가치를 생각하게 하고 그 가치에 대해 자부심을 느끼게 하자, 인종 간 성적 차가 좁혀졌던 것이다.

주목할 만한 이 실험은 어느 심리학 연구진의 발상이었다. 그들은 중학교 1학년 학생들에게 자신에게 아주 중요한 한 가지 가치—예를 들면 친구와 놀기 또는 운동하기, 가족과 연락하며 지내기—또는 전혀 중요하지 않은 가치 중 하나를 주제로 골라 한 단락짜리 글을 쓰도록 했다.[16] 이를 한 학급에서 단 1회 실시했을 뿐인데, 그 반에 속한 흑인 학생들의 기말 성적이 놀랍도록 향상되었다. 자신이 가치를 부여하는 것, 즉 자신에게 중요한 것에 대해서 쓴 학생들의 성적이 0.26점에서 0.34점으로 향상되었는데(4.0점 만점), 이는 기존의 B 학점이 B+나 A-로 올라가 그 과목에서 D 이하를 받은 학생들의 비율이 절반으로 줄어들 만큼 큰 효과였다.

한편 같은 학급의 백인 학생들은 중요하게 여기는 가치에 대해 글을 썼든 그렇지 않은 가치에 대해 글을 썼든 상관없이 성적에 변화가 없었다. 결국 이 단순한 작문을 통해서 이 반의 흑인 학생들과 백인 학생들 간의 성적 차를 자그마치 40퍼센트나 줄일 수 있었다.

연구진은 해당 실험이 효과적이었던 이유로, 흑인 학생들에게 성취 조건(여기에서는 학업 성취)을 설정할 때 그들의 정체성 중 흑인의 성취에 대한 부정적인 고정관념, 즉 이 학생들이 너무도 빈번하게 공격받는 고정관념과 무관한 요소에 초점을 맞추도록 장려한 것을 꼽았다. 안타깝게도 북아메리카의 많은 지역에서 이러한 고정관념은 이 집단의 정체성의 일부, 즉 '흑인 학생으로서의 나'라는 자아의 일부로 고착된다. 자신을 어떻게 바라보느냐가 그 사람의 행동 방식을 결정하므로, 이 고정관념은 흑인 학생들의 행동을 결정한다. 많은 연구에서, 소수 집단에 속하는 사람들에게 그들의 정체성 중 부정적인 고정관념 요소를 상기시키면 그들의 행동이 해당 고정관념과 일치되게 나타나는 결과를 보인다. 흑인 학생들의 낮은 성적이 그랬던 것처럼 '여자는 수학을 못한다'라는 고정관념을 상기시킨 뒤 수학 시험을 치렀을 때는 여학생들의 점수가 낮게 나왔으며, '기독교 신자는 과학을 못한다'라는 고정관념을 상기시킨 뒤에 기독교 신자 학생들은 논리 시험에서 낮은 점수를 받았다.[17]

그런데 앞의 가치 확인 연구를 보더라도, 문제 있는 행동의 뿌리였던 그 자아가 역으로 그 행동을 변화시키는 동력이 될 수도 있다. 흑인 학생들은 학업에 관련한 자신의 정체성이 자신에 대한 고정관념 이상의 것을 해낼 수 있다는 점, 또 그 고정관념이 자신의 정체성에서 전혀 중요하지 않다는 점을 상기했을 때 그 고정관념의 부정적 영향을 극복하려는 의욕을 품었다. 이들은 자신이 학업에 자부심을 가질 자격이 충분한 존재라는 사실을 상기함으로써 평소라면 그대로 받아들이곤 했던 기본값, 즉 고정관념과 일치하는 행동을 뒤집기 위해 할 수 있는 모든 노력을 기울였다. 그렇게 변화할 수 있었던 이유는 바람직한 유형, 다시 말해 사회가 바라는 유형의 사람이 되고 싶은 욕구가 나아가 자신이 목표하는 바를 성취하기 위한 행동에도 영향을 미치기 때문이다. 우리가 되고자 하는 나는 사회에서 정의하는 좋은 사람일 뿐 아니라 사회적 가치를 지키는 사람, 사회가 중요하게 여기는 것을 성취할 수 있는 사람이다. 그리고 학생들에게 그 '바람직한 나'란 열심히 공부해 학업에서 훌륭한 결과를 성취하는 사람이다.

스스로를 좋은 사람, 윤리적인 사람, 유능한 사람이라고[18] 느끼고 싶고 또 남에게도 그렇게 보이고 싶은 것은 우리 모두의 기본적인 욕구다. 심리학자 마크 리어리Mark Leary는 이 기본적인 욕구를 만들어 내는 것은 더 깊이 자리 잡고 있는 욕구, 바로 자신의 집단에 소속감을 느끼고자 하는 욕구[19]라고 주장한다. 그는 인간이 객체적 자아에 자부심을 느끼며 높은 자존감을 갖고 싶어 하는 까닭은 그것이 타인이 자신을 좋아하는

지 아닌지, 자신과 함께 있고 싶어 하는지 아닌지를 알 수 있는 척도이기 때문이라고 말한다.

리어리는 '사회 계기판sociometer'이라는 용어로 이 과정을 설명한다. 자존감이 온도계나 자동차의 연료 계기판과 같은 원리로 작용한다는 것이 그의 생각이다. 자존감이 높을 때 우리는 자신이 사회적으로 안정적인 지위에 있음을 알고 있다. 반면 자존감이 낮다는 것은 소속된 집단에서 거부당할 위험에 빠져 있다는 신호다. 인간이 진화해 온 역사를 보면 소속 집단으로부터 배척당한다는 것은 문자 그대로 죽음을 의미했기에, 높은 자존감을 갖고자 하는 욕구는 적응적 행동이다. 즉, 이것은 사람이 자신과 자기 집단의 안전을 확보하기 위해 필요한 조건이다. 오늘날에는 자신이 속한 집단에서 배척당하는 것이 수천 년 전에 그랬던 것만큼 큰 문제는 아니다. 우리 대다수가 수백 명 혹은 인터넷상의 사람들을 포함하면 수천 명과 함께하는 환경에서 살고 있기 때문이다. 배척당한 개인들이 고립으로 인한 죽음을 피할 수 있는 대안이 몇 가지는 주어진 셈이다. 하지만 우리에게는 생물학적으로 유전된 사회 계기판이 작동하므로 사회에서 거부당한다는 것은 여전히 두려운 일이며, 소외되느니 차라리 죽음을 택하는 사람들[20] 역시 존재한다.

자존감이 사회 계기판으로 기능한다는 자신의 주장을 입증하기 위해서 리어리는 대학생들을 대상으로 거부당하는 경험을 조작한 실험을 수행했다. 방금 만났던 한 학생이 자신에 대해 '다시는 아무것도 같이하고 싶지 않다'고 말한 것을 듣게 되는 실험이다. 이 이야기를 들은 피험자들은 지독히도 기분이 상했다. 거부당하면 감정이 상한다. 그리고 이때 경험하는 감정은 상당히 구체적이다. 리어리에 따르면, 이 경우 사람들은 자신을 덜 가치 있고 덜 소중하게 느끼며 자신의 능력이 부족하고 똑똑하지 못하다고 느끼고[21] 자신감과 자부심도 떨어진다.

리어리는 이런 느낌, 그의 표현에 의하면 "낮아진 자존감"에는 기능이 있다고 주장한다. 두려움을 느끼는 것이 주변에 곰이 있을지 모르니 정신을 바짝 차리라는 경고듯, 낮은 자존감은 집단에서 배제될 위험에 처했음을 알리는 신호라는 것이다. 우리가 진화를 통해 자존감을 갖게 된 궁극인은 곧 들이닥칠 위협에 가장 효과적으로 대처하기 위해 행동에 변화가 필요한 시기임을 알려 주기 위해서라는 것이 리어리가 주장하는 핵심이다.

그렇다고 해서 우리가 속한 사회 집단에 받아들여지기를 바라는 욕구가 높은 자존감을 갖고자 하는 욕구의 근접인, 다시 말해 직접적이고 즉각적인 원인이라는 뜻은 아니다. 우리의 일상적인 행동과 동기를 근접인의 층위에서 보자면, 우리는 사회에서 탄탄한 지위를 확보하길 원하기 때문에 높은 자존감을 추구하는 것이 아니다. 우리가 섹스를 원하는 것이 대부분의 경우 자손 번식을 위해서가 아닌 것처럼 말이다. 우리가 이 같은 행동을 하는 이유는, 당장으로서는 그렇게 하는 것이 기분 좋기 때문이다. 하지만 궁극인의 층위에서 보자면 이 행동이 우리에게, 다시 말해 우리의 유전자에 이롭기 때문에 진화가 이 행동을 기분 좋은 것으로 만들었다. 섹스는 유사 이래로 유전자를 후손에게 전달하는 최선의 방법이었으며, 낮아진 자존감은 집단에 안전하게 소속되기 위해 행동에 변화를 가져오도록 할 최상의 방법인 것이다. 리어리의 관점에 따르면 그렇다.

여러 연구 결과가 이 주장을 뒷받침한다. 거부당할 때 느끼는 심리적 아픔은 실제 몸이 느끼는 통증처럼 괴로운 것으로 드러났다. 여기서 말하는 신체적 통증은 적이나 천적 또는 질병에게 공격당할 위험에 처했음을 알려 주는 우리 몸의 신호다. 사람이 육체적 고통을 경험할 때 몸에서는 갖가지 적응적 반응이 나타나는데, 그중 많은 반응이 대뇌에서 '경보 장치'로 기능하는 전대상 피질ACC이 활성화함으로써 유발되는 현상이다. 이와 관련해, 한 신경학 연구진이 사회적 통증social pain에도 이와 비슷한 신경 작용이 일어난다는 것을 증명하고자 했다. 즉 뜨거운 난로를 만졌을 때 신체에 가해진 위험에 대한 경보로서 통증을 느끼는 것처럼, 사회에서 거부당했을 때도 사회 계기판이 경보를 내보내 마음에 아픔을 느끼는지 알아본 것이다. 연구진은 피험자들이 사회적 통증을 강제로 견디는 동안[22] fMRI(기능적 자기공명영상) 스캐너를 이용해 뇌의 활동 상태를 조사했다.

이 실험에 참여한 사람들은 한 사람씩 자기 몸보다 큰 스캐

프라이드

너 안에 누워서 사이버볼Cyberball이라는 컴퓨터 게임을 했다. 피험자들이 보는 화면 속에서 세 명의 아바타가 공을 주고받는데, 피험자는 그중 하나를 조종한다. 일반적인 사회 규범이 그렇듯, 한 아바타에게서 공을 받은 피험자는 자신에게 공을 주지 않은 다른 아바타에게 즉각 공을 보낸다. 그렇게 해서 셋 모두가 차례로 공을 다루게 된다.

몇 분이 지나 연구자들은 상황을 약간 바꾸었다. 피험자에게 나머지 두 아바타를 실험에 참가한 다른 피험자들이 조종한다고 말해 주었다. 그리고 이 피험자의 아바타에게 공을 더 이상 패스해 주지 않았다. 피험자는 아무런 이유도 설명도 없이 자신의 아바타가 갑자기 게임에서 배제되고 있다는 사실을 발견한다. 혹시나 해서 공을 향해 애처롭게 손을 뻗어 보지만 번번이 허탕이다.

앞에서 소개한 마크 리어리의 거부 유도 방법과 거리가 멀어 보일지 몰라도, 이 실험은 유효했다. 이 피험자들은 자신이 따돌림을 당했다고 느꼈으며, 스캐너의 영상 기록을 보면 온전한 3인 게임을 계속한 다른 피험자들보다 전대상 피질 영역이 훨씬 더 활성화되었다. 또한 전대상 피질 영역의 활성화 정도가 높을수록 따돌림 피험자가 보고한 괴로움의 정도도 강렬했다. 이는 사회적 고통과 육체적 고통이 두뇌의 동일한 부위, 즉 경보 장치를 담당하고 있는 이 부위를 통해 처리된다는 뜻이다. 두 유형의 고통 모두 그 사람에게 뭔가 변화가 필요하며 그러지 않았다가는 심각한 위험에 직면할 것이라는 신호를 보내는 것이다.

사회 계기판의 경보 장치는 우리가 사회 속에서 안전하게 살 수 있도록 해주며, 이것이 기능하는 것은 부분적으로는 자부심 덕분이다. 자부심은 그런 경보가 울리는 상황을 피하도록 행동하게 만드는 동력이다. 리어리가 했던 실험에서 집단에 받아들여진 피험자가 느꼈던 것은 자부심이었다. 앞에서 자신의 가치를 상기한 흑인 학생들이 느꼈던 것, 자신이 투표자임을 상기한 캘리포니아인들이 느끼고자 했던 것도 모두 자부심일 것이다.

이 모든 연구에서 동기로 작용한 요인의 밑바탕이 자부심이었던 것으로 보이지만, 알다시피 심리학에서는 최근까지도 자부심을 진지하게 다루지 않았다(2장 참고). 자부심을 직접 평가하기 위한 작업은 리어리의 연구를 제외하면 전혀 이루어지지 않은 것이 현실이다. 하지만 구체적으로 자부심이라는 감정에 초점을 두고 그것이 우리 삶에 동기를 부여하는 힘으로 작용하는가를 다룬 한 가지 연구가 있다. 이 연구에 따르면, 사람들이 최고의 자신이 되기 위해 노력하게 만드는 동기는 바로 자부심을 느끼고 싶어서다. 이는 자부심을 느낄 때 우리는 자신이 바라는 자아(사회가 우리에게 가장 바라는 인간형)을 잘 지키고 있음을 깨달으며, 그럼으로써 이를 유지하기 위해 할 수 있는 최선을 다하게 됨을 명확하게 보여 준다. 자부심이 우리에게 보내는 메시지는 요컨대 '이대로 밀고 나가라', '지금 네가 하고 있는 것이 네가 되고자 하는 자아를 성취하는 길이니, 멈추지 말고 나아가라'다.

이 연구의 내용을 자세히 살펴보자. 연구자들은 대학생들에게 일정 시간 동안 아주 지루한 과제를 수행하게 했는데, 컴퓨터 화면으로 무수한 점이 찍혀 있는 이미지를 보여 주며 점의 개수를 세는 것이었다. 연구자들은 학생들에게 이 과제가 인지능력 테스트라고 알려 주었고, 피험자들에게 인지능력은 자기 미래의 성공이 달린 결정적인 능력처럼 여겨지는 모호한 용어였다. 다음으로는 자부심을 유도하기 위한 장치로, 연구자들은 일부 피험자에게 이렇게 말했다. "학생은 147점 만점에 124점을 받았군요. 백분위로는 94퍼센트입니다. 훌륭히 해냈어요! 지금까지 나온 점수 중 최고점입니다!" 대조군인 다른 피험자들에게도 백분위 94퍼센트의 높은 점수를 받았다고 말해 주었지만, 대단히 훌륭하다거나 자부심을 느낄 자격이 있다는 식의 논평은 하지 않았다.

그런 다음, 모든 피험자들에게 두 번째 과제를 주었다. 이번에도 지루하고 바로 전 테스트와 유사한 기술이 필요한 과제였다. 이번에는 다음과 같은 지시 사항이 첨부되었다. "이 과제를 각자 하고 싶을 때까지 하십시오. 모든 항목을 다 하려고 할 필요는 없습니다. 사실 주어진 시간 내에 항목 전체를 끝내는 것이 불가능하니, 그만하고 싶다는 기분이 들 때까지만 하면

됩니다."

이 피험자들은 연구자들이 알아보려는 것이 '두 번째 과제를 얼마나 오랫동안 수행하는가'라는 사실, 좀 더 구체적으로는 '자부심을 느끼도록 유도된 피험자들이 그렇지 않은 피험자들보다 과제를 더 오랫동안 수행하는가'라는 사실을 알지 못했다. 그리고 당연한 결과로, 자부심을 느끼도록 유도된 피험자들이 그렇지 않은 피험자들보다 두 배 가까이 오랜 시간을 자발적으로 버텼다. 자부심을 느낀 학생들이 '이대로 밀고 나가자'라는 의욕을 품게 된 것이었다.

여기서 특히 흥미로운 점은, 두 실험군 모두 자신들이 성공했다는 것을 인지했다는 사실이다. 하지만 자부심을 느낀 사람들만이 그 지루한 과제를 기꺼이 수행하려고 했다. 이 결과는 자부심이 행동에 인과적 영향을 미친다는 사실을 증명한다. 즉, 자부심이 피험자들로 하여금 어려움을 견디고 노력하고 싶게 만든 것이다. 또한 이 실험 결과는 자신이 잘해냈다는 사실을 단순히 알 때보다는 자부심을 느낄 때 우리에게 더 큰 동기부여가 된다는 것도 말해 준다.

자부심은 진화의 산물이다

1장에서 나는 결과에 영향을 미치고 행동을 취하는 데 감정이 필요하다고 주장했다. 위협을 인지하는 것이든 자신의 능력에 관한 것이든, 지식 자체는 동기를 부여하는 힘으로 거의 작용하지 못한다. 그 힘을 발휘해 행동으로 옮기도록 동기를 부여하는 것은 이러한 지식으로 유발된 감정이다. 힘겹게 성공을 얻어낸 경우, 그 감정은 성공 자체뿐 아니라 미래에 또 다른 성공을 가져올 자신에 대해 느끼는 자부심일 것이다.

이 연구는 자부심이 사회 계기판을 작동시켜 그것이 주는 신호에 따라 우리를 행동하게 만든다는 것을 시사한다. 자부심은 우리에게 견고한 사회적 위치를 유지하려면 행동에 변화가 필요하다는 것을 알려 주며, 사회적으로 인정받는 성공을 향해 열심히 노력하는 동기로 작용한다. 그 결과 우리는 자신이 선 사회적 지위를 유지한다. 요약하면, 자부심은 우리의 자아를 보살피는 감정이다.

자부심을 느끼고자 하는 욕구 그리고 이를 유지하고자 하는 욕구는 우리가 자신에게 뿌듯한 기분을 느끼기 위해 필요한 일을 하게 만든다. 그런데 객체적 자아, 즉 타인의 눈에 비치는 사회적 자아의 궁극적 기능은 우리가 속한 다양한 사회 집단에서 바람직하게 여기는 인간형이 내면화된 표상을 제공하는 것이다. 따라서 자부심은 우리에게 사회의 기준에 부합하는 사람이 되기 위해서 필요한 모든 것을 하게 만드는 동기로 작용한다. 사회가 바람직하게 여기는 인간형은 관대하고 이타적인, 남을 돕는 사람일 때가 있는가 하면 선거에 참여하는 건전한 시민일 때도 있고, 목표한 바를 성취하기 위해 열심히 노력하는 사람일 수도 있다.

따라서 '우리의 사회적 자아가 어떻게 우리의 행동을 결정하며 우리로 하여금 행동하게 만드는가' 또 '우리가 도달하려고 노력하게 만드는 이상적 목표를 제시하는가'를 이해하는 것은 왜 사람이 자부심을 경험하도록 진화했는가에 대한 답을 구하는 첫걸음이 될 것이다. 자부심은 사회가 우리에게 바라는 유형의 사람이 되도록 노력하게 만든다. 사회적 욕구와 목표에 부합하는 자아를 형성해서 그런 사람이 되면, 우리는 자신이 속한 사회 집단에서 거부당하는 위험한 상황에 직면하지 않고 안정적인 위치를 확보하고 살아갈 수 있다. 이렇듯 자부심은 우리 삶에 실질적인 도움을 주는 감정이다. 사람은 스스로에게 자부심을 느끼도록 격려받을 때, 예를 들어 자신이 어떤 사람인지 그리고 자신이 왜 가치 있는 존재인지 확인받을 때 더 나은 사람이 된다. 사회의 기준에 부합하는 사람이 되려고 애쓰기 때문이다. 자아는 우리에게 자신이 어떤 사람이 되고자 하는지를 끊임없이 상기시킨다. 그리고 대부분의 경우 그것은 사회가 우리에게 바라는 모습이기도 하다.

이렇듯 자부심은 우리가 집단에 받아들여져 살아가는 데 도움을 준다. 하지만 여기서 끝이 아니다. 물론 집단에 받아들여지고 따돌림을 당하지 않는 것은 사회 안에서 살아남기 위해 중요한 첫걸음이다. 하지만 자부심은 우리에게 생존 이상의 것을 가져다준다. 마크 리어리는 사회 계기판의 기능이 오로지 집단에 포함되기 위한 것이라고 했다. 보살핌이 필요할 때 보살펴 주고, 생존과 번식이라는 동물적 본능을 추구할 때 협력할 수 있는 사람들과 어우러져 살 수 있도록 해주는 것이 사회 계기판의 임무라는 것이다. 하지만 자신에 대해 썩 괜찮게 느끼려는 욕구뿐 아니라 자부심을 느끼려는 욕구가 만약 '욕구 이상의 무언가'라면 어떨까? 우리가 자신에 대해 그토록 필사적으로 자부심을 느끼고 싶어 하는 궁극적인 이유가, 자부심이 우리가 사람들에게 환영받는 존재인지뿐만 아니라 사회적 지위를 확보하기 위한 궤도를 잘 밟고 있는지까지도 말해 주기 때문이라면?

사람들에게 호감을 받는다는 것도 물론 중요한 일이지만 사람들이 존경하고 우러러보는 존재가 된다는 것, 사회에서 타인에게 영향력을 행사하며 원하는 바를 얻을 수 있는 위치에 오르는 것도 진화적인 면에서 훨씬 더 강력한 보상이 돌아올 수 있는 일이다. 어쩌면 신분 상승이야말로 우리의 자아와 그 사회 계기판 그리고 이 둘을 인도하는 감정인 자부심이 추구하는 궁극의 목표일지 모른다.

이어질 4~6장에서는 자부심이 어떻게 복잡한 사회적 환경을 탐색하는 일련의 결과물을 끌어내는지 살펴볼 것이다. 서열 구조가 있는 인간 사회, 또 그 안에 뿌리내린 문화적 지혜는 우리 종의 적응적 특성 중 가장 주목할 만한 요소다. 자부심은 우리가 서열화된 사회계층과 축적된 문화적 지식을 어떻게 자신에게 이롭게 활용하는지를 이해하는 데 중요한 열쇠다. 이 단 하나의 감정이 우리가 사회 안에서 어떻게 살아나가는가를 설명해 줄 뿐만 아니라, 우리가 어떻게 그 다양한 사회계층의 사다리를 타고 올라가는가, 또 어떻게 집단적 지식을 활용해 더욱 똑똑해지고 더욱 혁신적이 되는가를 설명해 줄 것이다. 미리 간단하게 말해 두자면, 자부심은 우리의 지위를 상승시키며 우리를 창조적인 사람으로 만든다.

CHAPTER
3

—

우리를 성공으로
이끄는 힘,
프라이드

T A K E   P R I D E

4
드러내라, 알아볼 것이다

자부심을 표현하는 이유

2004년 3월 2일, 미국 정치계에서 '슈퍼 화요일Super Tuesday'로 통하는 이날 상원의원 존 케리가 미국 대통령 선거 민주당 후보로 선출되었다. 9개 주에서 거둔 결정적 승리와 이전 13개 주에서 거둔 승리까지 합해 어떤 후보도 케리를 이기는 것이 불가능해지자, 마지막 경쟁자이던 존 에드워즈 상원의원이 패배를 인정했다. 아이오와와 뉴햄프셔를 기점으로 시작된 예비선거 때부터 케리는 확고한 선두 주자였으며, 그 시점까지 이경선은 어느 모로 보나 접전은 아니었다. 그럼에도 불구하고 케리에게는 이 승리가 엄청나게 획기적인 사건이었다. 이는 역사상 몇 손가락 안에 꼽는 사람만이 해낸 성취였으며, 케리는 이로써 세계에서 가장 힘 있는 정치 지도자의 지위에 한발 다 가섰다. 그가 일생에 걸쳐 이룬 그 어떤 업적보다 대단한 일이 었다.

케리는 워싱턴 DC의 구 우체국 건물에 모인 지지자들 앞에서 연설을 시작하기 전, 잠시 멈추고 침묵 속에서 그 행사의 의미를 되새겼다. 평소 신중하고 과묵한 케리는 열정적으로 환호하는 청중 앞에서 미소를 지었다. 그는 고개를 들고 가슴을 활짝 폈다. 그리고 주먹 쥔 두 손을 번쩍 들어 올리며 위쪽을 응시했다. 그 순간 케리가 보여 준 것은 틀림없는 자부심의 표현이었다. 앞에서 부르키나파소 시골 마을 사람들이 즉시 알아봤던 비언어적 표현이자, 전 세계에서 모여든 올림픽 선수들이 경기에서 승리한 순간 (이전에 그 행동을 본 적이 있든 없든 상관없이) 자연스럽게 취했던 그 몸짓이었다.

케리가 그 순간 보인 표정과 몸짓은 진화에 의해서 결정된 것이었다. 하지만 왜일까? 존 케리는 왜 이런 상황에 자부심을 표현하도록 진화했을까? 자부심 표현이 인류에게 보편적으로 나타난다는 연구 결과는 자부심을 표현하고 또 타인의 자부심 표현을 관찰하는 것이 우리 유전자의 생존과 번식에 대부분 이롭게 작용한다는 점을 의미한다. 하지만 왜 그러는 것인지는 여전히 알지 못한다. 자부심을 표현하는 것이 왜 적응적 행동일까?

이 질문은 우리가 왜 자부심을 '느끼는지'를 묻는 것이 아니다. 3장에서 보았듯이 자부심을 느끼고자 하는 욕구는 우리가 자아를 잘 살필 수 있게 해주며, 따라서 사회 집단에서 배제되지 않고 잘 수용되게 해준다. 그리고 이 욕구는 그 집단을 통제하는 데에도 도움이 된다. 뒤에서 살펴보겠지만, 자부심을 느끼는 것과 그에 대한 욕구는 권력과 타인에 대한 영향력을 얻기 위해 필요한 것이라면 무엇이든 하게 만드는 동기로 작용한다.

자부심을 느끼는 이유를 알아낸다고 해서 타인에게 특정한 비언어적 표정과 몸짓으로 자부심을 표현하는 이유가 설명되는 것은 아니다. 진화의 층위에서 볼 때, 굉장한 성공을 얻어낸 사람들이 누구라도 자부심으로 알아볼 수 있는 행동을 자연스럽게 취하는 이유는 무엇일까?

우리가 왜 현재의 자부심 표현 방식을 쓰게 되었는가 하는 물음에 답을 찾기 위해서는 자부심 표현과 관련된 오랜 역사를 거슬러 올라가야 한다. 그 역사는 생각보다 오래되었다. 이러한 표현 방식이 지역에 상관없이 보편적으로 나타나며 학습 없이 타고난 행동으로 보인다는 점을 고려할 때, 그 기원은 우리 종이 탄생하기 전 어느 시점으로 보는 것이 타당할 것이다.

사실 근거가 희박하긴 하지만, 영장류 동물학자들은 사람 이외의 영장류 여러 종에게서 자부심과 상당히 흡사하게 보이는 비언어적 표현을 관찰해 왔다. 아마도 가장 유명한 것이 산

악고릴라mountain gorilla가 가슴을 두드리는 몸짓[1]일 텐데, 영화 〈킹콩〉의 주인공인 거대 고릴라의 동작으로 유명해진 바 있다. 자신감이나 자축의 표현인 이런 행동은 다른 영장류 동물들에게도 관찰된다. 협비류 원숭이 무리에서 으뜸 수컷은 다른 원숭이보다 좀 더 당당한 자세로 뽐내며 자신감을 내보인다는 기록이 있다.[2] 침팬지도 버금 수컷들 앞에서 몸을 키우는 몸짓을 보이는 것으로 알려져 있으며[3], 영장류 동물학자들은 이를 '허세 행동'이라고 부른다.[4] 뒷발로 직립하고 어깨를 높여서 키와 몸집이 커 보이게 하는, 이 행동에는 '털 세움'이라고 하는 불수의적인 신체 변화가 수반되는데, 이것은 추위를 느끼거나 전기가 통했을 때처럼 어깨 털이 꼿꼿이 서는 현상이다.

네 발로 걷고 온몸이 굵은 털로 덮였을 뿐, 침팬지의 이 허세 동작은 사람의 비언어적 자부심 표현과 상당히 닮았다. 이 유사성을 근거로 허세 동작이 진화상 자부심의 선행 단계라고 볼 수 있을까? 이 동작이 침팬지의 삶에서 어떤 기능을 수행하는지 이해한다면, 이 질문의 답을 구할 수도 있을 것이다.

침팬지에게 이 허세 동작은 경고 신호다. 침팬지는 자기가 힘이 세다는 것을 알리고 싶을 때 이 동작을 취하는데, '나한테 덤볐다간 혼날 줄 알아!' 하는 메시지다. 서열이 높은 침팬지는 비언어적 몸짓을 통해 이 메시지를 빠르고 효과적으로 전달한다.

이러한 비언어적 몸짓은 적응적 행동이다. 대장 침팬지는 겁 없이 덤벼들 수도 있는 상대방에게 이 동작을 보임으로 써—상대가 그 동작이 의미하는 위협을 믿었을 경우—싸우려는 의지를 꺾는다. 싸움 없이 지나간다면 쌍방에게 이익이니 이 동작은 모두에게 유효한 행동이 된다. 무리에서 서열이 더 높은 구성원에게 선제공격을 할 뻔했던 하위 구성원은 저지당함으로써 패배를 모면했고, 그 결과 부상도, 더 가혹한 지배도, 어쩌면 죽음도 모면한 것이다. 한편 으뜸 수컷 쪽에서는 싸움 후 회복하는 데 필요했을 대사 에너지며 시간 등의 자원을 절약한다는 이점이 있으며, 드문 일이겠지만 혹시 모를 죽음도 피할 수 있다.

이처럼 허세 동작의 특정 요소들은 두 침팬지 모두에게 이롭게 작용한다. 전신을 키우는 동작, 직립한 자세, 털 세움은 허세 동작을 취하는 동물이 더 커 보이게 해 힘을 과시하기에 적합하다. 허세 동작은 진화학자들이 진화된 신호evolved signals로 간주하는 기준에도 부합한다. 이 신호는 보는 이에게 메시지를 전달하기 위해 존재하는 표현이어야 하며 그 표현에는 일련의 희생이 따랐어야 한다. 즉, 허세 동작이 우위를 뜻하는 비언어적 신호로 진화된 것이라면 개체는 그 동작을 취하다가 위험에 처하든 그 자체로 손실이 생기든 어떤 식으로라도 비용을 치러야 한다.[5] 이 비용이 필수 조건인 이유는 그래야만 이 동작을 바라보는 상대방이 그 신호를 믿어도 되겠다고 받아들이기 때문이다.

몇몇 진화된 신호의 경우, 그 신호가 통할 수 있는 것은 신호를 보내는 비용이 너무 커서 사실이 아니라면 감히 보낼 엄두를 낼 수 없기 때문이다. 수컷 공작의 꽁지깃을 예로 들어 보자. 화려한 꽁지깃을 갖추는 데에는 많은 에너지가 소모되므로, 이는 생물학적으로 최상의 조건을 갖춘 건강한 수컷만이 할 수 있는 활동이다. 이 꽁지깃에 큰 비용이 든다는 것은, 암컷 공작에게 화려함을 과시함으로써 자신이 꽁지깃을 유지할 수 있을 만큼 건강하다는 사실이 설득력 있게 전달된다는 뜻이다.

그런가 하면 '속임수' 허세 동작도 있는데, 신호가 사실이 아닐 경우에는 값비싼 비용을 치르게 된다. 과시적 소비를 떠올려 보자. 순전히 자신이 부자라는 신호를 보낼 목적으로[6] 고급 자동차나 시계, 핸드백 등을 구매하는 경우가 있다. 이를 본 사람들은 실제로 그런 물건을 구입할 만큼 부자가 아니라면 그런 소비가 정신 나간 짓임을 알기에 그 과시적 소비자의 신호를 신뢰한다. 실제로 부유한 사람들에게는 과소비가 '나는 8만 달러 더 써서 혼다 말고 포르셰를 사도 끄떡없는 부자요' 하는 신호를 효과적으로 전달하는 수단이 된다.*

---

* 부유한 소비자들이 실제로 과소비에 담긴 신호의 가치를 생각해 가며 소비하는 것이 아니란 점을 짚어 둬야겠다. 대부분의 경우, 부자들이 포르셰를 구입하는 것은 그 상품 자체의 자산 가치 때문이다. 하지만 포르셰와 혼다의 가격 차이가 질적 차이보다 현저하게 큰데, '혼다 말고 포르셰'에 담긴 신호의 사회적 가치가 물질적 가치의 격차로 환산된다고 할 수 있겠다.

마찬가지로, 자신의 권력과 힘이 우월하다고 믿을 합당한 이유가 있는 침팬지만이 허세 동작의 위험을 감수할 수 있다. 이 동작은 노골적인 도전일 뿐만 아니라 과시자를 위험한 처지에 몰아넣을 수 있는 행동이다. 허세 동작을 취하려면 상체를 곧추세우고 뒷다리로만 서 있어야 하므로 안정감이 떨어질 뿐더러, 신체가 그대로 노출되어 쉽게 공격당할지도 모른다. 그런데 이렇게 취약성을 드러낸 상태가 오히려 상대에게는 허세 동작을 취하는 침팬지가 정말로 이 동네에서 가장 강한 녀석이 분명하다고, 저게 허세만은 아닐 것이라고 설득되는 이유가 될 수 있다. 막강한 방어 능력이 있지 않고서야 저런 위험에 자기를 노출할 리가 있겠느냐고 말이다.

허세 동작은 명확한 기능이 존재하고(보내는 이와 받는 이 모두에게 적응적 이점이 있는 메시지를 보낸다)과 비용(속임수성 신호를 보내는 개체는 큰 위험에 노출된다)이 발생한다는 점에서 진화된 신호로 간주할 수 있다. 사람의 자부심 표현은 침팬지의 허세 동작과 상당히 비슷해 보인다. 적어도 사람이 허세 부릴 때의 모습과는 상당히 닮았다. 그렇다면 사람의 자부심 표현이 침팬지의 허세 동작처럼 공격과 위협의 메시지를 보내는 기능을 한다고 해석해도 될까?

몸을 꼿꼿이 세우고 가슴을 활짝 펴는 몸짓처럼 침팬지의 허세 동작과 비슷한 사람의 자부심 표현은 '높은 서열'을 말해 준다.[7] 이 몸짓은 사람을 더 커 보이게 만드는데, 사람들은 크기를 지위와 관련짓는 경향이 있다. 유아들은 생후 10개월만 되어도 큰 사각형이 작은 사각형보다 우세하다고 생각한다.[8] 허세 동작과 마찬가지로 자부심 표현에는 그 표현이 거짓이라면 비용을 치를 수도 있는 요소들이 포함되어 있다. 예컨대 가슴을 활짝 펴서 몸집을 키우는 몸짓이라든가 고개를 뒤로 젖혀 목을 노출하는 몸짓은 급소를 노출시킨다.

인간의 자부심 표현에는 침팬지의 허세 동작과 명백하게 다른 기능도 있다. 허세 동작이 본질적으로는 경고의 신호, 외부의 위협에 대한 반응이자 전투의 '전초전' 성격을 띤다면, 자부심은 성공이나 승리를 거둔 후에 표현되는 것이다. 이는 사람의 자부심 표현이 침팬지의 허세 동작과 다른 메시지를 보낸다는 뜻이다. 침팬지의 허세 동작이 마치 '네 주제를 알고 덤벼라' 하는 식으로 직접적인 위협이나 힘의 우위를 전달한다면, 인간의 자부심 표현은 방금 일어난 성취의 결과로 지위 상승의 자격을 얻었음을 알리는 좀 더 간접적인 신호로, '봤지? 나 이런 사람이야!' 정도로 해석된다.

사람은 이보다 훨씬 복잡한 메시지를 보낼 수 있다. 사람의 자기감sense of self이 훨씬 더 복합적이기 때문이다. 고도로 복합적인 자아, 다각적이고 다면적인 자아 표상이 없는 동물이 보낼 수 있는 최고의 지위 신호는 상대를 위협하거나 힘의 차이를 알리는 것이다. 하지만 사람에게는 이 객체적 자아가 존재하므로 많은 것이 달라진다.

프라이드

사람은 자신의 사회적 가치의 변동을 인지한다. 또한 자신의 사회적 가치를 상승시켰던 사건들을 기억할 수 있다. 이것이 가능한 것은 우리에게는 각기 다른 수많은 목표와 표상으로 구성된 복합적인 자아가 있기 때문이며, 우리가 직접 경험한 성공 또는 타인에게서 관찰한 성공은 이 복합적인 자아를 배경으로 이해된다. 가령 동료가 축구 시합에서 득점했다거나 고객에게 자동차를 판매했다는 소식을 들으면 우리는 그 정보를 이용해서 동료의 지위나 상태에 대한 하나의 견해를 세우게 된다. 이때 한편으로는 그 동료에 대해 우리가 이미 알고 있던 다른 정보, 예컨대 이번 시즌에 그가 몇 골을 득점했는지 또는 자동차 판매 경력이 몇 년쯤 되었는지 등을 생각하게 된다. 즉, 현재의 성취뿐 아니라 그의 성공과 실패 이력, 인생 계획과 목표, 성공이 인생에서 차지하는 비중 등 우리가 알고 있던 지식을 바탕으로 동료의 지위에 대한 인식을 조정하는 것이다. 요컨대 우리는 자신이 교류하는 사람들에 대해 많은 것을 알고 있으며 또 기억할 수 있다. 단지 저 사람이 현재 나의 무사와 안녕에 위협이 되는가 아닌가만을 따지지는 않는다.

이렇듯 사람의 비언어 신호는 위협이나 협박용으로만 쓰이는 것이 아니라 사회적 가치의 변동을 알려 주는 데도 사용된다. 우리가 교류하는 타인들에게도 각자의 자아가 있는 까닭에 이 사람들 또한 우리가 보내는 신호의 의미를 이해할 뿐 아니라 이를 자신이 처한 사회적 상황을 이해하기 위한 수단으로 이용하기도 한다. 자신과 같은 집단에 있는 누군가의 자부심 표현을 관찰하면 그 사람이 함부로 덤벼서는 안 될 사람인지 또는 친구가 되는 것이 현명할지, 아니면 따르거나 본받는 것이 현명할지 판단할 수 있을 것이다.

다시 말해서, 상대를 성공적으로 압도한 후에 자부심을 표현하는 것은 타인에게 자신의 지위가 미묘하게 바뀌고 있음을 알리는 행동이며, 타인들로서는 이 정보를 염두에 두는 것이 현명한 노릇일 것이다. 그리고 이 메시지를 전달하고 정확하게 전달받기 위해서는 그 자아가 시간적 연속성을 지닌 안정된 실체임을 이해해야 한다. 즉, 현재 나의 모습과 내가 하고 있는 바가 곧 어제의 나, 내일의 나와 연관된 존재임을 이해할 필요가 있다.

이 주장이 옳다면, 자부심 표현의 궁극적인 기능은 이 행동을 하는 사람이 지위 향상이라는 보상을 받을 가치가 있는 존재라는 자신감을 드러내는 것이다. 이 개인은 침팬지로 치면 으뜸 수컷, 그러니까 존경을 받아 마땅한 권위와 권력을 가진 사람이다. 허세 동작이 그렇듯 이런 메시지를 전달하는 비언어적 표현은 귀중한 적응 행동이다. 타인에게 자신이 서열 상승을 누릴 자격이 있음을 효과적으로 설득한다면, 그 사람은 그만큼 높은 대접을 받을 수 있다. 공동 자원 가운데 더 큰 몫이 주어질 것이며 사업을 하더라도 더 큰 이윤을 얻을 것이다. 집단의 구성원들은 그의 결정에 따를 것이고, 사회적 역학 관계를 건설하고 영향력을 행사할 권한을 부여할 것이며, 더 큰 파이 조각을 요구할 자격을 부여할 것이다. 여기에서 파이란 안전한 보금자리, 이상적인 동반자, 부, 그리고 문자 그대로의 파이까지 사회에서 높이 평가하는 모든 것을 의미한다.

이것이 바로 사회적 서열이 진화적 적응도와 상관관계가 있다는 근거이다. 인류의 역사를 통틀어 볼 때 높은 서열을 차지했던 사람들은 낮은 사람들보다 오래 생존해 번식할 가능성이 더 높았으며, 그렇게 번식하고 또 번식했다.[9] 따라서 자부심 표현이 그 행위자의 지위를 높여 주는 메시지를 보내는 것이라면, 이는 자부심 표정과 몸짓이 왜 전 세계에 보편적으로 존재하는지를 설명해 준다.*

존 케리의 일화부터 시작해서 지금까지, 사람들이 자부심을 표현하는 이유를 진화적 관점에서 설명했다. 또 광범위한 역사적 맥락에서 접근해, 인간의 자부심 표현을 계보상 먼저 출현했던 종들의 비언어적 표현과 연관 지어 설명했다. 이는 자부심의 기원이 어디인지를 보여 준다. 그런데 문제는 이런 설명이 과연 타당한가다. 어떤 사람이 자부심의 표정, 자부심의 몸짓을 표현한다면, 우리는 그것을 보고 그 사람이 승진할 자격

---

* 자부심 표현이 거짓이었을 경우 대가를 치러야 할 가능성이 높기 때문에 이런 행동은 그렇게 흔히 활용되지는 않는다. 합당하지 않은 자부심을 보였을 경우, 급소를 한 방 얻어맞을 위험 말고도 (흔히 '돼먹지 않게' 오만하게 군다는 세간의 평을 들으며) 엄중한 사회적 불이익에 직면할 수 있다.

이 충분하다는 뜻으로 이해할 수 있을까?

프라이드는 우리에게 무엇을 전달하는가

한번 상상해 보자. 우연히 길에서 잘 아는 친구와 마주쳤는데, 아주 기쁜 소식을 들었다. 대형 광고 대행사에서 일하는 그 친구가 직원 두 사람과 함께 긴밀하게 준비해 오던 프로젝트로 큰 계약을 따냈다는 것이다. 편의상 직원들을 각각 샘과 다이앤이라고 하자. 세 사람은 친한 사이라서 친구는 계약 성사 소식을 샘과 다이앤에게 각각 전화로 전해 들었다고 했다. 친구의 표현에 따르면, 그가 전화를 받았을 때 다이앤은 이 성공을 아주 자랑스러워 했고, 한편 샘은 감사해했다. 자, 당신은 두 직원 중 누가 계약서에 서명했는지 추측할 수 있는가?

한 사회심리학 연구에 따르면, 충분히 추측 가능하다. 연구진은 피험자들에게 각각 자부심과 감사를 느끼는 두 가상 인물의 상대적 지위를 추측해 보라는 과제를 제시했다. 이 한 가지 정보만으로도 피험자들은 누가 윗사람이고 누가 아랫사람인지 쉽게 알아맞혔다. 자부심 넘치는 반응을 보인 사람이 물론 윗사람이었다.

이 연구는 자부심을 느끼는 것이 높은 지위에 대한 인식과 체계적으로 연결되어 있음을 말해 준다. 어떤 사람이 자부심을 느낀다는 것을 안다면 우리는 그 사람의 지위가 높을 것이라고 추론한다.[10] 그러면 누군가가 자부심을 느끼고 있는지 아닌지를 손쉽게 알아내는 방법은 무엇일까? 그 사람의 표정과 몸짓이 말해 준다. 자부심 표현은 전 세계 어디에서든 또 누구에게든, 자랑스러운 기분을 즉각적으로 알리는 방법이다. 이 연구에 따르면, 어떤 사람의 자부심 표현을 보면 우리는 그 사람이 자부심을 느끼고 있다는 것은 물론 그가 높은 지위의 사회 구성원이라는 것까지 알 수 있다.

자부심 표현이 높은 지위 메시지를 전달한다는 것을 정황적으로 뒷받침하는 또 다른 연구가 있다. 이 연구자들은 피험자에게 자부심을 느끼도록 유도한 뒤, 다른 사람들과 과제를 수행하게 했다. 그런 다음 함께 과제를 수행했던 사람들에게 피험자에 대한 평가를 내리도록 했는데, 이들은 피험자가 아주 높은 지위에 있는 사람으로 느껴졌다[11]고 평했다. 그룹 내에서 자부심을 느끼도록 유도된 구성원들이 어떤 감정도 유도되지 않은 구성원들보다 주도적인 역할을 수행했고, 그 결과 동료들은 이 사람들을 리더로 여겼다. 아마 이 자부심 넘치는 구성원들이 다른 사람들에게 할 일을 지시하거나 어떤 결정을 내리는 등 다소 지배적인 태도를 보이긴 했겠지만, 이들에게서 나타난 비언어적 표현 또한 평가에 영향을 미쳤을 것이다. 즉, 이 구성원들이 지위가 높은 사람인 듯하다는 평가를 받은 것은 그들에게서 누가 봐도 알 수 있을 자부심 표정이나 몸짓이 보였기 때문일 수 있다.

비언어적 자부심 표현이 실제로 높은 지위라는 인식을 강화하는가를 알아보는 최선의 방법은 당연히 직접 테스트를 해 보는 것이다. 이를테면 피험자들에게 자부심을 표현하는 사람들의 사진을 보여 주고, 피험자들이 사진 속 사람들의 지위를 어떻게 인식하는지 관찰하는 것이다. 그러나 이 접근법의 문제는 피험자들의 판단에 자부심 표현에 대한 본능에 가까운 자동적인 반응뿐만 아니라 자부심에 대한 직관적인 지식도 반영될 수 있다는 점이다. 말하자면 자부심 표현 사진을 본 피험자가 사진 속 사람의 지위가 높다고 평가하는 이유가 피험자가 자부심 표현을 보았을 때 의식하지 않고 자동적으로 나오는 반응이 있기 때문이거나, (우리 모두가 알고 있는 바와 마찬가지로) 지위가 높은 사람들이 자부심을 느끼는 경향이 있음을 피험자가 알고 있기 때문이라는 것이다. 만약 이 지식이 피험자의 판단에 작용한 인과력*이라면, 자부심 표현 자체에 높은 지위라는 메시지가 담겨 있다고 할 수는 없다. 오히려 자부심 표현은 자부심이라는 메시지를 전달하며, 보는 이가 자신의 지식을 활용해 '저 자부심 넘치는 사람은 지위가 높을 것이다'라고 유추한다고 봐야 할 것이다.

그러나 자부심 표현이 사람이 아닌 영장류 조상들이 우위를 과시하며 보여 주는 허세 동작에서 진화한 일종의 지위 신호

---

* causal force, 인과관계를 작동시키는 원인 – 옮긴이

라면, 이 표현은 보는 사람이 자부심이 어떤 것인가에 관해 이렇다 할 지식이 없더라도 지위 정보를 전달할 수 있어야 한다. 실제로 자부심 표현은 이 정보를 암묵적으로 전달해야 하며, 그 표현을 보는 이는 굳이 생각하지 않고서도 자부심을 표현한 이의 지위를 인정해야 마땅하다. 만약 자부심 표현에 담긴 사회적 메시지를 해석하는 데에 정신력이 발휘되어야 한다면, 그 표현이 결코 효과적인 신호라고는 할 수 없을 것이다. 누군가가 자부심을 표현할 때마다 온갖 주의를 집중해 모든 지식을 동원해야 그 뜻을 이해할 수 있을 테니 말이다. 그랬다가는 자부심 표현에서 높은 지위를 유추할 때마다 십자말풀이 문제를 풀 때처럼 인지 과부하가 걸리고, 한눈이라도 팔았다간 그 신호를 통째로 놓칠 수도 있는 노릇이다. 게다가 마음만 먹으면 그 신호를 보고도 무시할 수 있고, 그 신호를 분석하는 과정에서 다르게 재해석할 수도 있는 일이다. 예를 들면, 자부심을 표현하는 사람을 보고 '기쁜 일이 있나 봐' 하고 넘어가거나 '저 사람은 높은 지위를 원하지만 그럴 감은 아니지' 하는 식의 해석이 있을 수 있는 것이다. 반면에 자부심 표현이 자동적으로 인식되는 신호라면 누구에게든, 심지어는 주의를 기울이지 않은 사람이나 신호를 받고 싶지 않았던 사람에게도 즉각 전달될 것이다. 자기가 신호를 해석하고 있다는 사실조차 의식하지 못한다면, 어떤 표정을 이러저러하게 해석하지 말자고 생각하기는 어려울 것이다.

사실 암묵적 연합 검사IAT*라는 방법을 이용한 다양한 연구를 통해, 자부심 표현이 무의식 속에서 높은 지위를 의미하는 신호로 지각된다는 근거가 제시된 바 있다. IAT는 단어나 이미지 들을 서로 연결 지으라고 했을 때 사람들이 개념적으로 관련이 없는 것보다 관련 있는 것에 훨씬 빨리 반응한다는 사실을 이용한다. 가령 '마녀'와 '유령'처럼 서로 관련성이 높은 두 단어가 연속으로 나오면 피험자는 컴퓨터 자판을 재빨리 누르는 등 신속하게 반응하지만, 그다음으로 '바나나'처럼 전혀 다른 단어가 나오면 반응이 느려지는 것이다. 따라서 사람들이 다양한 자극에 반응하는 속도는 그들의 생각 속에 자극의 개념이 얼마나 가깝게 연결되어 있는가를 보여 주는 척도가 된다. 빠른 반응은 밀접한 연합, 즉 확고한 연관성을 의미하며 느린 반응은 느슨한 연합 혹은 분리를 의미한다. 연구자들이 어떤 두 개념이 서로 얼마나 밀접한지 궁금하다면, 사람들에게 여러 개념들을 연달아 빠르게 보여 주고 그에 얼마나 신속하게 반응하는지를 측정해 보면 된다.

더군다나 다양한 자극에 대한 사람들의 반응 속도를 보면 굳이 묻지 않더라도 그들의 의식 속에 어떤 정신적 표상이 있는지 알 수 있다. 직접 질문하는 것도 좋은 방법이지만 묻지 않

---

* Implicit-association test, 명시적으로 드러나지 않고 무의식에 내재된 태도를 측정하는 방법 – 옮긴이

았을 때 더 나은 결과물이 나오기도 한다. 직접 질문하지 않음으로써 피험자들의 의식적 지식에 기대지 않으면서 원초적이며 무의식적인 반응에 직접 접근할 수 있는 것이다. 이러한 방법을 통해 우리 종에게 진화 내내―인간이 감정이 의미하는 바를 복합적 개념을 통해 언어로 말하거나 사고하기 이전부터―유익하게 사용되어 온 한 방식으로서, 자부심 표현이 높은 지위 메시지를 전달하는지를 알아낼 수 있다.

실제로 내가 브리티시컬럼비아대학교 연구실에서 수행한 연구에서 캐나다 대학생들은 자부심 표현 이미지를 '겸손한', '순종적인', '허약한' 등 낮은 지위의 의미가 담긴 단어와 함께 제시했을 때보다 '당당한', '지배적인', '일류의' 등 높은 지위의 단어와 함께 제시했을 때 훨씬 더 빠르게 반응했다. 나아가 혐오나 기쁨, 분노 등의 감정보다 자부심이 높은 지위와 더 강한 연합을 보였는데, 특히 분노처럼 그 자체가 높은 지위를 암시하는 감정인 경우에도 마찬가지였다. 자부심은 모든 테스트에서 '자부심 표현과 높은 지위, 비교 표현과 낮은 지위' 조합일 때 훨씬 강한 연합을 보였다. 이것은 누군가가 자부심을 보일 때 우리 뇌에서는 피치 못하게 높은 지위라는 개념이 자극되며, 이 피치 못할 유추가 다른 어떤 감정보다도 자부심에서 더욱 강력하게 일어난다[12]는 뜻이다.

이 연구 결과는 자부심 표현이 사회적 서열 상승의 자격이 있음을 남에게 알리는 지위 신호로 진화되었다는 주장과 일치한다. 하지만 결정적인 증거는 아니다. 자부심은 높은 지위의 메시지를 보내며 이 메시지는 무의식적으로 지각되지만, 이것은 앞의 캐나다 대학생들에게만 해당되는 이야기다. 이 무의식적 지각이 진화의 결과인지, 즉 자부심을 높은 지위로 지각하는 것이 사람의 타고난 본성인지 알기 위해서는 이 메시지가 다른 사람들에게도 무의식적으로 지각되는지를 밝혀내야 할 것이다. 따라서 자부심 표현과 높은 지위의 연합을 학습한 경험이 없을 부르키나파소 부족 같은 집단에 대한 연구가 필요했다.

미국인들은 대개 북아메리카의 대학생들이 자부심 표현을 보고 무의식적으로 높은 지위를 유추하리라고 생각할 것이다. 서구 문화권 사람들은 운동선수가 큰 승리를 거뒀을 때 주먹으로 공중을 때리거나 두 팔을 높이 치켜드는 것, 기업 간부들이 회의 시간에 가슴을 내민 채 팔짱을 끼고 가능한 한 넓은 공간을 차지하고 앉아 있는 것(신조어 '쩍벌남'이 이 행동을 아주 적절하게 말해 준다)이 어떤 의미인지 안다. 서구인들은 이런 사람들이 자신의 지위를 선언하고 있음을 잘 알며, 좀 더 생각해 보면 그 선언을 위해서 그들이 자부심을 이용하고 있다는 것도 알 수 있을 것이다. 그런데 서구인, 특히 미국인들이 일반적으로 이를 알고 있는 이유는 이것이 이들의 문화이기 때문일까? 그러니까 자부심과 높은 지위의 조합이 개인주의적이고 성공 지향적이며 스스로를 높이는 서구의 문화적 전통에 없어서는 안 될 요소이기 때문일까? 아니면 자부심이 오래전 선행 인류 종들의 위계 표현에서 진화해 오늘날 우리에게까지 보편적인 지위 신호로 기능하고 있음을 알고 있기 때문일까?

무의식에 숨겨진 자부심

이 물음에 답하기 위해서는 이 표현이 서양 문화에 대한 지식이 전혀 또는 거의 없는 사람들, 그러니까 '미국인들은 자부심 넘치는 태도를 보이는 사람을 보면 높은 지위를 누릴 만한 사람이라고 생각한다'는 것을 모르는 사람들에게 어떻게 해석되는지를 알아봐야 한다. 이 지식이 없는 사람들이 자부심 표현과 높은 지위 개념 조합에 대해서 마찬가지로 자동적·무의식적인 연합 반응을 보인다면, 이런 연합이 학습이나 서구화의 결과가 아니라 진화를 거쳐서 우리 종 전체에 보편적으로 존재하는 현상임을 시사한다고 할 수 있다.

그러나 이 연구만으로는 충분하지 않다. 어쨌거나 자부심 표현이 인류 보편의 현상이라면 어떤 집단 내에서 자부심과 지위가 연합된 그들 특유의 신호가 발달했을 수 있기 때문이다. 예를 들어 스스로를 높이는 태도를 높이 평가하고 기회만 있으면 자신의 지위를 높이고자 하는 어느 집단을 연구한다면, 자부심 표현과 높은 지위의 개념 조합에 대해 미국인들이 보인 것과 비슷한 반응을 얻을 것이다. 따라서 자부심과 높은 지위 간의 무의식적 연합이 실제로 보편적 현상인지를 알아보기 위해서는, 자부심을 표현하는 사람에게 높은 지위를 부여할 가능성이 '낮은' 집단에서 이 표현이 어떤 영향을 미치는가를 관찰해야 한다. 그런 사회에서는 구성원들이 자부심 표현과 높은 지위의 연합을 학습하지 못했을 테니, 연합이 존재한다면 이것은 사람의 본성임에 틀림없다고 봐야 할 것이다.

이러한 기준에 부합하는 완벽한 사회 집단을 피지Fiji의 작은 섬 야사와에서 찾을 수 있었다. 총 길이가 24킬로미터밖에 되지 않는 야사와 섬은 여섯 개 마을로 이루어져 있는데, 각 마을은 100~350명이 소규모 농사와 고기잡이, 채집 활동으로 살아간다. 이 섬에는 공공시설이 없으며, 전기도 텔레비전도 컴퓨터도 없다. 우체국도 없다. 이 섬에서 가장 가까운 큰 도시는 배를 타고 하루를 가야 도착한다. 요약하자면, 야사와 사람들에게는 서구의 상품이나 언론을 접할 현실적 수단이 없으며, 이들이 어떤 식으로든 서구 문화권 특유의 자부심 표현과 높은 지위 연합을 학습했으리라고는 상상하기 어렵다.

게다가 피지 문화의 특성상 야사와 섬 주민들에게 그들 고유의 '자부심-지위' 연합이 발달했을 것이라고 보기 어려운 요소가 몇 가지 있었다. 피지에서는 모든 인간관계가 극도로 엄격한 위계질서에 의해 지배된다. 혈통으로 세습되는 추장에게 모든 권력이 주어진다. 형제자매조차 대등한 관계가 아니다. 연장자일수록 지위가 높으며, 모든 권위가 첫째에게 주어지고

프라이드

동생들은 그를 존경으로 대한다. 이처럼 인간관계에 서열을 기반으로 한 세부적인 사회적 행동규범과 그에 따른 제약이 존재한다. 피지 사회에서 서열에 영향 받지 않는 인간관계는 거의 없으며, 모든 인간관계가 서열의 차이를 규정하는 사회적 규칙에 의해 형성된다. 끼니때나 마을 주민 모임, 의례 등의 행사 때 주민들이 자리에 앉고 발언하고 먹고 마시는 방식까지 서열을 기반으로 한 규칙을 엄격하게 준수한다.

지위 선언으로 해석될 가능성이 있는 행동에 대한 규범도 있다. 지위가 낮은 사람들에게는 높은 지위를 자랑하려는 것처럼 보이거나 높은 지위를 누려 마땅하다는 듯한 태도로 보일 수 있는 행동이 엄격히 금지된다. 흥미롭게도 지위가 높은 개인들에게도 동일한 규범이 적용된다. 높은 지위의 구성원들은 다른 사람들 앞에서 자신의 지위를 내세워 아랫사람들에게 군림하려는 것으로 보일 행동을 하지 않는 것을 법도로 삼는다. 오히려 지위가 높은 사람은 자주 웃고 사람들과 무람없이 어울리면서 자신의 지위를 낮추려는 태도를 취해야만 한다. 이는 피지 사회에서 지위가 높은 구성원들이 자주 취하는 행동이 자부심의 표현이 아니라 기쁨의 표현이라는 뜻이다.

야사와 섬 주민들의 독특한 관습이 가져온 결과로, 이들은 높은 지위를 뜻하는 비언어적 신호를 보일 필요가 없다. 이는 서열이 전적으로 세습적인 위계 제도로 결정되며, 자신의 지위가 더 높다는 신호가 될 만한 어떤 행동도 금지하기 때문이다.

이러한 요인들을 고려할 때 야사와 주민들에게 높은 지위와 연관되는 그들 특유의 자부심 표현이 발달했을 것 같지는 않다. 따라서 야사와 섬의 개인들이 그럼에도 불구하고 자부심 표현을 높은 지위와 연합해 인식한다면, 이는 곧 진화 가설을 뒷받침하는 근거가 될 것이다. 이들의 문화적 특성상 자부심 표현이 발달하지 못했고 연합을 서구 문화로부터 학습했을 가능성이 지극히 낮다면, 남은 결론은 연합이 우리 뇌에 내장되어 있다는 것뿐이다.

야사와 섬 주민들 사이에 전통적으로 형성되어 있는 사회적 규범과 지위 신호를 볼 때, 이 섬은 자부심-지위 신호 연합의 보편성을 테스트하기 위한 이상적인 장소일 뿐만 아니라 지위와 자부심에 대한 '암묵적' 연합을 평가하기 위해서도 반드시 필요한 곳이다. 야사와 주민들은 노골적인 지위 과시를 금기시하는 문화적 규범을 잘 인지하고 있기 때문에 의식적 차원에서 자부심 표현을 높은 지위를 시사하는 행동으로 여길 가능성은 낮아 보인다. 사실 우리는 자부심에 대한 야사와 주민들의 명시적 판단과 암묵적 판단이 일치하지 않을 수도 있다고 예상했다. 명시적 차원에서 그들은 자부심 표현에 대해 사회적 규범이 규정하는 대로, 즉 높은 지위와 결합하지 않는 것으로 판단할 것이다. 하지만 인간의 뇌가 자부심을 높은 지위 신호로 인식할 수밖에 없도록 진화했다면, 자부심 표현과 높은 지위의 연합에 저항하게 만드는 문화적 규범이 존재할지라도 그 오래된 자동 반응의 잔재를 찾을 수 있을 것이다.

이러한 불일치가 존재하는지를 테스트하기 위해서 나는 동료들과 함께 여러 가지 감정 표현과 지위의 함축 관계에 대한 야사와 주민들의 명시적 사고를 측정하는 연구를 수행했다. 자부심은 이 지역 주민들에게 가장 높은 지위와 연관된 감정이 아닌 것으로 밝혀졌다. 수치심보다는 높았지만 그뿐이었다. 야사와 주민들에게 자부심 표현은 다른 중립적 표현보다 더 높은 지위 신호는 아니었으며, 중립적 표현과 자부심 표현 모두 일반적으로 지위와 무관하게 인지되었다. 하지만 기쁨 표현은 높은 지위를 전달하는 것으로 판단되었다. 이곳 주민들은 기쁨을 가장 높은 지위의 구성원들이 자주 보이는 표현으로 여기는 듯했다.

이 결과는 우리가 피지 문화에 대해 알고 있는 것과 일치한다. 자부심을 표현하는 것은 높은 지위를 향한 욕망을 노골적으로 드러내는 행동으로, 이는 중요한 사회적 규칙을 위반하는 것이다. 그런 사람에 대해서는 높은 지위를 누릴 자격이 없다는 평판이 명시적으로 따라붙는다. 이와 대조적으로, 기쁨을 표현하는 사람은 지위 높은 사람이 해야 마땅한 행동을 하는 것으로 평가받는다. 이런 사람은 남들을 친근하게 대하며, 자신의 지위를 뽐내거나 사람들 위에 군림하려는 기미를 내비치지 않는다.

문제는 피험자들의 이러한 명시적 사고가 더 암묵적이며 자동적으로 나오는 판단과 일치하느냐다. 야사와 주민들의 암묵적 반응이 명시적 사고와 동일하게 나타난다면, 자부심 표현 메시지는 문화권에 따라 다르게 존재함을 시사하며 이 문화권에서는 자부심이 기쁨보다 더 강력한 지위 신호가 아니라는 뜻이 된다. 하지만 암묵적 지위 연합과 명시적 지위 연합에 차이가 난다면, 자부심 표현이 높은 지위와 관련 되는 보편적 현상이라는 가설이 입증되는 것으로 볼 수 있다. 비록 무의식적 차원에서만 그렇다 해도 말이다.

이 문제를 다루기 위해서 우리는 다시 IAT를 수행했는데, 컴퓨터를 사용해 본 적 없는 야사와 사람들에게는 훨씬 더 어려운 과제였다. 그럼에도 불구하고, 피험자들의 암묵적 연합을 이들의 명시적 사고와 대조했더니 두 연합 사이에 눈에 띄게 다른 양상이 나타났다. 야사와 주민들은 수치심 표현과 높은 지위 조합에서보다는 자부심 표현과 높은 지위 조합에서 더 강한 자동 연합을 보였다. 이는 명시적 사고의 결과와 같았다. 하지만 중립적 표현과 높은 지위 조합보다는 자부심 표현과 높은 지위 조합에서 더 강한 자동 연합을 보였다. 명시적 사고를 조사할 때와는 다른 결과였다. 이는 야사와 주민들이 자부심 표현과 높은 지위 조합에 강한 연합을 갖고 있지만 스스로 이 연합을 인지하지 못하고 있음을 시사한다. 명시적 판단에서는 가장 높은 지위의 감정인 기쁨 표현과 자부심 표현을 비교했을 때 동점을 기록했다. 암묵적 차원에서 두 감정 표현 모두 높은 지위와 강한 연합을 보였으며, 그 정도 또한 동등했다.

이 결과에 따르면, 자부심은 높은 지위 메시지를 전달하는 유일한 신호가 아니다. 적어도 야사와 섬에서는 분명히 아니었다. 기쁨 표현 역시 꽤 명확하게 지위 메시지를 전달하는 행동이었다. 하지만 그렇다고 해서 자부심 표현이 지위 신호로 진화하지 않았다는 의미는 아니다. 야사와 주민들이 명시적으로는 기쁨 표현을 자부심보다 훨씬 더 높은 지위의 신호로 받아들였음에도 불구하고, 암묵적 연합의 결과로 미루어 볼 때 이들에게는 자부심에 대한 암묵적 표상과 명시적 표상에 차이, 즉 불일치가 존재한다는 뜻이다. 그들은 명시적으로는 자부심을 높은 지위를 의미하는 감정으로 인식하지 않았으며 기쁨보다 낮은 지위로 평가했다. 하지만 암묵적으로는 자부심을 중립적 감정 표현보다 더 높은 지위로, 나아가 이 문화권에서 가장 높은 지위로 받아들여지는 감정인 기쁨과 동일한 수준의 지위로 받아들였다.

야사와 주민들의 암묵적 자부심 표상과 명시적 자부심 표상 간에 불일치가 존재한다는 이 연구 결과는 이 섬 주민들이 자부심과 높은 지위 간의 무의식적 연합을 학습했을 가능성이 거의 없음을 말해 준다. 설령 이 연합이 너무나 잘 학습된 나머지 자동 반응, 즉 무의식적 반응에 내장되었다고 치더라도, 이것이 명시적 표상에 누락되어 있는 이유는 설명이 되지 않는다. 따라서 자부심 표현은 보편적인 지위 신호로 진화되어 지역과 학습 여부를 불문하고 모든 사람들이 이 표현을 높은 지위로 인지한다고 보는 것이 더욱 타당하다. 그 결과 피지 주민들이 지식을 드러낸 것이다. 그 지식이 문화적 관습과 사회규범으로 인해 명시적 차원에서는 억압[13]되어 있는데도 말이다.

이 연구는 존 케리가 있던 워싱턴 DC의 옛 우체국 건물에서 멀리 떨어진 곳에서 수행되었지만, 그가 예비선거에서 승리한 직후 왜 자부심을 보여 주었는가 하는 물음에 답을 제공한다. 그 현장에 있던 모든 사람들이 케리가 중대한 승리를 거둔 사실을 알고 있었다. 그가 보인 표현은 대중에게 자신의 성공을 알리는 데 그치지 않고 지켜보는 이들의 무의식 속에 자동적으로 어떤 연합 반응을 유발한다. 그렇게 하지 말라고 배웠더라도 반응은 일어났을 일이다. 피지 주민들조차 암묵적으로는 자부심 표현을 높은 지위로 인지했으니, 직전까지 케리의 경쟁자였던 존 에드워즈를 지지한 민주당원들도 같은 반응이 아니었을까.

같은 민주당원이라 해도 존 케리를 놀라운 참전 기록을 보유한 경륜 있는 상원의원이 아니라 여가 시간에 윈드서핑이나 다니는 돈 많은 진보주의자로 여기는 사람이 있다면, 그는 케리의 그 표현을 어떻게 해석했을까? 자동적으로 높은 지위를 연상했을까?

지금까지 언급한 연구들은 이에 대한 답을 내리지 못했다. 이 모든 연구에서 자부심 표현을 접한 사람들이 자동적으로

184   프라이드

보인 무의식적 반응은 여타의 정보가 전무한 상태에서 관찰된 것이었다. 다른 고려할 사항이 없다면, 감정 표현은 강력한 지각 활동을 일으킬 것이다. 하지만 그날 밤 케리를 지켜본 관중은 제각각 방대한 정보로 무장한 사람들이었다. 일상에서 우리가 자부심을 표현하는 사람을 볼 때 그 사람에 대한 다른 정보를 전혀 모르는 경우는 극히 드물다. 그 사람이 높은 지위에 오르는 것이 정당한지 아닌지를 판단할 만한 다른 정보도 있는 것이 일반적이다. 이런 상황이라면, 자부심은 어떤 영향을 미칠까?

자부심이 모든 것을 덮는다

앞서 우리는 메카로 가상의 여행을 떠난 바 있다. 당신은 이 흥미로운 여행 도중에 한 사우디 족장과 마주쳤다. 이번에 그는 혼자가 아니라 충직한 하인과 함께 있다. 비슷한 옷차림을 하고 있어도 두 사람이 다르다는 것은 쉽게 알아볼 수 있을 것이다. 족장은 빈손으로 앞장서서 걷고 있고, 하인은 몇 걸음 뒤에서 무거운 짐을 들고 아등바등 따라가고 있다.

이 장면에 몇 가지 세부 요소를 넣어 보자. 두 사람에게 다가갔는데, 족장이 아닌 하인이 고전적인 자부심 표정과 몸짓을 보이고 있다. 하인은 짐을 들고서도 가슴을 쫙 펴고 고개를 살짝 쳐들고 있다. 그런데 웬걸, 족장의 몸짓도 당혹스럽다. 제대로 본 게 맞나 싶어 자세히 봤더니, 족장은 흐트러진 자세로 고개를 숙이고 있다. 어느 모로 보아도 족장이 보이는 행동은 수치심 표현이다.

억지스러운 이야기처럼 들릴지 몰라도 이는 충분히 일어날 수 있는 일이다. 세계 최고위직 지도자들조차 때로는 수치심을 느끼며, 하찮은 하인들일지라도 때로 자부심을 느낄 수 있다. 이런 경우 그 사람의 지위며 배경에 대해 잘 알지 못하는 이들은 그의 감정 표현을 어떻게 해석할까? 그의 표정과 몸짓만 가지고 역시 자동적 판단을 내리게 될까? 자부심을 표현하는 사람이면 지위가 높을 것이라고 인식하는 우리의 보편적 경향이 그 사람에 대해 우리가 알고 있는 나머지 모든 정보를 무효화시킬까? 놀랍게도 그렇다. 적어도 특정한 상황에서는 무효화된다.

이 점을 입증하기 위해서 나는 동료들과 다시 IAT를 수행했다. 캐나다 대학생들을 대상으로 지위 단어와 자부심 표현 조합에 대한 피험자 개개인의 암묵적 연합을 평가했는데, 이번에는 구체적인 상황을 설정했다. 학생들에게 자부심 표현을 보이는 사람의 지위가 낮다고 미리 알려 준 것이다.[14]

우리는 학생들에게 대학 축구팀에서 함께 뛰고 있는 일란성 쌍둥이 형제의 사진을 보여주겠다고 말했다. 둘 중 마크는 동료 선수들에게 존경받는 MVP 수상자이자 주장이다. 한편 스티브는 실력이 부족한 탓에 실전에 투입될 기회를 좀처럼 얻지 못해서 경기 중 잔심부름꾼으로 보내는 날이 더 많다. 팀 내 위계상으로도 당연히 마크의 지위가 스티브보다 높다. 피험자들이 헷갈릴 것을 방지하기 위해서 우리는 두 사람에게 각각 '주장'과 '음료 공급원'이라고 새겨진 티셔츠를 입히고 사진을 촬영했다(사실 사진에 등장하는 인물은 모두 한 사람이었다. 이렇게 설정함으로써, 두 형제에 대한 판단에 어떤 차이가 발생할 경우 그것이 외모 때문이 아닌 실험 조건으로 인한 것으로 판단할 수 있었다).

피험자들의 과제는 이 두 사람의 사진을 높은 지위의 단어 또는 낮은 지위의 단어와 재빨리 짝을 짓는 것이었다. 사진에서 형제가 중립적인 표현을 보인 경우, 피험자들은 '주장-높은 지위, 음료 공급원-낮은 지위' 연결에 반대의 경우보다 훨씬 빠르게 반응했다. 대다수 대학생들과 마찬가지로, 이 피험자들은 주장과 높은 지위, 음료 공급원과 낮은 지위의 암묵적 연합을 보였으며 이러한 연합으로부터 쌍둥이 형제에 대한 자동적인 지각 반응이 형성되는 것으로 나타났다.

하지만 이 형제가 중립적 표현이 아니라 자신의 서열과 불일치하는 표현을 보일 경우는 어떨까? 즉, 주장이 수치심을 보이고 음료 공급원이 자부심을 보이는 경우에 피험자들은 어떤 반응을 보일까?

그러자 정반대의 양상이 나타났다. 피험자들은 '음료 공급원-높은 지위, 주장- 낮은 지위'에 훨씬 빠르게 반응했다. 쌍둥이 형제의 수치심과 자부심 표현이 축구팀에서 각자 맡은 역

평균 반응 시간 (단위: 밀리세컨드(0.001초))

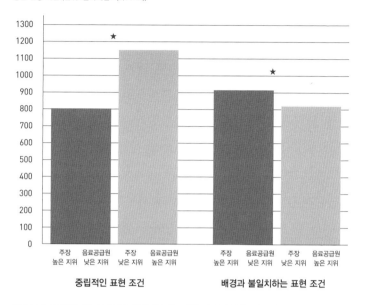

그림 4.3 주장과 음료 공급원 사진에 높은 지위 단어와 낮은 지위 단어를 조합했을 때
보인 평균 반응 시간. 반응 시간이 크면 반응 속도가 느린 것이다. 별표는 두 조건 간에
통계적으로 유의미한 차이가 있음을 나타낸다.

할이 말해 주는 지위 관련 정보를 완전히 뒤엎을 정도로 강력
한 신호를 보낸 것이다(그림 4.3 참고).

이는 자부심 표현이 그 사람의 지위에 관한 정보를 극복할
수 있을 만큼 강력한 신호임을 시사한다. 자부심이 음료 공급
원이라는 하찮은 지위를 덮어 버리고, 수치심은 주장이라는 높
은 지위를 덮은 것이다.

하지만 이 결과가 곧 자부심 표현이 어떤 사람, 어떤 상황에

188   프라이드

서든 높은 지위 신호가 된다는 뜻은 아니다. 이 실험에서 자부심 표정이 음료 공급원 티셔츠를 압도한 이유는 단지 이 티셔츠의 메시지가 그렇게 강한 것이 아니었기 때문일 수도 있다. 이 쌍둥이 형제가 축구팀 내에서는 반대되는 역할과 지위를 맡고 있을지라도 팀을 벗어난 대다수 일상 영역에서는 사회적 지위에 큰 차이가 없을 것이다. 심지어 음료 공급원 스티브가 일부 영역에서는 주장인 마크보다 높은 지위를 누릴지도 모를 일이다. 가령 체스 팀에서는 반대로 스티브가 주장이고 마크가 커피 심부름을 담당할 수도 있다. 이렇게 볼 때 우리 실험의 피험자들은 대학생 사회에 전반적으로 존재하는 복합적 맥락과 다층적 위계에 관한 광범위한 지식을 고려했을 수도 있으며, 이것이 판단에 영향을 미쳤을 가능성도 있다.

그렇다면, 지위와 관련된 배경 정보를 훨씬 더 강력하게 설정함으로써 한 가지 서열 관계만이 아니라 이 사람들의 일상에 존재하는 다양한 인간관계를 포괄할 수 있을 것이다. 우리는 또 하나의 실험을 설계했다. 이번에 쌍둥이는 축구팀 동료가 아니다. 쌍둥이 형은 금융 관련 학위를 받은 성공적인 사업가다. 동생은 슬프게도 파란만장한 인생을 살다가 지금은 노숙자로 살아간다. 사업가와 노숙자라는 이 쌍둥이 형제의 지위 격차는 현대 북아메리카 사회에 존재할 수 있는 가장 큰 지위 및 계층 격차일 것이다. 사람들은 노숙자를 대다수 사람보다 못한 존재일 뿐 아니라 인간 이하라고 느낄 만큼 낮은 지위로 여긴다는 사실이 많은 연구를 통해서 밝혀진 바 있다. 노숙자에 대해 생각하는 것만으로도[15] 우리가 타인에 대해 생각할 때 활성화되는 뇌 부위가 활동을 멈춘다고 한다.

이 쌍둥이 형제의 사진을 본 뒤 피험자들은 IAT 검사를 진행했는데, 이번에도 두 형제 모두 중립적 표현을 보이고 있었다. 당연한 결과겠지만, 피험자들은 '사업가-높은 지위, 노숙자-낮은 지위' 단어를 연결하는 데 그 반대의 경우보다 훨씬 빠르게 반응했다. 이 두 경우 간의 속도 차는 엄청났다. 주장과 음료 공급원 실험에서 보인 차이와 비교할 때 약 3.5배 더 벌어졌다.

다음으로, 사업가 형이 수치심을 표현하고 노숙자 동생이 자부심을 표현하는 경우는 어떨까? 많은 미국인들이 사업가와 노숙자에 대해 갖고 있는 강한 고정관념을 고려하면, 피험자들은 여전히 사업가 형은 높은 지위, 노숙자 동생은 낮은 지위로 바라볼 것이다. 실제로 이 쌍둥이 형제가 본인의 사회적 지위와 상반되는 표현을 보였을 때도 피험자들은 '사업가-높은 지위, 노숙자-낮은 지위' 연합에 더 빠르게 반응했다.

그러나 형제의 자부심 표현과 수치심 표현이 지위에 대한 피험자들의 무의식적 지각 반응에 아무런 영향을 미치지 않은 건 아니었다. 쌍둥이 형제가 중립적 표현을 보였을 때는 사업가가 노숙자보다 훨씬 높은 지위로 지각되었지만, 사업가가 수치심을 보이고 노숙자가 자부심을 보였을 때는 두 형제의 지

평균 반응 시간 (단위: 밀리세컨드(0.001초))

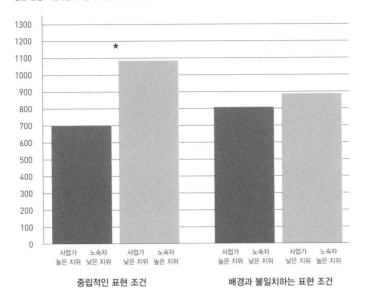

그림 4.4 노숙자와 사업가 사진에 높은 지위 단어와 낮은 지위 단어를 조합했을 때 보인 평균 반응 시간. 반응 시간이 크면 반응 속도가 느린 것이다. 별표는 두 조건 간에 통계적으로 유의미한 차이가 있음을 나타낸다.

위가 동등해졌기 때문이다. 결국 이 연구 결과는 노숙자의 자부심 표현이 노숙자라는 지위를 사업가보다 높여 놓을 정도는 아니더라도 (수치심을 보이는) 사업가와 동등한 지위로 보이게 만들 정도로는[16] 강하다는 의미이다.

따라서 자부심은 모든 지위 신호를 압도할 정도로 강하지는 않아도 그에 상당히 근접하는 힘을 발휘한다. 실제로 이 연구가 말해 주는 것은 자부심 표현은 보는 이에게 그 표현자에 대해 상충하는 여러 정보가 있을 경우에도 효과적인 지위 신호로 기능한다는 것이다. 표현자의 지위가 낮다는 사실을 알 때조차 그 사람의 자부심 넘치는 표정을 봤을 때는 자신도 모르게 그의 지위를 어느 정도는 높게 지각하게 된다. 자부심이 특히 강한 지위 신호임을 시사하는 이 연구는 또한 사회적 서열에 대한 우리의 기본 인식을 다시금 생각하게 해준다. 누군가의 지위에 관해 판단할 때, 우리는 스스로가 그와 관련된 모든 사실을 철저하게 수집하고 세심하게 분류하는 신중한 사람이라고 믿고 싶어 한다. 하지만 실제로 우리가 내리는 판단은 진화를 거쳐 우리에게 유전된, 무의식적 반사작용에 가깝다. 그렇기 때문에 자부심과 같이 강한 감정 표현을 보면 눈 깜짝할 사이에 그 사람에 대한 판단이 나올 수 있는 것이다.

하지만 정말 그럴까? 우리는 자부심을 표현하는 표정과 몸짓을 보고 그 사람의 지위가 높은지 낮은지를 판단할까? 지금까지 내가 언급한 연구에서 토대로 삼은 것은 무의식적 지각 반응이므로, 실제 사회에서 실제로 사람들이 지위에 대해 내리는 판단도 그러한지는 제대로 알 수 없다.

우리는 일상에서 상대의 지위가 높을지 낮을지 유추한 정보를 토대로 온갖 판단과 결정을 내리며 살아간다. 어느 정도는 그렇다. 미국 유권자들이 존 케리에 대해서 내려야 했던 중요한 결정이 있는가 하면, 우리 팀에 누구를 뽑을 것인지, 누구와 친하게 지낼 것인지, 누구와 함께 작업할 것인지, 누구를 고용할 것인지 등 상대적으로 가벼운 결정이 있다. 자부심 표현이 무의식적 지위 신호라면, 그래서 온갖 상충하는 정보에도 불구하고 무시하고 넘어가기 어려운 신호라면 이 표현으로 선거에서 당선되거나 본 경기에 선발되거나 원하는 직장에 취직할 가능성이 커져야 마땅하다.

하지만 그러기 위해서는 자부심의 지위 신호가 우리가 숙고한 끝에 내리는 의식적인 판단에도 영향을 미쳐야 한다. 투표소에 들어서서 두 눈 꾹 감고 되는 대로 찍는 사람은 드물 것이다. 관리자가 직원을 채용하는데 심사숙고할 틈도 없이 후딱 결정하는 상황은 상상하기 어렵다. 이처럼 실제 상황, 특히 사람들이 시간과 의향을 갖고 관련된 모든 정보를 신중하게 고려하는 경우에도 자부심 표현이 영향을 미칠까? 다시 말해 심사숙고가 가능한 상황에서도, 잠깐 스쳐 지나가는 이런 감정 표현이 서로 모순되는 각종 정보들보다 더 중요하게 작용할까?

누구를 고용할 것인가

이 의문을 풀기 위해, 우리는 사람들이 일상에서 내려야 하는 중대한 지위 관련 결정 중 하나인 '누구를 고용할 것인가'를 주제로[17] 연구를 수행했다. 우리는 캐나다 대학생들에게 기업들이 일반적으로 구직자와 관련해 검토하는 자료들을 제공했다. 먼저, 학생들은 높은 지위의 일자리인 은행 지점장직에 응시한 구직자의 면접 영상을 보았다. 구직자 한 사람(남성일 경우 케네스, 여성일 경우 캐서린)이 책상 너머에 앉은 면접관의 질문에 정중하게 대답하고 있었다. 피험자들은 모르는 사실이지만, 구직자 역할을 한 이들은 모두 우리 연구 팀의 조교로 대본을 미리 암기해 질문에 답한 것이었다. 이 구직자는 답변을 하면서 자부심 표현 또는 수치심 표정 중 하나를 최대한 생생하게 드러냈다. 자부심을 표현하는 경우, 공간을 최대한 넓게 사용하면서 의자에 앉은 채로 상체를 활짝 폈다. 말하는 동안에는 손짓도 많이 사용했고 중간중간 과장되게 두 팔을 흔들었다. 고개는 높이 들고 면접 담당자를 정면으로 응시했다. 한편 수치심을 표현하는 경우에는 어깨를 축 늘어뜨리고 두 손은 무릎 위에 얌전히 놓은 채 눈빛은 시종 아래로 향했다.

이는 사람의 감정 표현을 통해 그의 지위를 유추할 수 있는 상황이다. 즉, 고용주가 구직자의 자격을 판단할 때 구직자의 감정 표현이 영향을 미칠 수 있다. 하지만 이것이 지위를 유추하는 유일한 방법은 아닌데, 사실 누구를 채용할 것인지를 결정할 때 판단에 훨씬 더 도움이 되는 것은 응시자의 이력서이다. 이 연구에서 피험자들은 두 구직자의 이력서도 확인했다. 둘 중 한 사람의 이력서는 구직자가 우수한 인재임을 보여 주는 내용으로, 여기서 그는 캐나다 최고의 학부에서 다양한 과외 활동에 참여하고 높은 학점을 이수한 재원이다. 게다가 프랑스어에도 능통한데, 프랑스어는 캐나다인들이 캐나다의 국

프라이드

민 스포츠인 하키 급으로 중시하는 능력이다. 다른 한 사람의 이력서는 그에 훨씬 못 미치는 수준으로, 전문대를 졸업했고 학점도 그저 그랬다. 과외 활동이나 봉사 활동 이력도 없고, 소속 없이 어쩌다가 마음에 맞는 사람들과 하는 운동에 참여하며 프랑스어는 조금 하는 수준이다.

이 두 이력서는 응시자들 간의 격차를 명확하게 보여 주며 누가 적임자인지를 확실하게 말해 준다. 우리 연구진은 피험자들에게 빨리 또는 자동적으로 판단하도록 요청하지 않았다. 실제 고용주가 결정을 내리듯 영상과 이력서를 원하는 만큼 살펴본 뒤 의사를 결정하게 했다. 이런 상황에서 자부심과 수치심이 과연 판단에 영향을 미칠까? 이력서상으로는 자격이 부족하다고 해도, 피험자들은 수치심을 표현한 구직자보다 자부심을 표현한 구직자를 선택하려고 할까?

과연 그랬다. 이력서상의 자격에 상관없이 피험자들은 수치심을 보인 후보보다 자부심을 보인 후보를 더 많이 선택하는 경향을 보였다. 면접 때 자부심을 표현하는 것은 형편없는 이력서의 효력을 지워 버릴 만큼 강력했으며, 뛰어난 이력서로도 수치심 표현이 낳는 부정적인 효과는 극복할 수 없었다. 피험자들이 이력서를 대충 훑어봤기 때문에 이런 결과가 나온 게 아닐지 의심할지도 모르겠다. 그러나 어느 후보가 더 총명할 것 같은지 물었을 때는 구직자들의 감정 표현이 아무런 영향을 미치지 않았다. 그들의 선택은 명료했다. 자부심을 보였건 수치심을 보였건, 이력서상으로 뛰어난 구직자가 그렇지 않은 구직자보다 훨씬 똑똑해 보인다고 평가한 것이다.

이 결과에 대해서는 여러 가지 해석이 가능하다. 우선, 피험자들이 구직자의 수치심 어린 표정과 몸짓 때문에 그 후보에 대한 흥미를 잃었을 수 있다. 면접이 진행되는 내내 어깨를 늘어뜨리고 발밑만 내려다보는 것은 직장을 구하는 데 결코 도움이 되는 태도가 아니다. 또 한 가지 해석으로, 은행 지점장이 지적 능력보다는 지위가 훨씬 중요한 직업이라고 여겼을 가능성도 있다. 하지만 그러한 가능성이 연구 결과에 기여했다손 치더라도, 결론은 달라지지 않을 것이다. 구직 면접 때 자부심을 보이는 것은 훌륭한 전략이다. 자부심 표현은 원하는 일자리를 가져다줄 수 있을 정도로 강력한 높은 지위 신호다. 설사 그만한 지위에 걸맞은 능력자가 아니더라도 말이다.

종합하자면, 여러 연구의 결과들은 자부심 표현이 진화된 감정 표현일 뿐만 아니라 진화된 지위 신호임을 시사한다. 지역과 민족을 불문하고 사람이 어떤 성공을 경험한 뒤 자부심을 표현하는 것은 이것이 자신의 사회적 지위에 대한 메시지를 전달하는 적응적 행동이기 때문이다. 자부심을 내보이는 것은 자신에게 그만큼 높은 지위로 올라갈 자격이 있음을 알리는 것이며, 이러한 표현은 그 정보를 보는 사람이 무시할 수도 피할 수도 없는 방식으로 전달된다. 보는 이 스스로도 어찌할 도리 없이 무의식 속에서 자동적으로 지각되는 것이다. 그리고 이러한 자부심 표현은 표현자의 지위와 관련해서 상충되는 여타의 정보를 지울 정도로 강력한 힘을 발휘해, 현실 세계에서 지위를 기반으로 이루어지는 선택과 결정에 영향을 미친다.

이런 결론을 뒷받침하는 근거로, 자부심의 몸짓이 그 몸짓을 취하는 사람의 주관적인 경험에 영향을 준다는 여러 연구 결과가 있다. 자부심을 표현하면 스스로가 힘 있는 존재로 느껴지고, 사회적 서열과 연관된 호르몬[18]인 남성 호르몬이 증가할[19] 수도 있다. 그렇다고 해서 적절치 않은 상황에서도 자부심을 표현하는 것이 무조건 좋다는 뜻은 아니다. 그럼에도 불구하고, 이 연구에서 우리는 자부심 표현이 행위자 자신의 자아상에 영향을 미칠 정도로 강력한 인류 보편의 지위 신호라는 결론을 내릴 수 있었다.

이 결론은 내가 자부심의 비언어적 표현에 대해 제기했던, '왜'라는 궁극의 질문에 답해 준다. 이제 우리는 우리 인간이 성공을 거두었을 때 왜 이러한 비언어적 행동을 보이는지 어느 정도 알게 됐으며, 인간은 타인의 이런 행동이 자부심의 표현임을 인지한다는 사실도 알게 되었다. 하지만 이 연구로는 그 질문에 대한 답을 아직 다 밝혀내지 못했다. 인간은 왜 자부심을 느끼는가? 진화적 측면에서 우리가 성공했을 때 자부심을 느끼는 이유는 무엇인가?

우리는 이 물음에 답을 찾기 위해 3장에서 자아의 적응적 결과를 살펴봤지만, 5장에서는 좀 더 구체적으로 '자부심을 느끼는 것', 즉 자부심 경험이 자부심 표현과 동일한 적응적 기능을 수행하는가를 살펴볼 것이다. 이는 자부심에 서로 다른 두 가지 방식이 있음을 시사하는 연구 결과로 인해 상당히 복잡해지는데, 바로 진정한 자부심과 오만한 자부심이 그것이다. 그런데 이 두 유형의 자부심 경험이 모두 적응적 행동일까? 만약 그렇다면 오만한 자부심이 우리에게 이로운 것이며, 우리는 자기 혼자 잘난 줄 아는 얼간이가 될 유형의 자부심을 경험하도록 진화했다는 뜻이 될 것이다.

나쁜 자부심이 알고 보면 우리 종에게 유리한 것일까? 오만은 우리의 본성일까?

5
프라이드의 강력한 힘

오바마의 자부심, 트럼프의 자부심

2011년 5월 2일, 버락 오바마의 기자회견이 미국 전역에 방송되었다. 수백만 미국인이 지켜보는 가운데 오바마 대통령은 몇 시간 동안 떠돌던 소문의 진상을 발표했다. 미 해군 네이비실*이 알카에다 지도자인 오사마 빈 라덴—미 역사상 가장 큰 인명을 살상한 테러를 주도한 인물—이 은신해 있던 파키스탄의 안가를 기습하여 제거에 성공한 것이다. 오바마는 특유의 침착한 어조보다 훨씬 더 자신감에 찬 목소리로 이 소식을 전

---

* 대테러 작전을 수행하는 특수부대 – 옮긴이

세계에 알렸다.

저는 취임 직후 빈 라덴의 사살 또는 생포를 알카에다와의 전쟁에서 최우선 과제로 정했습니다. […] 수년에 걸친 정보 당국의 끈질긴 노력 끝에 저는 빈 라덴의 행방에 대한 단서를 포착했다는 보고를 받았습니다. 확신하기는 일렀지만, 수개월 추적 끝에 확인이 되었습니다. 그러는 동안 저는 국가 안보팀과 계속해서 회동했습니다. […] 마침내 지난주, 행동을 개시할 만한 충분한 정보가 수집되었다는 판단 하에 저는 오사마 빈 라덴에게 정의의 심판을 내리게 할 작전을 승인했습니다. 오늘, 저의 지시에 따라, 미국은 파키스탄 아보타바드에 있는 빈 라덴의 은신 지역을 표적으로 작전을 개시했습니다. […]

지난 20년간 빈 라덴은 알카에다의 지도자이자 상징으로 미국과 미국의 우방국 및 동맹국을 겨냥한 공격을 끊임없이 획책해 왔습니다. 빈 라덴의 죽음은 알카에다를 소탕하기 위한 미국의 노력 가운데 가장 중대한 성과입니다.

그날 밤의 연설은 두말할 것 없이 오바마의 임기 중 가장 중요한 연설로 꼽힐 것이다. 오바마가 자신의 감정을 표현하는 어휘로 '자랑스럽다'를 사용하지 않았음에도, 확신에 넘쳐 힘주어 말하는 그의 태도와 연설문에 사용된 다른 어휘에서 전달되는 것은 단연코 자랑스러움이다. 가령 그는 '우리'를 쓰는

프라이드

대신 자신에게 초점을 맞춘 대명사인 '나/저'를 반복해서 사용했다.

사람은 누구나 자신의 성취에 자부심을 느낀다. 하지만 힘 있는 사람들에게 자부심은 단지 객체적 자아, 즉 우리의 정체성을 구성하며 정의하는 정신적 표상들의 집합에 대해 기분 좋게 느끼는 것 이상의 감정이다. 이들에게 자부심이란 자존감이 고양되는 좋은 느낌, 그 이상의 감정이다. 자부심은 힘 있는 사람들이 현재의 그 위치로 올라가는 데 기여한 감정이다. 지금까지 살펴보았듯이 자부심은 지위에 대한 메시지를 전달한다. 자부심을 표현하는 사람을 보면, 우리는 자기도 모르게 그의 사회적 지위가 높은 것으로 지각하며 거기에 걸맞게 그 사람을 대하게 된다. 의식적으로는 그가 그럴 자격이 되지 않는 사람이라고 생각할지라도[1] 말이다. 만약 우리가 어떤 사람에게서 이 표현을 보지 않고서도 그가 자부심을 느낀다는 것을 안다면, 그는 높은 지위를 누릴 자격이 충분한 사람이라[2]는 뜻이다.

오바마는 그날 밤 되도록이면 자랑스러운 표정을 보이지 않도록 자제했을지도 모른다. 그럼에도 그의 자부심은 충분히 전달됐다. 이것이 그에게는 득이 된다. 그날 연설을 듣거나 본 사람들은 즉각적으로 오바마를 빈 라덴의 죽음에 최고 책임자이자 가장 큰 공을 세운 사람으로 느꼈다. 지지도는 치솟았고, 전문가들은 2012년 대선에서 재선은 떼어 놓은 당상이라고 보았다.

물론 알카에다 소탕 작전과 그 성공에서 전달된 자부심이 오바마가 2012년 대선에서 승리한 유일한 이유는 아니었다(미트 롬니의 "여자들의 이력서 뭉치"* 발언이 한몫했을 수는 있다). 하지만 큰 역할을 한 것만은 분명하다. 만약 이 연설 중 오바마에게서 자부심이 스며 나오지 않았더라도 이 같은 성취를 얻었을까? 그랬을지도 모른다. 자부심을 전달하는 것이 사회적 계층의 사다리를 올라가는 유일한 방법은 아니니 말이다. 그럼에도 이런 표현은 효과적인 방법이다. 오바마는 자신감을 표현함으로써 미국 대통령으로서 역사에 길이 남을 위대한 업적을 세운 자신이 지위가 격상될 자격이 있는 존재임을 확고하게 보여줬다.

힘 있는 사람들이 중대한 업적에서 느끼는 자부심을 공개적으로 표현함으로써 지위의 격상을 추구한 사례는 차고 넘친다. 또 한 사례를 보자. 오바마가 아보타바드의 승전 소식을 세계에 전하기 일주일 전, 부동산 재벌 도널드 트럼프가 기자회견을 열었다. 회견 주제는 오바마와 달랐지만, 오바마와 마찬가지로 그 역시 자부심을 느꼈고, 그 역시 세계에 알리고 싶어 했다. 자신이 한동안 엄청나게 중요한 프로젝트에 매달려 왔는데, 마침내 성공했다는 것이다. 회견에 모인 사람들에게 그는

---

* 2012년 미국 대선 후보 토론회에서 공화당 후보였던 롬니가 '임금 평등' 문제 질문에 여성의 이력서가 심사조차 되지 않는 상황을 가리켜 사용한 표현 - 옮긴이

이렇게 말했다.

> 나는 내가 아주 자랑스럽습니다. 왜냐면 그 누구도 성취하지
> 못한 것을 내가 해냈기 때문입니다. 방금 소식이 들어왔어요.
> [⋯] 우리 대통령께서 드디어 출생증명서를 공개했군요.

트럼프와 오바마는 여러 방면에서 닮은 점이 많다. 이 기자
회견이 있던 시점에 두 사람은 모두 고위 지도자였다. 오바마
는 세계에서 가장 강한 나라의 대통령이었고, 트럼프는 부동산
과 호텔, 골프장, 독점 판매 TV 프로그램 등을 주요 사업으로
하는 거대 복합 기업으로 순자산 규모가 29억 달러가 넘는 트
럼프그룹의 CEO이자 회장이었다. 그리고 두 사람 모두 자부
심 덕분에 그러한 높은 지위에 도달할 수 있었다. 자부심을 사
람들에게 보여 줌으로써 자신들이 지도자 감이라는 것을 세계
에 알린 것이다. 자부심을 느끼고자 하는 욕구가 그들을 현재
의 자신이 되도록 이끈 힘이었다.
　하지만 알다시피 자부심은 하나로 규정되는 것이 아니다.
우리가 경험하는 자부심에는 두 가지가 있으며, 오바마와 트럼
프가 각자의 기자회견에서 각각 느낀 자부심이 어느 유형인지
는 어렵지 않게 구별할 수 있을 것이다.
　오바마의 자부심은 진정한 자부심이란 어떤 것인지를 보여
주는 하나의 모범사례다. 그것은 사람이 성취감을 느낄 때 오

는 자부심, 타인을 배려하게 만드는 자부심이다. 오만한 자부심이 강박적으로 자신에게만 집중하게 만드는 반면 진정한 자부심은 타인에 대한 이해와 배려를 낳아 타인에게 집중하도록 만든다. 따라서 빈 라덴의 죽음이 자신의 업적임에도 오바마는 미군 병사들과 자신의 자문단 위원들 등 타인과 그 공을 나누었다. 또한 진정한 자부심은 성공의 원인을 근면이나 헌신처럼 자신의 노력으로 변화시킬 수 있는 요소로 여길 때 느끼는 감정이다. 오바마도 당시의 연설에서 이를 강조했다. 작전을 성공하기까지 한 일이 무엇이었는지, 그러니까 어떤 단계를 밟았으며 어떤 노력을 쏟아부었고 어떤 위험을 감수했는지 상세하게 짚어 설명했다. 연설의 이런 세부 요소들 외에 오바마의 개성도 진정한 자부심을 느끼는 사람들의 성향에 부합하는 듯하다. 오바마는 정서적으로 좀처럼 흥분하지 않고 성격은 유쾌하며 또한 노력파다. 이러한 요소들을 고려할 때 오바마가 그날 경험한 감정은 진정한 자부심이었다고 추정할 수 있다.

한편 트럼프는 어떤 자부심을 경험했을까? 그는 오바마와 달리 자신의 성취를 다른 사람의 공으로 돌리려 들지 않았다. 아닌 게 아니라, 그는 자신이 이루어 낸 것은 다른 사람은 결코 할 수 없는 일이었음을 분명히 했다. 다른 어떤 사람의 공로도 아니라는 것이다. 트럼프의 자부심은 상당히 극단적으로 느껴지는데, 그 업적이라고 하는 것이 과연 유익한지 미심쩍은 상황을 볼 때 더더욱 그렇다. 오바마 정부가 이미 몇 년 전 하와

이 당국이 발급한 간이 출생증명서를 공개했을 뿐만 아니라 오바마의 출생지나 국적에 의문을 제기해야 할 논리적 근거가 하등 없었기 때문이다. 하지만 이런 식의 과장된 태도가 트럼프 자신에게는 유별날 것도 없는 일이다. 그는 막대한 재산과 사업가적 수완으로 유명할 뿐만 아니라, 이에 대해 거침없이 자랑하는 허풍스러운 태도 자체로도 유명하다. 사업가든 재벌이든 개발업자든, 트럼프만큼 모든 업적에 자기를 부여하려고 애쓰는 사람은 없을 것이다. 건물이면 건물, 호텔이면 호텔, 레스토랑에 골프장, 심지어 향수에까지 자기 이름을 붙이니[3] 말이다.

그날 트럼프의 연설은 오만한 자부심이란 무엇인가를 보여 준 완벽한 예로, 진정한 자부심을 보여 준 오바마와 대조되어 더욱 두드러진다. 형태는 아주 상반될지언정 두 사람 다 자부심 덕을 톡톡히 본 듯하다. 트럼프는 오만한 자부심 성향이 있는 듯하지만, 사회적 계층의 사다리에서 정상에 올랐다. 사업에서나 인생에서나 펜트하우스를 차지했달까.

트럼프의 성공이 오만한 자부심에 대해서 무엇을 말해 줄까? 진정한 자부심은 성공을 위해 열심히 일하게 만들며 도덕적으로 행동하게 만든다. 그리고 훌륭한 사람이 되고자 노력하게 만든다. 이는 지도자의 자질이 되는 자부심이다. 그러나 오만한 자부심은 완전히 다른 결과를 낳는다. 오만한 자부심을 느끼는 사람은 타인에게 공감하지 않고 무례하며 심지어는 호전적이다. 오만한 자부심을 느끼는 사람들은 충동적이고 비양심적인 성향을 보이는데, 이는 목적 달성을 어렵게 한다. 이런 감정을 주로 경험하는 사람이 어떻게 자신의 분야에서 높은 지위의 대가가 되겠는가. 과연 도널드 트럼프는 그런 감정의 힘을 통해 현재의 지위에 올랐을까?

이 물음에 답을 구하기 위해서는 한걸음 물러나 '사람들이 어떻게 높은 지위를 획득하는가'를 다루는 지위 획득 심리학을 탐구할 필요가 있다. 우리의 지도자들이 어떻게 지도자가 되는지, 그들을 사회적 위계의 정상에 올려놓는 것은 무엇인지를 살펴봐야 한다. 우선, 광의의 이 질문을 던질 필요가 있다. '높은 지위를 얻는다는 것은 무엇을 의미하는가?'

위협인가 존경인가

이 책에서 지금까지 나는 지위를 사람에게 힘을 주는 어떤 것으로 이야기해 왔다. 높은 지위를 가진 사람들은 자신이 원하는 직장을 얻거나 공직에 선출될 가능성이 더 크다. 높은 지위를 얻는다는 것은 계급 조직의 정상에 올라 가장 좋은 것 혹은 가장 많은 것을 갖는 사람이 됨을 의미한다. 만인에게 칭송받으며 높이 평가받는 사람, 타인의 말과 행동, 어쩌면 생각까지도 통제하는 사람, 모든 이가 두려워하는 사람이 된다는 것을 의미한다.

꽤나 엉성해 보이는 정의이긴 하지만, 이를 조금 뜯어보면 높은 지위라는 것이 어떤 한 가지가 아니라는 사실이 분명해 진다. 이 정의가 말하는 바는 적어도 서너 가지고, 그 하나하나 는 높은 지위에 올라간다는 것의 의미를 어느 정도 말해 주긴 하지만 사실상 그중 어느 것도 이 개념을 완전하게 설명해 주 지는 못한다. 타인에게 영향을 미치는 힘을 갖게 된다는 것이 곧 존경받는 사람이 된다는 뜻은 아니다. 그렇다고 해서 두려 움의 대상이 되는 것도 아니며, 가장 많은 자원을 다 갖게 된다 는 뜻도 아니다. 그럼에도 불구하고, 이 각각의 개념은 높은 서 열 또는 지위를 얻는다는 것이 무엇을 뜻하는지 말해 준다.

이처럼 사회적 지위도 자부심과 마찬가지로 생각보다 훨씬 복잡한 개념이다. 하지만 자부심과 달리 지위에 관해서는 다양 한 연구가 이루어져 있다. 오히려 연구가 너무 많아서 복잡할 지경으로, 많은 학과에서 이 개념에 대한 정의를 시도하고 있 지만 학제간 토론은 활발하지 않은 상황이다.

사회적 지위가 사회적 영향력을 의미한다는 데 동의하지 않 을 사람은 없을 것이다. 즉, 사회적 위계 최정상에 오른 사람들 이 주위의 다른 사람들이 하는 일을 결정할 수 있다는 것이다. 이 힘의 획득은 또한 자원의 획득으로도 이어진다. 높은 지위 에 오른 사람들은 자신의 영향력을 이용하여 그 집단에서 가 장 중요하게 여기는 것을 더 많이 획득할 기회를 얻으며, 보통 은 실제로 획득한다. 여기에서 그 자원은 음식, 돈, 차, 옷 등이 될 수 있으며 또는 매력적인 연인, 나아가서는 충성을 다해 헌신하는 추종자가 될 수도 있다.

이는 높은 지위의 '결과물'만을 이야기한 것이다. 높은 지위는 이렇듯 진화적 적응도를 상승시키는 어떤 것이며, 따라서 대부분의 사회에서 대다수의 구성원이 높은 지위를 원한다. 하지만 무엇이 그런 높은 지위를 가져다주는 것일까? 타인의 존경일까 아니면 두려움일까?

이 물음에 대해 진화심리학자들이 상당히 타당해 보이는 한 가지 답을 내놓았다. 생물학자들이 동물계에서 일어나는 현상을 토대로 제시한 지위 이론을 실마리로 진화학자들은 지위의 개념을 '타인을 겁먹게 함으로써 획득한 힘'이라고 정의하면서 위협감을 그 범주에 포함시켰다. 높은 지위―진화심리학자들의 표현으로는, 힘의 우위에 의한 지배―는 동물계에서나 인간 세계에서나 거의 동일하다는 설명인데, 요컨대 높은 지위란 싸움에서 이기는 능력이라는 주장이다. 자신에게 복종하지 않으면 안 된다는 것을 보여 줌으로써 타인을 효과적으로 지배하는 사람이 궁극적으로는 사회 계층의 사다리에서 상단을 차지한다는 근거는 실제로 무수히 많다.

강압적이고 독단적이고 호전적인 사람들이 높은 지위를 획득하는 경향이 있으며, 어떤 집단에서는 총명하나 거칠지 않은 구성원들보다 이런 사람들이 지도자의 지위를 차지하는 경향이 있다. 이들은 흔히 말하는 '나쁜 놈'인 경우가 많다. 그럼에도 불구하고 그런 사람들이 성공한다는 것은 부인하기 어렵다.[5] 이 점을 잘 간파한 것이 마키아벨리의 유명한 저작『군주론』이다. 그는 권력을 지키고 싶어 하는 이탈리아의 통치자들에게 이렇게 조언했다. "사랑받는 것보다 두려움의 대상이 되는 편이 훨씬 안전하다."

이로써 앞의 질문에 충분한 답을 얻은 것일까? 아직은 아니다. 전혀 다른 이론도 존재하기 때문이다. 주로 사회심리학과 조직행동론에서 주장하는 이 이론은 현대의 인간 사회에서는 협박과 위협이 비효율적인 성공 수단이라고 주장한다. 이 주장은 진화심리학의 주장과 정면으로 배치되는데, "개인들은 남을 겁주고 협박하는 행동이 아니라[6] [⋯] (차라리) 높은 수준의 유능함, 관대함, 헌신을 보여 줄 수 있는 행동을 통해서 높은 지위를 획득한다"는 입장이다.

이 관점에 따르면, 사람들은 오만하고 군림하는 태도가 아닌 친절한 태도와 유능함으로[7] 높은 지위에 오른다. 지위 높은 지도자들은 사회가 가장 높이 평가하는 기술이나 지식을 소유한 사람들이다. 그들은 다른 사람들이 배우고 싶어 하는 것을 할 줄 아는 사람들이며, 정확히 이를 행함으로써 자신이 속한 집단에 기여하고 사람들에게 그 방법을 가르친다. 어떤 성취에 대한 반응으로 자부심을 표현함으로써 보는 이들에게 자신이 높은 지위로 올라갈 자격이 있다는 메시지를 전달하는데, 지위는 성취를 통해서 획득되기 때문이다(사실 지금까지 내가 이야기해 온 지위의 개념도 그렇다).

지위 획득에 관한 이 이론은 먼저 언급한 이론과 마찬가지로 우리가 이미 알고 있는 바와 다르지 않다. 사회의 지도자처럼 높은 지위는 자격이 있는 사람, 그러니까 집단에 가장 크게 기여하며 그 지도력이 다수 여론의 지지를 받는 구성원에게 주어지며, 또 그래야 한다는 것 말이다. 이런 방식의 지위 '할당' 제도는 가장 유능한 지도자에게 책임을 맡길 수 있을 뿐만 아니라, 제도적으로 공정성과 적법성을 부여하여 위계질서에 안정을 가져오고, 하층부에서 발생할 수 있는 봉기의 위험을 예방하는 이점이 있다. 이 주장을 뒷받침하는 실증적 연구가 있는데, 사람들의 눈에 유능하고 지혜롭고 관대하며[8] 사회에 헌신하는 것으로 보이는 사람일수록 사회에 큰 영향을 미치는 것으로 나타났다. 이런 연구 결과를 토대로 여러 학자들은 인간 사회에서는 협박이나 물리적 위협을 바탕으로 하는 위계 관계가 지지를 받지 못한다고[9] 주장한다.

이 접근법이 앞에서 살펴본 진화심리학자들의 주장과 어울릴 수 있을까? 지위는 능력과 친절함으로 획득되는 것일까 아니면 위협과 공격성으로 획득되는 것일까?

자부심과 권력

2001년에 진화인류학자 조지프 헨리히와 프랜시스코 길-화이트는 지위를 관대함, 배려심, 선함 등의 자질을 통해 획득하는 것으로 보는 관점과 이기심, 냉혹함, 악함 등의 자질을 통해[10] 획득하는 것으로 보는 관점 간의 대립 지점을 해결할 방안으로 하나의 통합적 패러다임을 제안했다. 지위란 무엇이며, 이를 어떻게 획득하는가를 설명하기 위한 가설 모델이었다.

이 모델은 수년간 전통적인 소규모 사회의 지위 변화를 관찰해 온 다른 인류학자들의 연구 결과를 토대로 삼았다. 그러한 소규모 공동체 가운데 가장 평등한 곳이라고 해도 사회적 관계의 줄기를 가르는 일련의 서열 제도는 있는 듯했다. 하지만 이 제도가 단순하게 하나의 무언가로 설명되는 경우는 드물었다. 많은 소규모 사회의 위계구조를 보면 대체로 두 가지 원리가 적용되는 것으로 보였다. 그중 하나가 '힘의 우위에 의한 지배'다. 타인을 겁먹게 하고 조종하고 협박함으로써 높은 지위를 획득하는 방식 말이다. 다른 하나는 '신망'으로, 기술과 유능함, 지혜를 보유함과 더불어 그러한 능력에서 발생한 이익을 기꺼이 타인과 나누고자 하는 태도를 보여 줌으로써 높은 지위를 획득하는 방식이다. 이를테면 아마존의 소규모 사회인 치마네Tsimane 부족 공동체에서는 덩치가 크고 힘센 사람, 다시 말해 타인에게 위협이 되며 두려움을 일으킬 수 있는 사람에게 높은 지위가 주어지지만, 덩치와는 상관없이 사냥 기술이 뛰어나면서 포획물에서 나온 고기를[11] 너그럽게 나눠 줄 줄 아는 사람도 높은 지위를 얻는다.

돌이켜보면 이는 뻔한 소리로 느껴지기도 한다. 지위 획득 방식에 대한 상반된 두 이론이 있다. 그런데 둘 다 타당하다면, 둘 다 옳을 수 있는 것 아닌가? 하지만 헨리히와 길-화이트의 모델은 단지 뻔한 결과를 진술한 것이 아니었다. 그들은 수학자들이 정리를 유도할 때 쓰는 것과 동일한 방식으로, 세밀하게 구성한 진화 이론의 논리로부터 이 모델을 유도했다.

그들이 세운 첫째 논거는 '사람은 동물이다'였다. 따라서 엄밀히 말하자면 다른 모든 동물과 마찬가지로 우리 종도 더 강한 사람, 즉 싸움에서 이길 능력이 있는 사람에게 권력을 부여한다고 봐야 할 것이다. 물론 오늘날 인간 사회에서는 몸싸움이 높은 지위를 차지하는 전형적인 방법은 아니지만, 싸움이 반드시 물리적 싸움을 의미하지는 않는다. 상대방이 나를 때려눕힐 것이라고 생각해야만 두려움이 일어나는 것은 아니다. 직원에게 자신의 명령에 의문을 제기한다면 언제라도 해고하겠다고 위협하는 사장을 생각해 보자. 상대를 겁먹게 하려면, 자신이 그의 생계를 언제든 빼앗을 수 있으며 또 이를 실제로 행할 사람이라는 신호만 보내도 충분하다.

우리 시대에 가장 탁월한 지도자 다수가 바로 이 지배 전략을 구사한다는 것은 익히 알려진 일이다. 애플 사의 창업자이자 오랜 기간 CEO 지위에 있었던 스티브 잡스는 이런 식으로 개발자들에게 버럭버럭 소리를 질러 동기를 부여한 것으로 유명했다. "당신이 내 회사를 말아먹고 있어"라거나 "우리가 실패한다면 당신 탓인 줄 알아"[12]라고 말한 것이다.

하지만 인간 사회의 지위 역학 관계에서 효력을 발휘하는 방식이 이것만은 아니다. 사람이 여타의 동물과 다른 것은 문화적 존재라는 점이다. 우리는 문화적 지식과 지혜에 의존해 살아간다. 우리가 이렇게 독특한 종이 될 수 있었던 한 가지 이유는 필요할 때마다 바퀴를 새로 발명하지 않아도 됐기 때문이다. 우리는 우리 사회의 다른 사람들에게 바퀴뿐 아니라 그 밖의 유용한 많은 것을 배운다.

사회화된다는 것에는 살아남는 법과 관련해[13] 사회에 집적된 지식을 배운다는 뜻도 포함된다. 헨리히와 길-화이트가 연구한 소규모 사회에서는 카누 만드는 법, 최상의 열매가 열리는 곳, 출산 방법 따위가 이런 문화적 지식이다. 현대의 서구 사회에서 문화적 지식이라 하면 읽기, 기본 셈법, 돈을 지불하고 먹을 것을 사는 방법, 컴퓨터와 스마트폰 사용법 따위가 살아남는 법처럼 중요하겠지만 말이다.

사람에게는 자신이 속한 사회에 집적된 지식을 습득하는 방법을 찾는 것이 무엇보다 중요하다. 자기가 속한 사회에서 먹을 것 구하는 법을 배우는 사람과 그렇지 않은 사람이 번식과 자원 획득에서 성공할 확률은 어떻게 될까? 결국 문화적 지식을 습득하는 것은 필수며, 이는 인간이 진화해 온 과정에서 기술이 뛰어난 사람 또는 지혜로운 사람으로부터 필요한 지식을 어떻게 얻을 것인지를 알아낸 사람들에게 분명한 적응적 이점이 있었다는 뜻이다. 헨리히와 길-화이트는 이 오래된 문화적 지혜 모델을 '신망'으로 명명했다. 신망 있는 개인들은 집단 내에서 가장 힘세거나 가장 부유한 구성원이라기보다는 가장 똑똑하거나 가장 유능하거나 그 사회가 가장 중요하게 여기는 영역에 특히 정통한 사람이었을 것이다.

이 신망 있는 개인들로 하여금 그들이 알고 있는 것이나 획득한 이익을 사회와 나누게 하는 한 가지 방법은 바로 그들에게 권력을 주는 것이다. 이 전문가들에게 통치할 권한을 주고 결정을 내리게 하며, 공동의 자원에서 큰 부분을 넘기는 것이다. 그러면 모든 구성원에게 이익이 골고루 돌아간다. 신망 있는 이에게 자신의 지식을 공유할 동기 혹은 최소한 주위 사람들이 이를 따라 하고 베끼는 것을 반대하지 않을 동기를 부여하면, 그를 따르는 사람들은 그의 지식을 획득함으로써 도움을 받게 된다. 게다가 무언가에 대해 가장 많이 아는 사람을 책임 있는 자리에 두는 것은 집단을 위해서도 훌륭한 결정이다. 이 전문가들의 지혜가 만인에게 돌아가게 되고, 그렇게 되면 집단 전체가 더 똑똑해지기 때문이다.

그런데 더 많은 지식을 가진 사람에게 전략적으로 권한을 부여하는 것이 가장 좋다는 것을 알아서 그렇게 하는 것은 아니다. 이 제도에 적응적으로 이점이 있다면, 사람들이 그것을 알고 했느냐 아니냐는 상관이 없다. 중요한 것은, 그런 제도가 진화 과정에 일련의 동기―가령 필요한 지식을 제대로 갖춘 것으로 보이는 사람에게 책임을 맡기고자 하는 동기—를 부여했다는 점이다. 그리고 최종 결과, 신망은 성공에 효과적인 수단이 되었다.

요약하자면, 인간은 다른 동물종과 같으면서도 또한 여느 동물종과도 같지 않은 까닭에 진화하는 과정에서 높은 지위에 도달하는 각기 다른 두 경로를 개척했다. 하나는 갈등이라는 태곳적 원리가 기반이 된 것으로, 더 크고 강하고 부유한 경쟁자가 승리하는 경로다. 또 하나는 더 똑똑하고 지혜로우며 유능한 경쟁자가 승리하는, 문화적 학습이 토대가 되는 경로다.

이 이론은 새로운 패러다임을 세움으로써 여러 상반된 관점을 통합하여 지위 획득을 설명했다. 지위란 무엇인가만이 아니라 왜 지위를 획득하려 하는가까지 아우른 것이다. 이 이론은 인간의 사회 집단이 왜 두 형태의 위계 구조로 이루어지는가를 설명하며, 지도자가 둘 중 어느 형태를 통해 권력을 획득하느냐에 따라서 어떻게 각기 다른 행동양식을 보이며 추종자들이 그에 대해 갖는 기대나 태도가 어떻게 다른지를 설명한다.

이 이론으로 볼 때, 힘의 우위를 통해 권력을 얻은 지도자들은 집단의 나머지 구성원들에게 두려움의 대상, 어쩌면 심지어는 증오의 대상이 된다. 그들에게 지위는 추종자들이 자발적으로 선택해서가 아니라 달리 선택의 여지가 없는 것 같은 체념에 의해서 획득된다. 그 결과, 그들의 높은 지위는 성난 대중에 의해 폐기될 위험에 항상 노출되어 있다. 이것이 파시즘 정권

의 독재자들이 폭도를 즉시 처단할 준비가 된 값비싼 용병이
나 가학적 성향의 측근으로 자신의 신변을 방어하는 이유이다.
이런 권력은 지도자가 철권을 더 이상 휘두르지 못하면 지속
될 수 없다. 『오즈의 마법사』에서 정체가 발각되자마자 권위가
땅에 떨어져 버린 마법사가 그랬듯이, 힘으로 지배하던 지도자
가 효과적으로 두려움을 일으키지 못하게 되면 즉각 지위를
잃고 전락한다.

하지만 신망을 얻어 높은 지위를 획득한 사람이라면 미움
받을 이유가 없으며 오히려 존경과 사랑의 대상이 된다. 이 개
인들이 높은 지위를 얻는 것은 사람들이 따르고 싶어 하며 기
꺼이 그들에게 결정을 맡기고 싶어 하기 때문이다. 신망 있는
지도자들이 더 관대하고 배려하며 공감할수록 그들이 가진 힘
은 더 커진다. 이런 지도자들은 그들의 공헌과 기여를 사람들
이 인정하고 평가할 때 저절로 권위를 얻는다. 이 유형의 지도
자가 친절과 이타심 대신 군림하고 조종하는 방식을 취한다면
대중에게 지지와 신망을 잃게 된다.

신망을 얻기 위한 경쟁에서 유리한 사람은 많이 알거나 많
은 것을 할 수 있는 문화적 전문가일뿐만 아니라 자신의 지식
과 능력을 타인과 기꺼이 나눔으로써 도움이 되고자 하는 사
람이다. 자신의 지식을 관대하게 나누고자 하는 사람과 오만한
태도로 나누려 하는 사람 중에서 지도자를 선택해야 하는 상
황이 온다면 집단의 구성원들은 백이면 백, 관대한 사람을 선

택할 것이다. 하지만 신망을 내세워 성공했지만 일단 정상에 오른 뒤에는 힘의 우위에 의한 지배로 전략을 전환하는 지도 자도 있게 마련이다. 그러면 어떻게 될까? 그들의 지위는 더 이상 신망 위에 견고하게 서 있지 못한다. 스티브 잡스가 이 유형의 좋은 예다. 그가 초창기에 기발한 아이디어로 이름을 알리지 않았더라면, 신봉자들에게 효과적으로 경외감을 갖게 만들 위치를 구축하기 어려웠을 것이다.*

당신도 지금쯤 예상했겠지만, 헨리히와 길-화이트의 모델인 '지배형-신망형' 지위 획득 가설이 이 장에서 앞서 제기한 물음에 답을 줄 수 있을 듯하다. 도널드 트럼프처럼 오만한 자부심을 주로 느끼고 표현하는 사람이 어떻게 진정한 자부심이 스며 나오는 버락 오바마 같은 사람과 비슷한 높이의 지위를 얻을 수 있는가 하는 질문 말이다. 어쩌면 이 지배형-신망형 모델은 훨씬 더 넓은 의미와 범위의 질문에도 답을 줄 수 있다. 사람은 왜 두 유형의 자부심을 경험할까? 우리는 왜 성취를 추구하며 타인에게 배려하고 공감하는 사람이 되려는 욕구를 갖게 하는 유형의 자부심뿐만 아니라 자신을 오만한 멍청이로 만들 수 있는 유형의 자부심을 경험하도록 진화했을까?

---

* 영화 〈스티브 잡스〉와 〈잡스〉에 따르면, 잡스가 초창기에 명성을 얻는 데 큰 역할을 한 것은 사회성이 매우 부족하지만 기술적으로는 정통했던 친구 스티브 워즈니악을 설득해 사용자 친화적인 신개념 컴퓨터를 설계하게 한 덕분이라고 한다.

힘의 우위에 의한 지배와 신망, 두 요소 모두 권력 혹은 사회적 영향력을 획득할 수 있는 유력한 수단이라면, 각 요소의 조율에 필요한 행동을 촉발하는 두 유형의 감정을 경험하도록 진화했으리라고 보는 것이 타당하다. 지배라는 것이 신망과 마찬가지로 사회계층의 사다리를 올라가는 효과적인 방법이 된다면, 진정한 자부심이라는 감정이 신망을 얻는 데 필요하듯 오만한 자부심 또한 적응적으로 유리한 행동양식일 것이다.

지배형-신망형 모델은 서구 문명이 탄생한 이래로 심리학자와 철학자는 물론 신학자들까지 탐구해 왔던 물음, 즉 '자부심이 선이자 악이요, 미덕인 동시에 죄악으로 받아들여지는 이유는 무엇인가'에 대한 답이 될 수도 있다. 하지만 이 훌륭한 모델에는 하나가 빠져 있다. 진화 이론의 논리하에 서구 사회와—적어도 표면적으로는—완전히 딴판인 세계를 살아가는 문화적 집단을 관찰한 결과만 갖고, 사람의 심리에 대한 결론을 내릴 수는 없다. 결론은 반드시 충분한 데이터로 뒷받침해야 한다.

그렇다면 데이터가 우리에게 말해 주는 것은 무엇일까? 여러 심리학 연구에 따르면, 공격적인 사람들이 자신이 원하는 바를 성취하는 경우가 많지만 그렇다고 해서 모든 사회의 지도자들이 공격성을 사회계층 사다리의 최정상에 도달하기 위한 유력한 전술로 구사하지는 않는다. 그런가 하면 신망 가설을 뒷받침하는 연구 결과도 다수 나와 있다. 2010년대 사회심리학의 주류 접근법으로 볼 때 성공의 비결이 나쁜 놈처럼 구는 게 아닌 것만큼은 확실하다.

지위를 만드는 것들

사회가 서열을 어떻게 할당하는지, 다시 말해 한 집단의 위계 구조를 결정하는 인자가 무엇인지를 알아내기 위한 가장 좋은 방법은 한 집단의 구성원들을 실험군으로 설정해 그들에게 일자리를 놓고 경쟁할 기회를 준 다음 지켜보는 것이다. 동등한 지위의 낯선 사람들과 함께하는 그룹 과제에 참여해 본 적 있는 사람이라면 이것이 무슨 뜻인지 이해할 것이다. 과제를 개시할 때는 서로 동등한 관계인 듯하지만 그 상태는 오래가지 못한다. 즉각 누군가가 목소리를 높이며 주도하기 시작한다.

아마도 그룹 내에서 자기주장이 가장 강한 사람이 다른 사람들에게 할 일을 말해 주기 시작할 것이다. 아니면 그저 자신이 하려고 하는 일이 무엇인지 분명히 알릴 수도 있다. 이 과정은 여러 양상으로 펼쳐지겠지만, 과제를 받은 어떤 그룹이건 구성원들 간의 지위 관계는 자연스럽게 드러날 것이다. 누군가는 리더 역할을 맡을 것이고, 나머지 구성원은 누가 무엇을 하고 과제를 어떤 식으로 완결할 것인지 등의 결정을 리더에게 맡길 것이다.

하지만 이런 그룹, 그러니까 전통적 소규모 사회의 마을 사람들 또는 대장 지위를 놓고 겨루는 침팬지들이 아닌 산업화된 현대 사회에서 하나의 업무를 함께 수행하는 성인들의 모임에서는 누가 우두머리가 될지를 결정하는 것은 무엇일까?

이 문제에 실증적으로 접근하기 위해서 나는 동료들과 함께 바로 이런 상황을 만들어 실험해 보기로 했다. 우리는 대학생들에게 두 가지 과제를 차례로 완수할 것을 요청했다. 첫 번째 과제는 피험자들이 혼자서 완수하도록 했고, 두 번째 과제는 낯선 사람 네 명과 함께 논의해 해결하도록 한 뒤 이 과정을 비디오로 촬영했다. 과제가 끝날 무렵, 우리는 피험자들에게 정확한 해결법을 찾은 그룹에게는 약속한 참가비에 보너스를 추가로 지급하겠다고 말했다. 이것은 피험자들에게 하나의 유인이 되었고, 모두 최고의 해법을 찾아내기 위해 더욱 열심히 과제에 매달렸다.

요약하자면 이 실험에서 우리는 위계 구조가 형성되는 과정을 관찰할 수 있는 하나의 이상적인 환경을 설계했다. 그 조건은 다음과 같다. 첫째, 피험자들이 서로 모르는 관계여야 한다. 둘째, 두 번째 과제는 피험자들이 함께 수행해야 한다. 셋째, 그 두 번째 과제는 피험자들에게 공통의 관심사이면서도 대체로는 이미 정해진 견해가 존재하는 과제여야 한다. 이러한 조건들을 충족할 때 비로소 토론을 주도하는 사람, 타인의 이야기를 듣는 사람, 결정을 내리는 사람, 결정된 사항을 따르는 사람 등 개인들 간에 위계 관계가 만들어질 수 있다.

피험자들에게 해결하라고 제시한 과제는 원래 나사NASA가 개발한 것으로, 사회심리학 연구에서 자주 사용되는 과제다. 우선 피험자들에게 자신이 달에서 실종된 우주 비행사라고 상상하게 한다. 그리고 우주선에서 구할 수 있는 물건 목록을 제공한 뒤, 이 절체절명의 상황에서 살아남는 데 유용할 것 같은 물건의 순위를 매기도록 했다. 이 목록에는 건조식품과 산소 탱크처럼 필수품은 물론 낙하산 원단, 15미터짜리 나일론 밧줄 등 쓸모가 아리송한 물품도 섞여 있었다. 그런가 하면 성냥과 같은 함정 품목, 즉 쓸모 있을 것 같지만 산소가 없어 불을 피우는 일 자체가 불가능한 달에서는 무용지물인 물품도 포함되어 있었다.

물론 이 문제를 실제로 해결하느냐 마느냐는 상관없었다. 우리가 보고자 한 것은 피험자들이 문제를 해결하는 과정에 어떻게 위계 구조가 만들어지는가일 뿐이었다. 그러기 위해서 우리는 피험자들의 지배적 성향 정도와 신망 정도를 측정했다. 다시 말해, 각각의 피험자가 그룹 내 다른 사람들에게 자신의 주장을 관철시키기 위해서 위협적으로 굴거나 군림하려는 사람으로 인식되는지 또는 도움을 주려 하고 사려 깊고 타인의 견해를 존중하는 사람으로 인식되는지를 살펴봤다.

우리는 각 피험자가 그룹 내 다른 피험자들 한 사람 한 사람을 '존중하고 존경하는지' 또는 '두려워하는지'를 판단하게 했다(우주 비행사가 되었다는 가정하에 동료 네 명과 과제를 푸는 대학생이 위협적으로 굴어서 타인에게 실제로 두려움을 유발했다는 것이 놀랍게 들릴 수도 있겠지만, 힘의 우위에 의한 지배란 그런 것이다. 생계가 달려 있어야만 두려운 상황이 되는 건 아니다. 토론하는 상대방이 화가 날까 봐 혹은 짜증이 폭발해서 다른 사람들을 불편하게 만들까 봐 두려움을 느낄 수도 있다).

지배 성향이 강하다고 평가받은 사람과 신망을 얻은 사람 중 누가 그룹 내에서 주도권을 갖는지 테스트하기 위해 우리는 피험자들의 사회적 영향력을 네 가지 척도로 측정했다. 첫째, 피험자들은 그룹 내 각 멤버가 어느 정도의 영향력을 보이는지를 점수로 매겼다. 둘째, 연구 조교들은 우리가 촬영한 비디오를 본 뒤 각 멤버의 영향력이 어느 정도인지 점수를 매겼다. 셋째, 이러한 영향력 평가 점수 외에도 실제로 영향력을 행사하는 행동을 측정했는데, 각 피험자가 그룹의 결정에 어느 정도의 영향을 미치는가를 측정했다. 가장 큰 영향력을 행사한 피험자는 가장 효과적인 설득으로 자신의 의견을 관철시킨 사람일 것이다. 즉, 우주선에 구비된 구명용 물품의 중요도에 대한 자신의 의견에 다른 멤버들이 동의하도록 설득한 사람이다. 이처럼 우리는 어느 피험자의 단독 해법이 그룹 해법에 가장 많이 수렴되는가를 평가함으로써, 누가 가장 효과적으로 다른 멤버들을 자신이 원하는 방향으로 이끌었는지 파악했다.

그리고 넷째로 대학생들로 이루어진 별도의 실험군을 구성해 눈동자 움직임 추적 장치(한쪽 눈 부분에 미니 현미경이 부착된

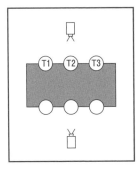

그림 5.1 이전 실험에서 회의 테이블에 앉은 피험자 3명(T1, T2, T3으로 표기)을 촬영한 비디오 기록. 새로 구성한 실험군의 피험자들은 눈동자 움직임 추적 장치를 착용하고 이 비디오를 시청했다. 이 장치는 이들의 시선이 세 관심 구역(오른쪽 그림에서 검은색 상자로 표시된 부분)에 머문 시간을 기록함으로써 참가자들의 관심이 각 표적에게 집중된 정도를 파악하게 해준다.

우스꽝스러운 형태의 헤드밴드)를 착용하고 앞의 실험에서 촬영했던 비디오를 감상하게 했다. 이 장치는 피험자들이 정확히 무엇을 보고 있었는지를 알려 준다. 피험자들의 시선은 어떤 그룹에서든[14] 서열이 가장 높은 사람에게 가장 긴 시간 집중되었고, 따라서 이는 그룹 멤버들의 상대적 지위를 말해 주는 또 하나의 척도가 되었다(그림 5.1 참고).

이런 다양한 실험의 결과들을 모아 놓고 보니 사회심리학과 진화심리학을 연구하는 많은 이들이 놀랄 법할 일이 벌어졌다. 높은 지위는 힘의 우위를 통한 지배를 통해 획득될까, 아니면 신망을 통해 획득될까? 답은 '둘 다'였다.

사회적 영향력을 측정한 네 가지 척도 모두에서 지배와 신망이 동등하게 효과적이었던 것으로 나타났다. 두 전략 모두 사람들에게 권력을 주었다. 그룹 멤버들이 그룹 내의 특정한 한 사람이 지배적이었다고, 그러니까 위협적인 방법으로 자신의 의견을 관철시켰다고 평가했을 때도 이들은 그 사람에게 주도권을 주는 경향을 보였으며, 타인에게 관대하거나 타인에게 도움을 주려 한다는 평가를 받은 멤버에게도 마찬가지로 주도권을 주었다. 피험자들은 지배적으로 행동하는 멤버에게 별로 호감을 느끼지 않는다는 사실을 인정하면서도 그들을 영향력 있는 지도자로 여겼다. 이 점은 다른 세 척도에서도 거듭 확인되었다.

이 결과는 지배형-신망형 지위 획득 가설이 타당하다는 것을 보여 준다. 적어도 현대 사회에서 사람들이 어떻게 지위를 획득하는가를 정확하게 설명해 준다. 사회계층의 사다리를 올라가는 각기 다른 두 전략은 고대의 선조들만이 아니라 오늘날 소규모의 공동체를 이루고 살아가는 사람들에게도 적용된다. 대학생으로만 구성된 현대적 작업 그룹에서도 두 전략 다 통했다. 그리고 그 두 전략은 전적으로 상반된다. 우리가 수행한 실험에서 지배적이었던 그룹 멤버들은 존경이 아닌 두려움의 대상이었다. 함께 과제를 수행한 나머지 멤버들은 그들을 좋아하지 않았다. 그럼에도 지배적인 멤버들은 사람들을 통제하고 권력을 획득해 영향력을 행사했다. 이는 두려움을 유발함으로써 가능한 일이었다. 그 실험 집단이 폭력으로 통치되는 사회가 아니었는데도 말이다.

이러한 결과를 통해 우리는 높은 지위란 무엇이며, 사람들은 어떻게 이를 획득하는지 알 수 있다. 나아가 자부심을 둘러싼 궁극적인 질문에 대한 답도 찾을 수 있을 것이다. 즉, 사람은 왜 극단적으로 다른 두 유형의 자부심을 느끼는가? 그리고 정치사상 가장 오만하고 공격적인 도널드 트럼프는 그런 인격에도 '불구하고' 현재의 지위에 오른 것인가, 아니면 그런 인격 '덕분에' 현재의 지위에 오른 것인가?

우리는 자부심이 우리에게 옳은 일을 하고 싶게 만드는 동력이자 사회가 바람직하게 여기는 유형의 사람이 되기 위해 노력하게 만드는 힘이라는 것을 안다. 자부심 표현은 보는 이에게 자신이 바로 그런 바람직한 인간형이자, 높은 지위를 얻을 자격이 있는 사람이라는 신호를 전달한다. 하지만 지배형–신망형 모델로 바라보자면 오히려 문제가 더 복잡하게 느껴진다. 자연스럽게 이런 의문이 드는 것이다. '어떤 종류의 높은 지위를 말하는 건가?' 자부심이 열심히 노력하고 타인과 협력하며 양식 있는 시민이 되겠다는 동기를 부여한다면, 그 자부심은 마땅히 우리에게 신망을 가져다줄 것이다. 하지만 그렇다면, 왜 어떤 사람들은 지배적인 성향이 강한가?

도널드 트럼프의 연설에 강력한 단서가 있다. 트럼프의 메시지에는 자부심이 배어 있다. 단 누가 봐도 오만한 자부심이다. 트럼프가 획득한 높은 지위는 신망형보다는 지배형에 가깝다. 물론 트럼프의 많은 성취가 노력에 의해 이루어진 것은 사실이다. 하지만 그가 출연한 〈어프렌티스〉*나 선거 유세 혹은 기자회견을 지켜본 사람이라면 트럼프가, 아무리 줄잡아 말하더라도, 위협과 협박을 서슴지 않고 호전적인 방식으로 힘을 휘두르는 유형의 사람이라는 사실을 알 것이다. 「내셔널리뷰」**의 편집자 리치 로우리는 트럼프에 대해 이렇게 논평한 바 있다. "나는 지금껏 미국의 정치인들 가운데 사람들을 이 정도로 두려움에 떨게 하는 자를 본 적이 없다. 사람들은 문자 그대로 그를 무서워한다. 기부자들이 무서워하는 사람이니[15] 말 다했지 않은가." 지배를 기반으로 한 성공 전략을 구사하는 지도자상으로 트럼프만큼 극명한 예는 드물 것이며, 트럼프가 수시로 표현하는 자부심은 이론의 여지없이 오만한 자부심이다. 진정한 자부심이 신망을 부여하는 행동을 유발하는 데 이상적인 감정이듯, 오만한 자부심은 지배력 획득에 필요한 행동을 하게 만드는 데 그야말로 완벽한 감정이다. 오만한 자부심은 우월감을 느끼게 한다. 그래서 주위의 어떤 사람보다도 자기가 더 낫다고 믿는다. 이 감정은 남을 조종하려 들고 적대적으로 굴게 만들며 언제든 타인, 특히나 먹잇감이 되기 쉬운 사람들[16]을 폄훼하려 들게 만든다. 실제로 오만한 자부심과 짝을 지어 다

---

* 직원 채용 과정을 보여 주는 서바이벌식 리얼리티 TV 프로그램-옮긴이
** 보수 성향의 시사 평론지-옮긴이

니는 거만함, 공격성이야말로 타인을 열등하게 취급하고 약자를 멋대로 부리는 행동에 꼭 필요한 성향일 것이다.

나와 동료들은 이 주장을 뒷받침할 근거를 구하기 위해 대학생을 실험군으로 하는 또 하나의 연구를 수행했다. 이번 연구에서는 이미 위계 구조를 갖춘 집단, 즉 대학 대표 스포츠 팀의 선수들을 대상으로 설정하고 축구, 야구, 럭비, 배구 등 다양한 종목에서 서로 잘 알 뿐만 아니라 서로의 팀 내 서열까지도 알고 있는 학생들을 표본으로 모집했다. 스포츠 팀에게는 '승리'라는 명시적이고 확고한 목표가 있으며, 엄격한 위계질서는 이 목표를 달성하는 데 도움이 된다. 팀을 이끄는 것은 주장이며, 명시적인 직위는 없더라도 나머지 선수들은 누가 리더 역할을 하며 누가 뒤에서 따르는 역할을 하는가에 모두 동의한다. 이런 이유로 대학 운동 팀 동료들은 지배와 신망과 연관된 감정 연구에 더할 나위 없이 훌륭한 표본이었다.

우리는 선수들에게 동료들의 지배와 신망 정도를 점수로 매기게 했다. 과연 평소 진정한 자부심을 자주 경험한다고 했던 선수들이 동료들로부터 가장 신망이 높다는 평가를 받았다. 이들은 동료들이 존경하며 도움이 필요할 때 의지하는 사람이었다. 반면에 오만한 자부심을 자주 느낀다고 보고했던 선수들은 동료들에게 지배적인 성향이 강하다고 평가받았다. 이 선수들은 팀을 지휘하고 통제하며 동료들에게 리더로 여겨졌지만, 좋아하는 동료라는 평은 받지 못했다. 오히려 동료들은 이들의 뜻대로 따라 주지 않았다 어떤 일이 벌어질지 두려워했다.

결국 진정한 자부심은 신망을 얻기 위한 행동을 하게 만드는 감정인 반면, 오만한 자부심은 지배적으로 행동하게 만드는 감정일 수 있다. 이는 충분히 타당한 이야기다. 위압적으로 남을 통제하려 들고 공격성을 보이는 행동, 그럼으로써 지배력을 획득하게 해주는 그 행동이 오만한 자부심 같은 감정의 자연스러운 산물일 수 있기 때문이다. 오만한 자부심은 사람들에게 '내가 여기서 최고다'라는 메시지를 전달하는 감정이다. 그로부터 이어진 결과가 바로 속 터놓는 친구나 격의 없는 인간관계는 없다시피 하면서 만인에게 두려움과 염증의 대상이 되는 지도자다.

진정한 자부심은 자신의 성취에 자신감을 부여한다. 실로 자부심은 성취를 향해 달리게 하는 '당근'이다. 물론 자신의 성취에서 오만한 자부심을 느끼는 사람도 존재한다. 그 성취가 자신의 타고난 능력이나 주체하기 어려운 천재성 덕분이라고 생각하는 경우라면 말이다. 하지만 오만한 자부심을 느끼고자 하는 욕구는 일반적으로 목표를 향해 노력하게 만드는 감정은 아니다(이 이야기는 뒤에서 좀 더 다루기로 한다). 진정한 자부심에 의해 촉발된, 성취를 위해서 노력하려는 욕구야말로 신망 높은 평판을 얻는 데 필요한 심리적 성향이다. 이때 개인이 추구하는 목표는 특히나 자신이 속한 집단이 가치 있게 여기는 방면인 경우가 많다. 진정한 자부심은 옳은 일을 하는 사람, 좋은 사람이 되고자 하는 욕구를 자극하는 강렬한 감정이다. 이는 사회적으로 인식되는 객체적 자아의 발달에 연료가 된다.

아직 먹지 않은 당근이 맛있어 보인다

이 주장을 뒷받침할 근거를 제시하기 위해서 나는 동료 학자들과 특히 진정한 자부심이 학생들에게 시험공부를 열심히 하게 만드는 동력인지 테스트하는 연구를 수행했다. 우리는 성적이 높은 학생들이 진정한 자부심을 자주 느끼며, 이 감정이 그들에게 꾸준히 열심히 공부하여 좋은 성적을 받고자 하는[17] 의욕을 자극하는 동력일 것이라고 예측했다. 다시 말해서, 진정한 자부심의 경험이 목적 지향적 행동의 동기가 되어 직접적으로 높은 학업 성취도를 촉발한다는 가정이었다. 우리는 학생들이 '지난 학과 시험에서 잘해낸 내가 자랑스러워. 그러니 계속 열심히 공부해서 다음 시험도 잘 봐야겠다'고 다짐하리라고 생각했다.

우리 예상이 어긋났다. 가장 높은 성적을 받은 학생들이 계속 열심히 공부하는 데에 진정한 자부심이라는 자극제는 필요 없었다. 이들은 높은 성취를 거두었을 때 진정한 자부심을 느낀다고 답했지만, 그중 열심히 하지 않았던 몇 학생도 다음 시험에서 또다시 높은 성적을 받았다.

우리가 미처 생각하지 못했던 것은, 높은 성적을 받는 학생들에게 시험을 잘 보는 것이 정해진 일상 같은 일이라는 사실이었다. 그들은 동기를 부여하는 감정을 느낄 필요가 없었다. 아침마다 이를 닦기 위해 우리가 치과에 가는 공포를 느껴야 할 필요는 없듯이 말이다. 행동이 일상화하면 동기부여가 불필요해지며, 따라서 이미 높은 성적을 받고 있는 학생들에게는 자부심을 느끼는 것이 강력한 동기로 작용하지 않는다.

반면 그처럼 높은 성적은 아니었던 학생들, 즉 시험에서 늘 상위는 아니며 열심히 공부하는 것이 습관이 아닌 이들에게서는 아주 다른 양상이 나타났다. 이 학생들에게는 진정한 자부심이 의욕을 북돋우는 데 결정적으로 작용했다. 하지만 이 학생들이 진정한 자부심을 느꼈다고 해서 계속 열심히 공부하게 된 것은 아니었다. 게다가 이들은 꾸준하게 열심히 공부하는 유형이 아니어서, 진정한 자부심을 느낄 여지도 별로 없었다. 오히려 이 학생들에게는 자신의 형편없는 성적에 대한 반응으로 스스로에게 '진정한 자부심을 느끼지 못하는 것'이 곧 동기를 부여하는 계기가 되었다. 스스로가 자랑스럽지 못하다는 느낌이 들면서 뭔가 잘못되었으며 스스로를 당당하게 느끼기 위해서는[18] 변화가 필요하다는 각성이 왔다고 답했다. 자부심의 결핍과 그 감정을 되찾고자 하는 욕구가 이 학생들을 분발하게 만들었고 이 같은 변화가 다음 시험에서 성적 향상이라는 결과를 가져온 것이다.

그렇다. 시험 성적에 진정한 자부심을 느낄 수 없었던 학생들이 다음 시험에서 실제로 성적이 향상된 이유는 그 감정을 경험하고자 했기 때문이다! 좋은 성적을 통해 진정한 자부심을 느꼈던 학생들은 변화에 대한 각성이 필요 없었다. 오히려 그들은 과거부터 해 온 방식으로 계속해서 열심히 했다는 사실에서 자부심을 느꼈다.

높은 성적을 받는 학생들이 굳이 자부심에 의해 동기가 부여되어 더 열심히 공부하는 행동의 변화를 가져오지는 않으리라는 것은 여러모로 이치에 닿는다. 이들은 전에 하던 그대로 계속해도 여전히 좋은 결과를 얻을 수 있다. 하지만 성적이 낮은 학생들은 그렇지 않다. 이들에게는 자부심이 삶을 변화시키는 힘이 될 수 있다.

자부심이 '당근'이라면, 상위권 학생에게 그것은 이미 먹은 당근이다. 아직 이를 맛보지 못한 학생들, 즉 자부심을 느끼고 싶어 하는 학생들에게는 당근이 변화의 촉발제가 된다. 이들은 자부심을 잃은 상태에 대한 반응으로 더 열심히 공부했고, 그 결과로 그다음 시험에서 더 좋은 성적을 받았다.

한편 이 연구에서 또 하나 주목할 만한 점으로, 오만한 자부심은 진정한 자부심과 유사한 효과를 가져오긴 했지만 정도는 훨씬 약했다. 진정한 자부심과 달리 오만한 자부심은 학생들에게 더 열심히 (혹은 덜 열심히) 공부하게 만드는 동기로 작용하지 않았다. 왜냐하면 오만한 자부심은 자신이 대단하다는 느낌과 연관되는데, 그 대단함은 노력과는 상관없는 것이어서 일반적으로는 오만한 자부심을 느낀다고 더 노력해야겠다는 의욕이 생기지는 않는다. 반면에 진정한 자부심은 성취에 영향을 미치는 자부심으로, 신망을 얻는 데는 필수이나 지배력을 얻는 데는 반드시 필요한 요소는 아니다.

오만한 자부심도 자부심이다

그렇다면 오만한 자부심의 역할은 무엇일까? 오만한 자부심 또한 노력하려는 동기를 부여할 수는 있다. 단 특정한 상황에서만 그렇다. 진정한 자부심을 느끼고자 하는 욕구가 더 높은 성적을 가져다줄 수 있는 종류의 노력을 하게 만든다면, 오만한 자부심은 타인에게 관심을 받을 수 있는 종류의 노력을 하게 만든다.

오만한 자부심에 이런 유형의 동기부여 효과가 있다는 것은 또 다른 연구를 통해서 입증되었다. 이 연구에서는 진정한 자부심 성향을 보이는 대학생들이 높은 수준의 창의적 사고력을 보여 주었는데, 이는 단순히 이 개인들이 본래 창의적 의욕이 넘치는 사람들이었기 때문이다. 오만한 자부심 성향을 보이는 학생들은 외적 동기가 있을 때만, 즉 창의성이 다른 목적을 달성하는 데 도움이 된다고 판단했을 때만 창의성을 보였다. 오만한 자부심을 느끼는 사람들은 권력이나 지위 등 자신에게 주어질 무언가가 있으리라는 판단이 들 때만 창의성을 발휘하며 노력을 기울인다. '순전히 내가 좋아서 한다' 같은 경우는 그들에게 해당되지 않는다.

하지만 여기서 중요한 시사점은, 오만한 자부심 성향을 지닌 개인이라도 올바른 생각의 방향을 갖고 있다면 사회적으로 가치 있는 행동을 하게 만들 수 있다는 것이다. 오만한 자부심을 느끼는 사람들은 창조 그 자체를 위해 에너지를 발휘하지는 않지만 타인에게서 높은 지위를 인정받을 수 있겠다는 판단이 설 경우에는 창조성을 보이기도 한다. 관찰에 따르면, 그들은 스스로가 화가 났다는 사실을 남들에게 내보이려 할 때에도[19] 창조성을 발휘했다. 이 연구에서 피험자들은 기쁨 또는 분노를 느꼈던 경험에 대해서 글로 적은 뒤, 그 기억을 떠올리면서 한 가지 과제[20]를 수행했다. 벽돌 한 장의 용도로 가능한 모든 것들을 자유롭게 상상해 2분간 써내려가는, 단순하기 짝이 없는 과제였다. 창의력이 특별히 뛰어나진 않은 일부 피험자들은 '문 버팀목' 이상의 아이디어는 내놓지 못했다. 그런가 하면 가라테karate의 격파용 벽돌, 살인 무기, 종이를 눌러 놓는 서진, 바비 인형의 장례식을 위한 모조 관까지 온갖 기발하고 놀라운 발상을 줄줄이 내놓는 피험자들도 있었다.

이 과제를 수행하기 전 기쁨의 감정을 느낀 피험자들 중, 진정한 자부심 성향을 보이는 사람들은 창의성 과제를 훌륭하게 수행했다. 이들은 벽돌의 용도와 관련해 재치 있는 아이디어를 다양하게 제시했다. 기쁨은 세계가 문제없다는 신호이며, 따라서 이 결과는 진정한 자부심을 많이 느끼는 사람들은 편안한 상황일수록 더욱 큰 창의성을 발휘한다는 사실을 말해 준다. 마찬가지로 기쁨을 느꼈지만 오만한 자부심 성향을 보이는 사람들은 덜 창의적이었다. 상황이 편안할 때 이들은 열심히 공부하거나 창의적인 시도를 하기보다는 타고난 재능을 믿고 승승장구한다. 이 차이는 진정한 자부심이 사람들에게 신망을 얻는 데 효과적인 기폭제가 되는 한 가지 이유다.

그렇다면 기쁨이 아닌 분노의 감정을 느낀 피험자들은 어땠을까? 진정한 자부심을 느끼는 사람들에게 분노는 거의 영향을 미치지 않았지만, 오만한 자부심 성향을 보이는 사람들에게는 분노가 기쁨과는 정반대 효과를 가져왔다. 분노가 동기를 부여한 것이다. 이 조건에서 오만한 자부심 성향의 사람들은 벽돌의 용도로 훨씬 다양한 아이디어를 제시했다. 이는 앞에서 외적 동기가 그랬던 것처럼, 오만한 자부심이 창의성을 강화시키는 상황은 따로 있음을 시사한다.

오만한 자부심을 느끼는 사람들을 노력하게 만드는 것은 성취욕이나 좋은 사람이 되고자 하는 욕구가 아니다. 그들에게는 오히려 과시욕, 어떤 미지의 경쟁자와의 싸움에서 이기고자 하는 승부욕이 동기부여가 된다. 이것이 힘의 우위에 의한 지배를 추구하는 사람에게 가장 적합한 동기부여의 양상이다. 지배적인 지도자가 성공하려는 이유는 소중한 자원으로 자신에 속한 집단에 기여하기 위해서라거나 타인을 돕기 위해서가 아니다. 그들은 자신이 더 강하고 더 잘났거나 더 힘이 있다는 것을 사람들에게 증명하기 위해서 성공을 추구한다. 평생에 걸쳐 더 크고 더 많은 건물을 세우겠다는 집념을 실현해 온 것은 물론 최근에는 미국 전체를 지배하려는 도널드 트럼프를 생각해 보라. 업계에서 자신의 회사가 최고의 권좌를 지킬 수만 있다면 직원들을 공포로 다스리는 일 따위는 개의치 않았던 스티브 잡스도 있다.

이 연구 결과는 인간 사회에서 왜 오만한 자부심이 진정한 자부심 못지않게 일반화되어 있는지를 분명하게 설명한다. 지배력을 획득하기 위한 행동을 조장하고 활성화하는 데는 오만한 자부심이 제격이다. 이는 보다 깊은 곳에서 일어나는 생리학적 현상일 수도 있다. 자부심과 관련된 뇌 영역은 신경학자들도 아직 발견하지 못했지만(대부분의 심리 처리 과정이 여러 신경 영역에 두루 걸쳐서 일어난다는 점을 볼 때, 이를 발견할 가능성은 높아 보이지 않는다), 자부심 호르몬이라는 것이 있을지도 모른다. 테스토스테론을 생각해 보자. 테스토스테론은 지위 호르몬으로 알려져 왔다. 몸싸움에서 체스 대회까지, 다양한 사건에서 지위가 상승된 직후 남자와 수컷 원숭이 모두 테스토스테론 수치가 상승한다.

하지만 테스토스테론은 지위 호르몬만이 아니라 호전성 호르몬이기도 하다. 테스토스테론 수치가 높은 남자들이 어떤 상황에서는 지위가 오히려 낮은 경향을 보인다. 이들은 교육 수준이 높지 않고 대체로 저소득의 생산직 노동자가 많으며, 실직 상태인 경우도 적지 않다.[21] 한편으로는 지위 향상에 대한 반응으로 테스토스테론 수치가 상승하는데, 또 한편으로는 기질적으로 테스토스테론 수치가 높은 경향이 낮은 사회·경제적 지위와 연관된다. 이 이율배반적인 근거들을 어떻게 받아들여야 할까?

이 장의 앞부분에서 다룬 내용을 기억한다면 그 답을 짐작할 수 있을 것이다. 테스토스테론과 연관된 높은 지위는 필시 신망형은 아니라고 말이다. 테스토스테론 수치가 높은 남자들은 호전적이고 자기주장이 강하며 타인과의 대립을 마다하지 않고 폭력성을 보인다.[22] 모두 지배력을 획득하는 데 중요한 특성이며, 이것이 프로 스포츠 팀이나 교도소처럼 힘의 우위를 기반으로 하는 위계 집단에서 이런 특성을 지닌 남자들이 지배권을 잡는 이유일 수 있다. 하지만 이러한 특성이 신망을 획득하는 데는 역효과를 낳으며, 당연한 얘기겠지만, 신망이 높은 남자는 테스토스테론 수치가 상대적으로 낮은 경향을[23] 보인다.

물론 예외도 있다. 도널드 트럼프와 같은 남자들은 지배력을 효과적으로 행사하여 사회·경제적으로 높은 지위를 획득했다. 하지만 테스토스테론 수치와 연관되는 호전적 성향을 볼 때, 현대의 사무직 또는 전문직 집단에서는 테스토스테론 수치가 높은 남자가 최정상의 지위에 오르는 경우는 적을 것이다.

당신이 사무직이나 전문직에 종사한다면, 잠시 생각해 보자. 직장에서 걸핏하면 욱하는 사람 한 명쯤은 쉽사리 떠올릴 수 있을 것이다. 그는 사람들이 자신을 무서워한다는 것을 알기 때문에 제멋대로 성질을 부릴 것이다. 그런 사람은 딱 한 사람이지 않은가? 반면 운 좋게도, 협력적이고 언제든 도울 준비가 되어 있으며 곁에 있으면 기분 좋은 리더가 여러 명인 직장도 있을 수 있다. 지배와 신망은 둘 다 권력을 얻는 데 효과적인 수단이지만, 집단의 성격에 따라 위계 구조의 성격도 달라지게 마련이다.

힘의 우위에 의한 지배가 테스토스테론과 연관된다고 해서 지배가 남성만의 전략이라는 뜻은 아니다. 여성의 테스토스테론 수치가 남성보다 훨씬 낮은 것은 사실이지만 말이다. 나는 위계 구조를 연구하면서 남성 실험군과 여성 실험군 모두를 테스트했는데, 여성으로만 이루어진 그룹에서도 이러한 지배 전략이 남성 그룹에서만큼 효과적이었다.[24] 그리고 다소 의외일 수 있지만, 여성의 지배적 행동 역시 테스토스테론 수치와 관련이 있을 수 있는 것으로 나타났다.

테스토스테론이 여성에게는 다르게 작용하지만(테스토스테론은 지위 호르몬이자 호전성 호르몬이지만 어쨌거나 남성의 성호르몬이다), 여성이 보이는 지배적 성향과 관련될 수 있다는 근거가 존재한다. 또한 여성의 오만한 자부심과도 연관이 있을 수 있다. 테스토스테론은 안드로겐이라는 물질 중 하나로, 이 안드로겐 수치가 상대적으로 높은 여성은 자신의 지위가 동료들보다 높다고 여기는 경향이 있다. 정작 동료들은 그 여성의 지위를 낮게 여기는 상황[25]이어도 말이다. 이는 나르시시스트들, 즉 주로 오만한 자부심을 느끼는 개인들이 자신을 높이는 전형적인 태도와 상당히 비슷하다. 게다가 한 연구에 따르면, 테스토스테론 수치가 높은 여성 수감자들은[26] 비폭력 범죄나 정당방위에 의한 폭력 범죄보다는 이유 없는 폭력 범죄로 죄수가 된 경우가 더 많았다.

이 결과들은 테스토스테론이 적어도 부분적으로는 오만한 자부심에 반응하는 호르몬일 가능성을 보여 주며, 이는 남녀 모두에게 해당된다는 사실을 말해 준다. 그렇다면 진정한 자부심은 어떨까? 이 자부심과 관련해서도 테스토스테론이 추적될까?

연구에 따르면, 진정한 자부심은 특정 호르몬과 연관되지 않는 것으로 보인다. 하지만 관련한 신경전달물질은 있을 수 있는데, 바로 세로토닌이다. 프로작, 졸로프트 등 흔히 처방되는 항우울제의 목적이 바로 뇌에서 이 세로토닌의 수치를 증가시키는 것이다. 세로토닌은 지위 획득에서도 중요한 역할을 수행하는데, 이는 인간에게만 그런 것이 아니다. 지위가 높은 남자들과 마찬가지로, 지위가 높은 수컷 원숭이들은 세로토닌 수치가 만성적으로 상승된 상태[27]였다. 하지만 이 개체들이 무리를 이끌어 가는 방식은 테스토스테론 수치가 높은 개체들의 방식과 달랐으며, 이는 사람의 경우에도 매한가지였다. 세로토닌 수치가 높은 지도자들은 호전적이지 않아 친화적인 방법으로 힘을 얻는다.* 원숭이의 뇌에 인위적으로 세로토닌을 주입하면 사교적으로 변하고 온순해져 다른 원숭이들과 어울려 털을 다듬어 주는 데 더 많은 시간을 보내며, 이 친화적인 행동을 더 높은 지위를 얻는 데 이용하는 경우[28]도 종종 보인다. 이와 비슷하게 사람도 트립토판**을 복용하면 말다툼이 줄고 우호적인 성격이 되며 사회적 지위도 상승하는 경향을[29] 보인다.

이 모든 사례를 놓고 볼 때, 높은 지위와 호전성을 동일시하는 생물학자들로서는 놀랄 만한 점이 발견된다. 세로토닌 수치가 상승하면[30] 성격이 온순해지면서도 지위 상승에 도움이 된다는 사실이다. 따라서 신망 획득에 바탕이 되는 진정한 자부심에 생리학적 지표가 있다면, 세로토닌이 적법한 후보가 될 것이다.

이 모든 연구는 우리가 진정한 자부심과 오만한 자부심이라는 두 유형의 자부심을 경험하는 것은 두 가지 모두 적응적 이점이 있기 때문임을 말해 준다. 오만한 자부심을 느끼는 사람들에게서 거만함, 호전성, 못되게 구는 태도가 나타나는 데는

---

* 단, 이 원숭이들이 획득하는 지위는 지배가 기반이 되지는 않지만 그렇다고 신망을 기반으로 하는 지위도 아니다. 신망에는 문화적 학습이 수반되어야 한다. 인간이 아닌 종이 친화적 행동을 통해 지위를 획득하는 경우에 사용하는 전략이 신망과 겹칠 수는 있지만, 이 전략이 인간의 경우와 동일한 이유로 진화한 것은 아니며 동일한 기능을 수행하지도 않는다.
** 세로토닌의 전구체로, 칠면조 고기나 체다 치즈에 풍부하게 함유되어 있는 필수 아미노산

진화적으로 분명한 이유가 있다. 우리는 진정한 자부심 성향이 강한 사람과 함께 지내고 싶어 하지만, 지배적 성향이 강한 사람에게 복종하는 것 또한 진화의 산물이다. 좋든 싫든, 오만한 자부심도 진정한 자부심과 똑같이 적응적 감정이기 때문이다.

신망형 리더, 지배형 리더

진화 과학을 해석한다는 것은 과학자가 아닌 이들에게는 쉽지 않은 일이다. 평범한 비전공자들이 흔히 범하는 자연주의적 오류*로 인해 진화심리학자들은 난처한 상황에 빠지곤 한다. 어떤 것이 인간의 타고난 생물학적 특성이라는 사실이 밝혀지면, 우리는 이것이 우리에게 이롭다는 뜻으로 받아들이는 것이다. 굳이 생물학 영역이 아니더라도, 자연스러운natural 것은 곧 좋은good 것으로 해석되기도 한다. 식품 포장에 '천연 향미료'라는 글귀 하나만 붙여도 매상이 껑충 뛰어오르는 현상 역시 이런 인식의 발현이다.

그러나 이 자연스러운 것 중에는 알고 보면 그렇게 좋은 것이 아닌 경우도 많다. 여기에서 '좋은 것'은 대개 도덕적이거나 친사회적인 것, 심지어 우리를 행복하게 해주는 무언가를 의미한다. 하지만 유전자의 유일한 목적은 스스로를 번식하는 것이

---

* 자연적 속성으로 윤리적 속성을 정의하려는 시도를 가리키는 G. E. 무어의 용어─옮긴이

며, 이 목적이 우리를 더 행복하고 더 건강한 사람으로 만드는 결과물을 만들어 내는 만큼 때로는 이를 위해 개개인의 행복이나 우리 사회의 건강을 희생해야 하는 결과물을 야기하는 것도 사실이다. 따라서 인간의 행동 가운데는 우리가 살기 좋은 사회를 건설하거나 유지한다는 측면에선 결코 좋은 것이라고 할 수 없는 것들도 있는 법이다. 대부분의 진화 과학자들은 이를 알고 있다. 그러므로 어떤 과학자가 강간이나 아동 학대 같은[31] 끔찍한 행동을 두고 진화적 기원을 논한다고 해서, 그가 내심 이 전략을 좋은 것으로 믿을 것이라고[32] 가정해선 안 된다. 이는 매우 부적절할 뿐 아니라, 심하게 모욕이다. 그렇다면 이쯤에서 한 가지 의문을 제기하는 것이 유용할 듯하다. 자연스럽게 주어진 행동이 우리에게 혹은 우리가 속한 사회 집단에 과연 어느 정도로 좋은 것일까?

이 장에서 다루고 있는 문제로 좀 더 좁혀 보자면, 지배는 좋은 것일까? 지배가 자연스러운 행동, 즉 진화를 통해 형성된 행동임은 쉽게 증명된다. 지배는 사회적 지위 획득 전략으로, 지위를 높이는 데 효과적이며 따라서 지배적 성향이 강한 개인들의 유전자가 생존과 번식에 성공할 가능성이 높다. 하지만 이것이 '좋은 것'일까? 지배적 성향이 강한 사람이 권력을 획득하는 것은 맞지만, 이는 정당할까? 집단의 구성원들이 이런 사람에게 책임과 권한을 맡기는 것이 그러기를 원해서가 아니라 그러지 않았다간 어떻게 될까 봐 두려워서라면, 그것이 사회를 위해서 좋을 리 없다. 집단의 구성원들을 불행하게 만들고 두려움에 떨면서 살아가게 만들지 않는가. 성공에 필요한 능력이나 기술을 갖추지 못한 지배자가 이끄는 집단이라면, 결국에는 무너질 수밖에 없다. 힘의 우위를 통해 지배하는 위계 구조는 아마도 집단 내 갈등이라는 부담을 줄곧 안고 가야 할 것이다. 낮은 지위의 구성원들이 단결하여 무능하고 경멸스러운 지도자를 타도하려 들 것이기 때문이다.

지금까지 내가 수집한 소량의 근거들은 지배적 성향의 지도자에게 장단점이 있음을 시사한다. 일례로, 동료들과 나는 소규모의 대학생 실험군을 구성해 몇 가지 그룹 과제를 수행하도록 했다.[33] 조각 하나가 빠져 있는 퍼즐에서 패턴을 찾는 문제, 최적의 장보기 방법을 내놓는 문제 등 대부분이 문제 해결 능력과 분석 능력이 필요한 과제였고, 좀 더 창의적 사고가 필요한 벽돌 용도 테스트 같은 과제도 있었다.

그리고 우리가 앞서 수행한 그룹 연구—달에서 실종되었을 경우 필요한 물건에 순위를 매기는 과제의 풀이 과정—에서처럼 과제 수행 과정에서 자연스럽게 나타나는 위계를 살펴본 것이 아니라, 그룹 내 한 사람을 리더로 미리 지정해 주었다. 이로써 그 리더가 지배력을 행사하는지 혹은 신망으로 이끄는지가 다양한 과제 수행에 영향을 미치는가를 판단하고자 했다. 신망으로 이끄는 리더의 그룹이 과제를 더 잘해낼까? 지배적 성향의 사람이 리더인 그룹은 고전할까?

결과는 놀라웠다. 피험자들이 모든 그룹들에 대해 매긴 점수를 기준으로 볼 때, 신망형 리더가 이끄는 그룹들은 단 한 가지 과제에서만 잘해냈다. 벽돌의 용도 관련 과제에서만 창의적인 아이디어를 내놓은 것이다. 반면에 지배형 리더가 이끄는 그룹들은 이 과제를 제외한 다른 모든 과제에서 더 잘해냈다. 지배형 리더들은 구성원들을 진두지휘하여 신망형 리더들보다 훨씬 더 성공적으로 답을 끌어냈다. 지배형 리더들이 더 똑똑한 것은 아니었다. 그들은 구성원 전체가 동의하든 말든 개의치 않고 어떻게든 결정을 내리거나 정답을 도출하거나 해서 과제를 완수했을 뿐이었다.

흥미롭게도, 지배형 지도자가 그룹을 이끌어 문제를 해결하는 능력을 두고 전 CEO인 스티브 잡스 밑에서 이를 너무도 자주 경험했던 애플 직원들이 붙인 이름이 있다. 이름하여 '현실 왜곡장'이다. 잡스의 설득이 어찌나 효과적이던지 직원들은 도저히 불가능해 보이는 임무가 주어져도 결국에는 다른 여지가 없겠다는 생각에 체념하고 이를 받아들였고, 뭘 어찌 했는지는 모르겠지만 기어코 번번이 해내곤 했다.[34]

지배적 성향의 사람에게 책임을 맡기는 것이 이익이 될 때가 있다. 그러나 앞의 연구 결과에서 보듯, 창의적이고 다양한 해법을 되도록 많이 제시해야 하는 경우에는 지배적 지도자가 그다지 유리하지 않다. 우리의 연구에서는 리더가 구성원들을 격려하고 솔선해서 도와주는 그룹들이 벽돌 용도 과제에서 더 큰 성과를 냈다. 잘못된 답이 나왔을 때 리더가 대뜸 나서서 비판하는 기분이 든다면 구성원들은 심할 경우 두려움마저 느끼며, 따라서 조금이라도 틀을 벗어난 아이디어 같으면 의견을 내놓기를 꺼리게 된다. 반면에 친근하고 지혜로우며 아랫사람의 의견을 경청하는 사람이 이끄는 그룹이라면 아무리 해괴한 아이디어라도 훨씬 편한 마음으로 마구 내놓을 것이다. 그러다 보면 실제로 문제를 해결할 그 한 가지 해법, 아니 더 많은 해법에 도달할 가능성도 높아지는 것이다.

지배형 리더가 이끄는 그룹의 또 다른 단점으로, 우리의 연구로 볼 때 이런 상황의 그룹 구성원들은 훨씬 더 큰 불안과 두려움을 느낀다는 것이 있다. 그들은 리더를 무서워했고, 피험자로 참여해 과제를 풀던 시간을 덜 즐거워했다. 반면에 신망형 리더가 이끄는 그룹 구성원들은 피험자로 참여한 경험을 즐거워했다. 그들의 전체적인 성적은 높은 편이 아니었지만 자신의 그룹과 리더를 좋아했다. 또 자신의 결과물에 만족했을뿐더러 자신이 속한 그룹에 높은 소속감과 헌신을 보였다. 게다가 그들은 개인적으로도 자신의 과제 수행 결과에 강한 자신감과 진정한 자부심을 느낀 것으로 보고했는데, 이는 신망형 리더가 집단 구성원 개개인에게도 긍정적인 감정 경험을 증진시킨다는 것을 시사한다.

이 연구가 전하는 메시지는 명확하다. 기업이 창의성과 다양한 사고를 추구하고 직원의 행복과 자신감, 정신 건강을 증진시키고자 한다면 신망형 리더를 고용하는 것이 가장 중요한 목표가 될 것이다. 하지만 신속하게 문제를 해결해야 하는 상황이라면 지배형 리더를 채택하는 것이 합리적인 방안이 될 수 있다. 구성원들의 행복도는 더 낮고 이런 리더 밑에서 일하는 것을 좋아하지 않을 가능성이 높지만, 목표 달성에는 더 유리할 수 있다. 물론 직원들의 낮은 만족도와 높은 이직률, 창의성 저하라는 대가는 감수해야 할 것이다.

지배적인 독재자가 적어도 신망형 지도자만큼은 집단에 도움 되는 상황이 또 하나 있다. 대학생을 대상으로 했던 한 연구에서, 다른 사람들과 경쟁해야 하는 상황에서는 지배적 성향이 강한 리더가 특히 유리하다는 결과가 나왔다. 지배적 지도자들은 경쟁을 즐긴다. 집단 내에서 그리고 집단 간의 화합을 추구하는 신망형 지도자들과 달리, 지배형 지도자들은 늘 싸울 거리를 찾는 사람들이다. 집단 내의 갈등은 문제가 될 수도 있지만, 상대방을 능가하고 패배시키려는 집단에게 갈등은 호재일 따름이다. 이런 상황에서는 지배형 지도자가 앞장서서 그런 분위기를 고양시키며 심지어는 전략적으로 가장 능력 있고 노련한 구성원을 힘 있는 자리에 앉히기도 한다. 이것이 지도자 자신의 권력에 대한 위협으로 돌아올 수 있음[35]에도 불구하고 말이다.

이처럼 집단 내 알력이 있을 경우 지배적 지도자가 진가를 발휘할 수 있다는 사실은 개발도상국이나 내전이 잦은 부족 사회들이 대체로 독재자에 의해 통치되는 이유 중 하나일 것이다. 이 유형의 지도자 치하에서 국민들의 일상은 많은 희생을 치러야 하는 힘겨운 고통의 나날이겠지만, 집단의 유지는 보장된다.

집단에 어떤 이점이 있는지를 떠나서, 개인 차원에서는 어떤 사회에든 지도자가 지배형인 것이 오히려 유리한 사람들이 있다. 이를테면 사회가 높이 평가하는 지식과 능력을 갖추지 못한 사람들, 특별히 똑똑하다고는 볼 수 없는 사람들, 매사에 노력하는 성품이나 선한 성품을 타고 나지 않은 사람들이 그 부류다. 신망형 지도자 밑에서라면 이들은 사회 계층 사다리의 하층부를 벗어나지 못할 것이다. 하지만 지배적 리더십을 통해서라면 집단에 이바지할 지혜나 능력이 없는 사람 혹은 성정이 심술궂고 공격적인 사람이라도 힘 있는 자리에 올라갈 수 있다. 남보다 더 크거나, 더 강하거나, 더 부유해야겠지만 말이다.

물론 이런 사람들은 지위를 획득하는 과정에서 동료 구성원들로부터 반감을 사거나 혐오의 대상이 되기도 하는데, 이는 평범한 사람들이 감당하기에는 과도한 대가다. 그래서 차라리 계층 사다리의 밑바닥에 머무는 쪽을 택한다. 실제로 한 사회과학 연구에 따르면, 사회적 화합에 높은 가치를 두는 사람들의 경우 이러한 지배 기반의 성공 전략[36]을 선호하지 않는 것으로 나타났다. 이 연구는 부분적으로 이것이 사회·경제적 지위가 낮은 사람이 계속 그 지위에 머무는 이유라고 주장한다. 불리한 계층에 속하는 개인들은 사람들과의 유대를 특히 더 중시하는 경향을 보이지만, 현대 북아메리카 사회의 대다수처럼 그들은 강압과 조종이 지위 상승의 유일한 길이라고 (잘못) 믿고 있다. 자신이 가장 중요하게 여기는 사회적 규범과 이상적인 자아상을 저버리느니, 아예 지위 게임에 물러나 살아간다는 것이다.[37] 그런가 하면, 서로에게 힘을 주는 따뜻하고 인간관계는 포기하고 지배적 전략을 통해 지위를 획득하는 것이 충분히 가치 있는 삶이라고 믿는 사람들도 있다. 어쨌거나 권세를 얻으면 친구는 생기게 되어 있으며, 하다못해 일시적인 우방은 얻을 수 있으니 말이다.

지금까지의 연구 결과를 바탕으로 우리는 지배와 신망 모두 각각 장단점이 있으며 상황에 따라 이득을 보는 사람과 손해를 보는 사람이 있을 수 있다는 결론을 도출했다. 어쩌면 지배와 신망 둘 다 권력 획득에 동등하게 유효한 방법이며, 따라서 오만한 자부심과 진정한 자부심 둘 다 동등하게 적응적 이점이 있는 감정이라는 점이 중요한 결론일 것이다. 두 자부심은 완전히 상반된 행동과 지각 패턴을 유발하지만, 둘 다 사회 계층의 최고 단계에 도달하는 데 반드시 필요한 무기다.

이러한 연구 결과는 사람이 왜 오만한 감정을 느끼도록 진화했는가처럼 자부심의 진화적 연원에 관한 의문뿐 아니라 이 감정과 도덕의 연관성을 설명해 준다. 또한 역사적으로 자부심이 죄악시되어 온 동시에 미덕으로 간주되기도 했던 이유와 더불어, 진화적 관점에서는 두 유형의 자부심 모두 죄악도 미덕도 아님을 설명해 준다. 진화된 감정인 자부심은 적응적 행동을 유발하며, 이때 두 자부심은 각기 다른 양상의 적응적 행동을 유발한다. 다시 말해 진정한 자부심은 성취와 양심, 공감을 오만한 자부심은 자만과 호전성, 이기심을 유발한다.

과학적으로 중요한 질문은 진정한 자부심과 오만한 자부심이 좋은 감정인가 나쁜 감정인가가 아니라, 이 감정들이 어떻게 적합성, 즉 개체가 생존과 번식에 성공할 가능성을 높이느냐다. 이에 대해 현재까지 나온 근거들은 두 유형의 자부심 모두 이 기능을 수행함을 보여 준다. 진정한 자부심과 오만한 자부심 모두 권력과 영향력을 획득하는 데 기여하며, 이 감정을 경험하는 사람들은 생명 유지에 필요한 자원과 배우자를 놓고 끊임없이 벌어지는 개인 간 경쟁에서 앞서나갈 것이다.

지금까지 우리는 자부심이 자아 형성에 어떤 영향을 미치는지, 자부심이 우리를 성취 지향적이고 도덕적 인간으로 만드는지 혹은 호전적이고 까다로운 사람으로 만드는지, 또 자부심이 어떻게 권력과 지위를 추구하게 만들며 사회계층의 사다리를 올라가게 만드는지를 살펴보았다. 다음 장에서는 범위를 좀 더 넓혀서 이것이 사회적·문화적으로 무엇을 의미하는가를 알아볼 것이다. 자부심이 우리 개인에게 미친 영향은 우리 개개인이 집단을 위해서 하는 일로 이어지며, 결국 우리의 문화가 진보하는 방향으로도 확장되기 때문이다.

자부심은 인간 본성의 일부다. 그러나 거꾸로, 그 본성을 형성한 것 또한 바로 자부심이다. 우리 인간은 현존하는 모든 생물종 가운데 가장 문화적으로 발달한 존재다. 주위에서 무언가를 학습해 자기 것으로 받아들이는 능력으로 볼 때 우리는 다른 어떤 동물보다 뛰어나다. 이렇게 문화적 지식을 공유하거나 모방하고 전파하는 능력은 인류를 오늘날의 모습으로 만드는 데 크게 기여했다. 앞으로 살펴보겠지만, 자부심 없이 우리는 오늘날의 우리가 될 수 없었을 것이다. 인류가 역사를 통틀어 이루어 낸 수많은 중대한 성공과 발명의 발자취를 밟아 가다 보면, 결정적으로 중요하지만 오랜 세월 오해받아 왔던 이 감정을 만날 것이다.

6
인류 진화 최고의 방식,
프라이드

공정함과 자부심의 관계

살다 보면 유달리 운이 따르는 날이 있다. 가령 이런 경우다. 당신이 친구와 두서없이 수다를 떨며 길을 걷는데 초록색이 도는 친숙한 무언가가 눈에 들어온다. 허리를 굽혀 들여다보니, 이게 웬걸! 20달러짜리 지폐다. 운이 그 정도까지는 아니어서 5달러, 아니 단돈 1달러짜리 지폐일 수도 있겠지만, 어쨌든 누구나 평생에 한 번쯤은 예리한 눈썰미와 순전한 운 덕분이라고밖에는 달리 설명되지 않는 뜻밖의 횡재를 만나 봤을 것이다.

하지만 이 불로소득을 잡으려는 순간, 옆에 있던 친구도 몸을 굽히고 손을 뻗는다면? 친구도 그 20달러를 발견하고 자기 것으로 생각한 것이다. 당신이 재빨리 낚아챘지만, 친구의 빈 손이 눈에 들어온다. 그러면 어떻게 하겠는가?

아마도 그 20달러짜리 지폐가 더 이상 나만의 것은 아닌 듯한 기분일 것이다. 행운이 내 손에 쥐여 준 지폐이건만, 이대로 친구와 헤어진다면 기분이 좋지 않을 것 같다. 그래서 친구에게 그 돈으로 가까운 카페에 가서 고급 음료와 크루아상을 사먹자고 제안할 수도 있다. 아니면 함께 보기로 한 영화를 당신이 계산하겠다고 할 수도 있다.

이번에는 상황을 조금 바꿔 보자. 지폐를 동시에 발견한 사람이 친구가 아니라 대도시 번화가에서 당신과 같은 길을 걷고 있던 낯선 사람이라고 상상해 보자. 두 사람이 동시에 지폐를 발견했지만 당신이 먼저 잡았다. 운이 약간 모자랐던 그 낯선 사람에게 커피나 영화 비용을 당신이 내겠다고 하지는 않을 것이다. 하지만 10달러 아니면 최소한 5달러는 내줄까 하고 생각할 수는 있다. 혹은 그저 어깨 한번 으쓱한 뒤 살짝 웃거나 억지웃음이라도 보이고는 '어차피 다시 볼 사람도 아닌데'라고 생각하면서, 20달러가 더 생겼다는 사실에 흐뭇해하며 가던 길을 계속 갈 수도 있다.

실제로 사회과학자들은 바로 이 상황에서 사람들의 반응을 살피는 실험을 몇 년에 걸쳐 수행해 왔다. 피험자 두 명에게 이제부터 게임을 시작하겠다고 하고 무작위로 제안자와 응답자,

두 역할 중 하나를 준다. 그런 다음, 제안자에게 20달러 지폐를 주고 무엇이든 하고 싶은 대로 하라고 한다. 제안자는 앞으로 응답자를 다시 만날 일이 없을 테니 그 돈을 챙겨 집으로 돌아가도 된다. 아니면 연구에 참가하겠다고 똑같이 신청했으나 어쩌다 한 푼도 못 챙긴 운 없는 응답자에게 얼마가 됐든 적당하다 싶은 만큼 몫을 나눠 줘도 된다.

당신이 이 실험에서 제안자라면 어떻게 하겠는가? 생전 처음 보는 상대방에게는 아무것도 주지 않고 혼자 20달러를 다 갖겠다고 해도, 당신의 권한이므로 아무 문제 없다. 그뿐만 아니라 그것이 당신의 금전적 이득을 최대화하는 최선의 방법이다. 그러니 누구라도 이 상황이라면 당연히 그렇게 해야 하는 것 아닐까?

사람이 고려하는 것이 자신의 금전적 이득을 최대화하는 것뿐이라면, 누구든 이렇게 할 것이다. 하지만 만약 이것이 실제 상황이라면 사람들 대부분은 그 돈 전액을 가져가진 않을지도 모른다는 생각도 들 것이다. 실제로 서구권에서는 성인 대다수가 이 공돈을 50 대 50에 거의 가깝게, 혹은 60 대 40 정도로 나눈 것으로 나타난다. 한발 늦은 상대방에게도 발견자로서 일종의 수수료를 챙길 자격이 있다고 판단했을 것이다. 현실적으로 볼 때, 절반인 10달러 이상을 나눠 줄 사람은 없다. 상대방에게 한 푼도 나눠 주지 않고 자기 이익만을 따진 사람들도 있었는데, 보통 23세 미만이었으며 예외적인 경우였다. 한편으로 서구권에서 수없이 행해진 이 유명 심리학 게임에 참여해 본, 대학 졸업 연령 이상의 대다수 성인들은 상대방에게 절반 인 10달러를 약간 밑도는 액수를 주었다.

이유는 무엇일까? 그렇게 하는 것이 공정하다고 생각했기 때문이다. 가령, 동전 던지기로 20달러를 얻었다는 것이 그 돈을 정당하게 챙겼다는 뜻은 아니다. 상대방은 아무것도 못 받았다는 것을 알면서도 당신은 그 20달러를 혼자 챙겨 나온 스스로를 용인할 수 있을까?

'독재자 게임'으로 알려진 이 실험을 통해 여러 차례 반복 검증된 이 결과는 심리학자들과 경제학자들이 인간은 자신의 이익만을 위해 행동하지 않는다는 주장을 증명하는 핵심 근거 중 하나다. 사람은 눈앞의 금전적 이익에 최선이 될 행동만을 하지는 않는다. 우리는 '공정하다'고 느껴지는 행동을 택한다.*

그런데 이 연구에서 또 하나의 흥미로운 점이 밝혀졌다. 공정함의 기준이 모든 곳에서 동일한 것은 아니라는 사실이다. 서구 사회에서는 뜻밖의 횡재라면 50 대 50으로 나누는 것을 공정하다고 느낀다. 하지만 비서구의 산업화 이전 사회에서는

---

* 경제학자들은 이 상황에서 공정하게 행동하는 것이 궁극적으로는 그 사람에게 금전적으로도 이익이 된다는 점을 지적하는데, 공정함의 규범이 작동할 때 언젠가 자신이 운 나쁜 사람, 그러니까 20달러를 잡지 못한 사람이 되더라도 보호받을 수 있기 때문이다. 그럼에도 이런 장기적 관점의 계산은 사람이 공정하게 행동하는 근접인을 설명해 주지 못한다. 우리가 공정하게 행동하는 것은 그것이 옳다고 느껴지기 때문이다. 비록 그것이 자신의 이익을 최대화하는 최선의 길이 아니라는 것을 알면서도 말이다.

그렇지 않다. 독재자 게임에서 20달러를 받은 야사와섬의 주민들에게 공정한 분배 액수는 7달러였고, 볼리비아의 치마네 부족민들에게는 5달러[1]였다. 사람들이 생각하는 공정한 분배는 전체 액수의 25퍼센트에서 최대 50퍼센트로 연구에 따라 큰 편차를 보이는데, 이는 인간 행동 연구에서 나올 수 있는 각종 문화적 차이들 중 최대치에 해당한다.

이 거대한 문화적 차이는 우리가 인식하는 공정함이 사회적으로 학습되는 것임을 말해 준다. 공정함은 사회적 규범이다.[*] 우리는 이 규범을 우리가 속한 사회의 타인들로부터 학습하며, 이 규범이 학습을 통해 내면화하면 우리의 정체성의 일부가 된다. 북아메리카 사람들이 어쩌다 생긴 돈의 절반을 낯선 사람에게 나눠 주는 것은 북아메리카의 문화가 그렇게 행동하는 것이 옳은 일이라는 믿음을 사람들 안에 심어 주었기 때문이다. 더불어 우리의 객체적 자아가 사회에서 옳다고 말하는 대로 행동하고 싶어 하기 때문이다.

공정함은 문화권에 따라 극명한 차이를 보이는 많은 사회적 규범 가운데 하나일 뿐이다. 이런 규범들은 사회화를 통해서 학습하며, 종국에는 우리 정체성의 일부가 된다. 어떤 사회에

---

[*] 진화인류학자 조 헨리히Joe Henrich는 이 유형의 공정함은 우리가 모르는 사람을 대하는 태도를 규정하며 인간적 감정과는 무관한 사무적 공정함으로 봐야 하고, 우리가 잘 아는 사람을 대하는 태도를 규정하는 공정함 규범과는 구분해야 한다고 설명한다.

서든, 좋은 사람이 된다는 것은 그 사회의 규범을 준수하는 것이다. 앞서 말했듯이, 우리가 어떤 규범을 지켜야 하는지를 돌아보고 또 그 규범을 잘 지키도록 스스로를 일깨우는 것도 우리에게 정체성이 존재하는 이유다. 우리는 스스로가 사회의 규범을 잘 따르고 있다고, 혹은 그 이상을 해내고 있다고 느낄 때 자부심을 느낀다. 그리고 자부심을 느끼고자 하는 이 욕구는 우리의 객체적 자아가 모범적인 사회 구성원이 될 수 있도록 가능한 모든 최선을 다하게 만드는 힘이다.

자부심은 모범적인 사회적 존재가 되고자 하는 욕구를 품는 데 반드시 필요할 뿐만 아니라, 그러한 존재가 된다는 것이 무엇을 의미하는가를 이해하는 데에도 도움을 준다. 자부심은 우리 사회의 규범을 학습하고 그것을 확고하게 내면화하게 해준다. 결과적으로, 자부심은 우리 종이 시작된 이래로 일구어 온 주요한 진보를 이끈 힘인 '누적적 문화 진화cumulative cultural evolution'라고 알려진 현상을 직접적으로 유발한 감정 중 하나다.

문화도 진화한다

누적적 문화 진화는 예술, 과학, 기술, 종교, 제도, 가치관 등 한 사회의 모든 문화 지식이 서로를 발판 삼아 영향을 주고받으며 발전하는 과정이다. 이를 통해 한 개인이나 한 공동체가 만들어 낼 수 있는 그 어떤 것보다 진보한 문화 체계가 형성된다.

많은 진화 과학자들이 이러한 문화 체계의 중요성에 동의한다. 우리 종의 생존 및 궁극적 성공과 근본적으로 결부되어 있는 체계이기 때문이다. 그들은 우리 종이 어떻게 현재의 우리가 되었는지를 이해하기 위해서는 유전자의 진화만이 아니라 인류의 문화 전체가 진화하고 변화하면서 사람의 심리를 형성해 온 역사도 살펴봐야 한다고 주장한다. 우리가 현재 어떤 다른 종과도 같지 않은 독특한 종이 된 데에는[2] 유전자의 진화만이 아니라 문화의 진화도 중요한 역할을 수행했다는 뜻이다.

문화 진화와 관련해 가장 놀라운 점은 그것이 어디에서나 이루어지고 있다는 사실이 아니라 우리가 그 사실을 인지하지 못하고 살아간다는 점일 듯하다. 우리는 현재의 우리를 만들어 낸 것이 유전자임은 그토록 강조하면서도, 문화적 학습 없이는 우리가 멀리 나아가지 못했을 것이라는 사실은 망각하거나 인식하지 못하고 있다. 이는 학습이 분명하게 필요한 분야에만 해당되는 이야기가 아니다. 컴퓨터 조립은 말할 것도 없고, 단순히 그 사용법만 배운다 해도 우리에게는 유전자 이상의 것이 필요하다. 컴퓨터라고는 보이지 않는 무인도에 떨어졌다고 해보자. 그곳에서 살아남으려면 유전자만으로는 불가능하다. 섬에서 자라는 식물 가운데 먹어도 되는 것은 무엇인지, 어떤 것에 독이 있는지, 또 물고기를 잡거나 죽이는 데 필요한 창을 어떻게 만드는지 등 상당히 정교한 지식이 필요하다. 그렇지 않다면 그 섬에서 며칠 이상 버티지 못할 것이다. 이는 우리가 실제로 살아가는 세계에서도 마찬가지이다. 오랜 역사를 거치며 풍부한 영양을 공급하는 농작물 재배법이나 식량 조달을 위한 시장 제도, 요리법 등이 발달하지 않은 사회라면, 혼자서 살아나갈 방도가 있을까?

19세기 유럽 제국주의 열강의 많은 탐험가들이 맞닥뜨렸던 현실을 생각해 보면 문화적 학습의 필요성을 쉽게 이해할 것이다. 이역만리에 발이 묶인[3] 그들은 이 지역에서 장구한 세월 성공적으로 정착해 온 원주민들과 협력하지 않고서는 생존할 수 없었다. 이 탐험가들에게는 야생식물을 민감한 위장이 소화할 수 있는 형태로 전환하는 지식은 물론 채집이나 사냥에 필요한 기술도 없었기 때문이다.[*]

이와 관련해 적절하고도 절묘한 사례가 하나 있는데, 오스트레일리아의 황야에서 길을 잃은 영국 탐험가, 로버트 버크와 윌리엄 윌스의 이야기다. 그들은 원주민들이 주식으로 빵으로 만들어 먹는 양치식물인 마름의 수확법을 알아내고는 이것이면 충분히 살아갈 수 있다고 생각했다. 버크와 윌스는 하루에 2~3킬로그램씩 마름빵으로 배를 채웠지만 아사하고 말았다. 마름빵 불내성과 마름에 들어 있는 독성 물질인 티아미나아제

---

[*] 조 헨리히는 저서 『우리 종의 성공 비결The Secret of Our Success』에서 문화적 학습의 필요성을 설파하면서 강력한 근거로 이런 사례를 제시했지만, 헨리히의 기본 주장은 누적적 문화 진화를 통해 이루어진 인류 문화의 주요한 진보는 유전자만의 역할도 문화만의 역할도 아닌 이 두 요소가 함께 이루어 낸 결과물이라는 것이다. 이는 유전자-문화 공진화 이론으로 불린다.

(티아민 분해 효소) 중독[4]이 원인이었다. 원주민 사회의 문화적 지식 기반에 도움 받지 않고 독자적으로 움직였던 이 탐험가들은 원주민들이 마름빵을 만들 때 언뜻 보기에는 의례 같지만 알고 보면 독성 제거에 반드시 필요한 몇 단계의 절차를 이행했던 사실을 놓친 것이다. 그 조리 절차를 보자면, 마름의 홀씨주머니를 가루로 빻아 다량의 물을 부어 체로 걸러 낸 다음 반죽해서 얇은 떡 모양으로 빚어 재 속에서 익힌다. 그런 뒤 홍합 조가비로 만든 수저로 떠먹는다. 사소해 보이는 하나하나가 모두 티아미나아제의 독성을 분해 또는 파괴하는 데 결정적인 절차였다.

마름을 식용으로 처리하는 데 필요한 지식은 다양한 기술의 총합이어서 누가 되었건 혼자서 알아내기에는 너무 복잡하다. 이런 기술은 집단에 의해 개발되고 세대마다 개선 사항이 추가되면서 오랜 세월에 걸쳐 대를 이어 전승된다. 오늘날 존재하는 소규모 공동체 사회들은 수천 년간 다듬어져 내려온 기술과 지식으로 살아남은 것이다.

이것이 지금은 멸종했지만 우리와 유전자 배열이 거의 일치하는 종들을 포함하여 다른 모든 동물종과 우리 종이 결정적으로 다른 점이다. 누적적 문화는 호모사피엔스의 선조로서 약 150만 년 동안 아프리카에서 살았던 호모에렉투스와 함께 시작되었을 것으로 추정된다. 이 선행 인류는 상당히 정교한 석기를 만들고 사용했으며 불을 이용해 조리했다. 석기와 불의 사용은 어떤 개인이나 집단이라도[5] 단독으로 단번에 획득했으리라고는 생각하기 어렵다. 그러나 선행 인류가 이런 문화적 진보를 이루었어도 우리 종에게서 볼 수 있는 진보에 미치지 않는다. 호모에렉투스는 100만 년 동안 여러 형태의 주먹도끼와 가로날 도끼[6]를 만들어 냈다. 이는 몇 달마다 아이폰 업그레이드 문제로 골치 아파하는 우리 호모사피엔스하고는 비교가 되지 않는다.

호모에렉투스의 뒤를 이은 선행 인류인 네안데르탈인은 현대의 사람과 유전자 배열이 99.5퍼센트 일치하고 상당히 진보한 도구를[7] 다수 만들어 냈지만, 여전히 현대 인류의 문화나 문화적 진화와는 거리가 멀다. 또한 네안데르탈인은 호모에렉투스와 마찬가지로 결국 멸종했다. 호모사피엔스와 그 이전 모든 선행 인류의 결정적인 차이는 현대인의 두뇌가 더 좋은 것이 아니라(오히려 네안데르탈인의 뇌가 우리보다 더 컸다) '사회적' 존재라는 점이다.[8] 그 결과, 우리 종은 다른 사람의 좋은 아이디어를 배우고 모방하고 개선하는 기술에서 어떤 다른 선행 인류보다 탁월한 능력을 갖출 수 있었다. 우리는 같은 집단의 타인으로부터 지식을 습득하며, 우리를 여타의 어떤 종과도 다른 독특한 종으로 만든 차이는[9] 유전자뿐 아니라 이처럼 누적된 지식이다.

우리가 타인의 발명품을 가져다가 개선할 수 있는 것은 사회적 학습 능력 덕분이다.[10] 이 역시 사람이 다른 유인원보다 더 머리가 좋기 때문이 아니다. 사람이 침팬지와 일대일로 인지 능력 테스트를 치른다면, 많은 과제에서 비길뿐더러 일부 과제에서는 난감하게도 침팬지가 이긴다. 하지만 침팬지가 우리에게 범접할 수 없는 한 가지 인지 영역, 그것이 바로 타인을 모방하고 타인으로부터 학습하는 능력[11]이다.

　침팬지도 분명 서로를 모방하지만, 그들은 목적이 있어서가 아니라 아무런 생각 없이 모방한다. 이 차이는 아주 중요하다. 의도 없이 혹은 결과에 대한 생각 없이 모방하는 것은 무의미한 행동이다. 초등학교 2학년 때, 이스라엘에서 온 전학생이 있었다. 내 옆자리에 앉은 그 학생은 아직 영어를 못해서 내 숙제를 베꼈는데, 이름까지 베껴 쓰는 것이었다. 침팬지의 무의미한 모방이 바로 이런 경우다. 우리는 모방하는 이유, 즉 모방의 목적을 알고 하기 때문에 능숙하게 학습할 수 있으며, 그렇기에 타인의 성공을 이어받아 개선하고 발전시킬 수 있다.

　인간의 학습 능력이 뛰어난 것은 자신이 잘하고 싶은 무언가가 있을 때 모방을 하기 때문이다. 이는 우리가 그냥 본 대로 따라만 하는 것이 아니라, 원할 때면 나만의 멋스러운 재주를 집어넣기도 하고 어떤 획기적인 요소를 결합해 원래의 기술을 크게 향상시키기도 한다는 뜻이다. 어린 시절, 두발자전거 타는 법을 배우던 때를 생각해 보자. 아마도 처음에는 이를 가르쳐 주는 어른이 어떻게 하는지 지켜보았을 것이고, 그런 다음 그의 동작과 행동, 그러니까 자전거에 오를 때 어느 쪽에 서는

지, 페달의 어디쯤에 발을 올려놓는지, 페달을 언제 밟기 시작하는지 등을 정확하게 흉내 내서 시도했을 것이다. 마침내 균형이 잡히고 앞으로 달리면서 그 느낌을 알게 되면 더 이상 그를 따라 할 필요가 없어진다. 자신에게 더 편한 쪽 발을 굴러 출발하거나, 페달에서도 힘이 가장 잘 들어가는 위치를 찾아낼 것이다. 하지만 이 모든 것이 가능했던 것은 기꺼이 시간을 내어 직접 몸으로 가르쳐 주며 자신의 동작을 따라 하게 하고, 자신의 허리가 끊어질 듯 아파도 꾹 참고 아이가 스스로 균형을 찾을 때까지 옆이나 뒤에서 자전거를 붙들고 함께 달려 준 어른의 용맹한 봉사 덕분이다.

자전거 타기가 되었건 컴퓨터 조립이 되었건, 어떤 어려운 기술을 숙달하는 가장 좋은 방법이 아직까지는 사회적 학습임이 여러 연구를 통해 증명된 바 있다. 기꺼이 가르쳐 주고자 하는 혹은 모방을 허락하는 친절하고 관대한 사람에게 배우는 것 말이다. 이를 증명하고자, 한 진화생물학 연구 팀은 사람들이 어떤 문제를 해결하는 상황을 만들고자 했다. 그러기 위해 널리 알려진 한 가지 방법을 이용했으니, 바로 대회를 연 것이었다.[12]

연구진은 프로그래머들을 대상으로 '문어발 날강도multi-armed bandit(복수 레버 슬롯머신)'라고 하는 게임을 설계했다. 이는 도박장 슬롯머신에 너무도 잘 어울리는 외팔이 날강도one-armed bandit[13]라는 별명에서 따온 이름이다. 이 게임은 레버가 아주 여러 개 달린 복잡한 슬롯머신을 이용한다. 게임에 참가한 프로그래머들의 과제는 세 가지 전략을 원하는 순서대로 원하는 만큼 이용하여 가장 높은 포상을 얻어 내는 컴퓨터 프로그램을 개발하는 것이었다.

프로그램 개발에 사용할 수 있는 세 가지 전략은 시행착오를 통한 학습, 관찰을 통한 학습, 활용이었다. 우선 시행착오 학습은 직접 해보며 학습하는 방법으로, 어떤 레버를 당겼을 때 얼마나 보상이 높은지 또 어떤 레버는 그렇지 않은지 등의 정보를 정확하게 획득할 수 있다. 한편 관찰 학습은 타인으로부터 배우는 학습법으로, 다른 참가자들이 어떤 레버를 당겼을 때 어떤 일이 일어나는가를 지켜봄으로써 정보를 얻는 것이다. 이는 다른 참가자가 당긴 레버가 효용이 높았는데 자신은 이를 아직 알지 못했을 경우 유용한 전략이다. 하지만 자신이 이미 알고 있는 수를 다른 참가자가 쓴다면 별 도움이 되지 않는다. 마지막으로 활용 전략은 참가자가 보상이 높다는 것을 이미 알고 있는 레버를 당기는 전략이다. 실제로 포상을 가져오는 유일한 전략이기 때문에, 다른 두 전략을 통해 학습한 수를 확실하게 써보기 위해서는 활용을 자주 도입하는 것이 좋다.

이 대회에 참가한 프로그래머 104명은 세 전략을 다양하게 결합한 프로그램을 개발했다. 일부는 주로 시행착오 학습법을 쓰면서 활용을 결합했고, 일부는 시행착오 학습법과 관찰 학습법을 동수로 이용했으며, 또 다른 일부는 주로 관찰 학습법에 의지했다. 프로그래머들이 활용 전략을 이용한 빈도에도 차이가 있었는데, 이 전략을 자주 넣어서 잭팟을 터뜨릴 기회를 많이 둔 프로그래머가 있는가 하면, 활용 전략 사이에 학습을 수차례 섞어서 활용 한 번에 큰 포상을 가져올 확률을 최대화한 프로그래머도 있었다.

이 연구에서 밝혀진 것은 높은 포상을 가져온 프로그램들이 전부 공통된 한 가지 패턴으로 구성되었다는 점이다. 짧은 시간 동안 큰 이익을 얻은 프로그램들은 전부 관찰 학습 비중이 높으면서도 학습된 것을 이용해 수익이 확실한 수를 쓰는 활용 전략을 충분히 결합한 구성이었다. 최종 승자는 '디스카운트머신'이라는 이름이 붙은 프로그램으로, 관찰 학습에 95퍼센트의 시간을 할애하고 나머지 5퍼센트는 시행착오 학습에 할애했다. 연구자들이 사회적 학습에서 오는 이익을 떨어뜨리기 위해 이 프로그램에 수차례 훼방을 놓았지만, 결과는 변함없었다. 학습으로 획득한 정보가 특별히 도움이 되지 않게 하는 조치도 여러 번 취했지만 통하지 않았다. 사회적 학습에 중점을 둔 프로그램들은 어떻게 해도 시행착오 학습에 중점을 둔 프로그램보다 큰 이익을 냈다.

이 연구에서 나온 근거는 명확하다. 타인이 이미 학습한 것에서 도움을 받는 것이 혼자서 하는 것보다 세계에 대한 지식을 획득하고 기술을 개발하는 데 훨씬 용이한 방법이라는 것이다. 사회적 학습은 지식을 획득하고 그 지식을 토대로 더욱 발전해 나가는 데에 다른 어떤 것과도 비교할 수 없이 탁월한 전략이다. 따라서 사회적 학습은 인류의 누적적 문화 진화에 근간이 된 과정이다. 사회적 학습 능력이 없었다면 우리는 우리의 유인원 사촌들과 크게 다르지 않았을 것이다. 그리고 이 사회적 학습을 가능하게 해준 감정, 그리하여 문화적 진화를 가능하게 해준 감정이 바로 자부심이다. 자부심은 우리 종에게 성공을 가져다준다.

자부심이 역사에서 발견한 것들

우리 인간에게는 다른 종에게는 없는 인지 능력이 있다. 우리 뇌의 이 능력을 통해 문화의 누적이 가능했으며, 이것이 우리를 오늘날의 우리로 만들어 주었다.

누적적 문화 진화는 다음의 세 가지 인지 능력을 성취할 수 있는가로 결정된다. 첫째, 기술을 개발하고 유용한 지식을 획득하는 능력이 필요하다. 둘째, 이 지식을 타인과 공유하는 능력이 필요하다. 셋째, 그러한 공유를 통해 누적된 문화적 지식을 효과적으로 습득하는 능력이 필요하다. 그래야 이 모든 과정이 거듭되면서 새로 획득된 기술이 진보와 혁신의 출발점이 될 수 있다.

이 세 가지 인지 능력을 심리적 측면에서 접근해 보면, 그 능력의 근간은 세 가지 욕구로 설명할 수 있다. 창조하고 혁신하고자 하는 욕구, 자신이 창조한 것을 타인에게 가르치고 공유하고자 하는 욕구 혹은 최소한 기꺼이 가르치고 공유하고자 하는 욕구, 특정 영역의 전문가들에게 배우고자 하는 욕구다. 이 세 욕구 모두 자부심을 느낄 때 촉발되며, 경우에 따라서는 엄청난 동력으로 작용한다.

지금까지 살펴본 대로, 자부심은 우리가 사회가 바라는 유형의 사람이 되기 위해서 해야 할 많은 일들을 하게 만든다. 이런 자부심이 우리에게 무언가를 창조하고 건설하도록 밀어붙이는 힘이라는 이야기는 새삼스럽지 않다. 손길이 필요한 사람을 돕고, 나보다 형편이 어려운 이웃에게 가진 것을 주고, 건강한 시민으로서 선거일에 투표하는 등의 도덕적 행동을 실천하게 만드는 것이 자부심이다. 성공을 위해서 열심히 일하게 만드는 것 또한 자부심이다. 자부심이 있기에 우리는 지겨운 업무를 끝까지 해내고, 창의적인 해법을 제시하고 혁신적 사고에 몰입하며, 생산성을 높이기 위해 비효율적인 업무 습관이나 관행을 변화시킬 수 있는 것이다. 이러한 행동은 대부분 진정한 자부심의 결과물이지만, 앞서 설명했듯이 오만한 자부심도 노력과 창의성을 자극할 수 있다. 비록 그것이 순수하게 자신을 발전시키거나 무언가를 성취하고자 하는 욕구의 발로라기보다는, 권력과 지배력을 획득하기 위해서 혹은 남에게 잘 보이고 싶다는 욕구에서 비롯된 행동이기는 하지만 말이다.

진정한 자부심이 되었건 오만한 자부심이 되었건, 자부심은 창조하고 건설하고자 하는 욕구, 성취하고자 하는 욕구를 일으키는 힘의 중심이 되는 감정이다. 자부심이 없다면 우리는 이미 습득한 문화적 지식을 개선하고 발전시키려는 자극을 받지 못할 것이다. 있는 도구를 쓰면서 가진 것에 만족하며 그럭저럭 살아갈 뿐, 그 이상의 것을 추구하려는 마음은 품지 않을 것이다.

이것이 내가 이 책의 1장에서 했던 이야기다. 즉, 단순히 먹고사는 것만이 아니라 자신이 가장 가치 있게 여기는 것을 하는 가장 중요한 이유는 자신에게 자부심을 느끼고 싶어서다. 이것이 딘 카르나제스가 밤새워 달리는 이유, 스티브 잡스가 개인용 컴퓨터와 스마트폰의 혁명을 가져온 이유, 폴 고갱이 자신의 가족과 안락한 생활을 버리고 기존의 화풍을 깬 예술적인 작품을 창조한 이유다. 하지만 당신은 위대한 발명가나 예술가 그리고 각 분야의 창조적인 사람들이 자부심 때문에 이런 일을 해냈다는 이야기가 여전히 잘 믿어지지 않을 수도 있다. 어쩌면 이 혁신가들을 이끈 힘은 순수하게 미와 진리, 혹은 지식을 추구하는 열정일 뿐 스스로에 대해 자부심을 느끼고 싶은 욕구와는 하등 관계가 없다고 말이다. 다른 예를 하나 더 살펴보자.

몇십 년 전, 과학철학자 데이비드 홀David Hull은 인류학의 기준으로 볼 때 전형적인 수렵·채집 부족이나 소규모 농경 부족 사회와는 달라도 너무나 다른 한 인구 집단을 연구했다. 여기에 그는 부족이나 종족 사회의 현지 조사를 통해서 인간 사회와 문화의 다양성을 연구하는 문화기술지ethnography라는 인류학의 방법론을 이용했다. 홀이 선택한 인구 집단은 실험실에서 과학적 문제를 해결하고자 헌신하는 생물학자 그룹으로, 이 연구의 목적은 무엇이 과학을 진보하게 하는가를 알아내는 것이었다. 즉, 새로운 과학적 개념을 창안하도록 이끄는 힘은 무엇이며 또한 그 개념이 해당 분야에서 널리 수용 혹은 거부되게 만드는 힘은 무엇인지를 밝히고자 했다. 그 훌륭한 과학자들이 보수가 대단히 많은 것도 아닌데 실험실을 떠날 줄 모르고 수시로 밤샘도 마다 않으면서 연구에 매달리는 것은 무엇을 위해서일까? 무엇이 그들을 그렇게 만드는 것일까?

결론이 뻔한 질문으로 들릴지도 모르겠다. 모름지기 과학자란 진리를 탐구하는 사람들이다. 그들이 실험에 실험을 무수히 거듭하는 것은 만물, 그러니까 이 세계, 우주, 정신, 몸의 본성을 더 잘 이해하기 위해서다. 그리고 세계에 대해서 배우고 그 배운 것을 이용해 세계를 더 나은 곳으로 만들고 싶어서다. 그들은 우리 종에게 진보를 가져다주며, 궁극적으로는 인류에 이바지할 발견을 하고 싶어 한다. 이것이 과학자들을 진보하게 만드는 목적이다. 그렇지 않은가?

틀렸다. 일반인들이 예상하는 바와 달리, 홀의 연구가 밝혀낸 과학자의 모습은 오로지 자신이 원하는 근거, 즉 자신이 세운 가설을 뒷받침해 줄 근거를 찾아내겠다는 일념으로 맹렬히 매달리는 개인들이었다.

이 연구는 과학자란 '자기 한 몸 돌볼 생각 없이 오로지 인류에게 도움이 될 과학적 지식을[14] 찾기 위해 실험실에 처박혀 뼈 빠지게 연구에만 몰두하는 치밀하고 세심한 사람들'이라는 세간의 믿음을 뒷받침하는 근거를 발견하지 못했다. 홀은 이렇게 평했다. "나는 수백 시간에 달하는 인터뷰를 진행하면서 […] (이 연구에 참가한 개인들이) 과학자가 되고 또 계속해서 이 일에 종사하게 된 다양한 동기를 들었다. 하지만 인류의 이익을 위해서라는 말은 어느 누구한테서도 듣지 못했다. 내가 이 문제를 제기하면 이런 식의 반응이 돌아왔다. '아, 네, 물론이죠. 인류에 도움이 되는 게 좋죠.' […] 사람들을 이롭게 하는 기초 연구에 헌신한 과학자들의 공적은 기꺼이 인정한다. (그렇다고는 해도) 과학 분야가 거둔 기이한 성공[15]이 과학자들의 선한 의도가 낳은 결과라고 말하기에는 충분치 않다."

홀이 말했던 것처럼, 과학계에서 어떤 새로운 발견에 대해 최초로 논문을 발표한 과학자의 이름만 기록에 올리는 관행은 원래 그 연구를 다른 분야 사람들과 공유하도록 장려하여 가능하면 빨리 실용화하게 할 방도로 도입된 것이었다. 하지만 시간이 흐르면서, 이 관행이 과학자들에게 동기를 부여하게 되었다. 이들이 최고의 난제를 찾아 수많은 시간을 들여 그것을 해결하고 그러고 나면 또다시 해법이 필요한 새 문제를 찾아나서는 것은 '문제를 푼 사람으로 기록되고자 하는 욕구' 때문이다.

과학적 문제를 풀거나 발견을 하는 것은 과학자들의 궁극적 성취이자 과학계 사람들이 느끼는 자부심의 원천이다. 이것이 과학계 전체를 떠받치는 근간이다. 과학자들은 자신이 세운 가설이 옳고 다른 가설이 틀렸음을 입증하기 위해 분투한다. 이것이 과학을 발전시키는 힘이다. 새로운 것을 알고자 하는 욕망이나 앎 그 자체의 기쁨보다 훨씬 큰 힘이다.

홀은 이것이 좋은 일이라고 말한다. 과학자들의 이기적 욕구가 과학의 진보를 가져오며, 자신의 노력과 발견에 자부심을 느끼고자 하는 욕구가 있었기에 중대한 발전이 이루어질 수 있다고 말이다. 자부심이 혁신을 만들어 낼 수 있는 것은 우리가 무언가를 창조하기 위해서 땀 흘려 노력하는 동기가 바로 자부심이기 때문이다.

물론 이기적인 동기에서 비롯된 과학 연구가 항상 천재급의 발견을 낳는 것은 아니다. 자신의 작업에 대한 오만한 자부심은 무언가 잘못되었을 때 자신의 잘못을 기꺼이 인정하지 못하게 하며, 심지어는 정색하거나 부정하는 행동을 하게 만들 수도 있다. 수리물리학자 로드 켈빈Lord Kelvin은 모순된 근거를 마주하고서도 자신의 가설을 변경할 것을 거부한 동서고금의 수백 명, 아니 어쩌면 수천 명의 과학자 가운데 한 사람일 뿐이다. 켈빈의 경우에는 자신이 추산한 지구의 나이가 틀릴 가능성이 상당히 컸는데도, 이에 물러서지 않고 실험하고 또다시 실험해 자신이 옳다는 것을 입증하고자[16] 했다. 물론 성공하지 못했다. 이것은 자부심이 과학에 미치는 영향이 얼마나 큰지를 보여 주는 확고한 예증이다. 그러나 이는 동시에 과학이 진리를 추구하는 냉정하고 공평무사한 학문이라는 생각에 대한 반증이요, 자부심을 느끼고자 하는 욕구의 어두운 일면을 일깨워 주는 사례이기도 하다.

그렇다고 해서 과학자들이 자신에 대해 자부심을 품겠다는 이기적인 이유 하나 때문에 연구에 헌신하고 천재적인 업적을 생산하는, 나쁜 사람들이라는 이야기는 결코 아니다. 과학자들이 열심히 일하고 자신의 과제에 심혈을 기울이는 것은 좋은 사람, 그러니까 사회가 높은 지위라는 보상을 주는 좋은 사람이 되고 싶기 때문이다. 하지만 승진을 가져다주거나 혹은 새로 발견한 정리에 이름을 붙일 기회를 가져다주는 지식이 이 과학자들이 실험실에서 깊은 밤까지 땀 흘리는 동기는 아니다. 그 동기는 그 지식의 발견 혹은 획득에 수반되는 감정이다. 발견자, 창조자, 혁신가 등 무언가를 성취한 모든 사람들이 무수히 되풀이되는 쓰디쓴 좌절 속에서도 자신이 지향하는 사람이 되기 위해 노력하게 만드는 것이 바로 이 감정이다.

따라서 자부심은 누적적 문화 진화를 이끌어 낸 첫 번째 심리적 욕구에 결정적으로 중요한 요소이다. 사람이 헌신적으로 무언가를 건설하고 창조하게 만드는 힘의 원천이 자부심인 것이다. 그렇다면 두 번째 심리적 욕구로, 자신의 지식을 타인에

게 기꺼이, 심지어는 열심히 가르치고 나누고자 하는 욕구와
자부심은 어떤 관계가 있을까?

자부심과 나눔

자부심이 우리로 하여금 지식을 동료 인류와 나누게 만드는
것은 그렇게 함으로써 신망이 높아지기 때문이다. 자신의 지식
을 타인에게 가르치는 것이 곧 신망을 쌓음으로써 지위를 획
득하는 길이 된다. 신망이 인류 사회에서 진화한 것은 사회에
서 가장 지혜롭고 가장 유능한 전문가를 권력의 자리, 즉 집단
의 나머지 성원에게 영향을 줄 수 있는 지위에 도달하게 하기
위해서다.

　인간은 사회적 학습을 하는 존재이기 때문에, 가르칠 것이
가장 많은 이들에게는 보상이 주어진다. 사람들은 그 지식과
기술을 이용하는 답례로 그들에게 권력을 맡긴다. 그리고 그
권력을 유지하기 위해서 신망 높은 지도자들은 관대하게 베풀
고 사회에 기여하는 스승이 되어야 한다. 그들에게 주어지는
높은 지위는 자신의 전문적 능력을 집단의 나머지 성원들과
기꺼이 나누고자 하는 태도와 행동에서 나온다. 기꺼이 그렇게
하려 하지 않을 때는 권력을 잃는다. 가진 지식과 기술을 나누
려 하지 않는 스승을 뭐 하러 따르겠는가? 높은 신망을 얻어
높은 지위에 오른 지도자가 태도를 바꿔 협박과 조종을 행한

다면, 결국 '당신도 똑같은 독재자'라는 평을 면치 못할 것이다.

따라서 신망 높은 지도자들은 자신에게 배우고 싶어 하는 사람들에게 자기가 가진 지식과 기술을 기꺼이 내놓아야 할 이유가 있다. 그 결과, 사회적 규범과 가치관, 믿음, 지식을 가장 효과적이고 능숙하게 획득한 사람은 자신이 아는 것을 그 사회의 구성원들에게 가르치고자 하며, 이를 행동으로 옮길 때 보상이 따라오는 시스템이 만들어졌다.

이 시스템이 효율적인 까닭은 한 사회의 구성원 개개인이 그 집단에서 가장 신망 높은 지도자를 따라 하려는 경향이 있어, 그 사회 전체가 발전하는 혜택을 보기 때문이다. 지도자를 따라 배우는 구성원 대다수가 지도자와 같은 수준의 지식과 기술을 획득하지는 못하더라도, 소수의 구성원이 그런 수준에 도달한다면 그들은 전문성을 획득하여 혁신을 이끌어낼 것이다. 그 소수는 지도자로부터 배운 것을 능가하는 지식과 기술을 구사할 것이며 그들이 다음 세대를 가르치는 지도자의 지위에 오를 것이다. 그렇게 스무 세대가 지나면, 그 사회의 모든 구성원이 최초 지도자보다 두 배 향상된 지식과 기술[17]을 획득할 것이다. 사람들이 전문적 능력을 갖춘 지도자로부터 배우고 싶어 하는 한, 그 집단 전체는 계속해서 진보할 것이다.

자부심은 이처럼 사회 전체 차원의 진보에 결정적으로 중요하다. 앞서 살펴보았듯이, 진정한 자부심이 신망을 얻고자 하는 욕구를 일으키는 감정이기 때문이다. 진정한 자부심을 느끼고자 하는 욕구가 새로운 지식을 습득하고 목표한 바를 성취하기 위해 노력하게 만드는 것이다. 그리고 이를 획득하는 사람이 사회가 지향하는 이상적인 모범, 즉 그 집단에서 신망 받는 지도자가 될 가능성이 가장 높은 사람이 된다. 진정한 자부심은 또한 타인에 대해 공감하고 배려하게 만드는 감정이다. 그리고 이 공감 능력은 사람들이 신망 높은 사람을 따라 배우려는 자극을 받는 이유이기도 하다. 실제로 친절을 베풀고 관대한 마음을 보여 주는 것은 사람들로부터 높은 신망을 얻게 되는 중요한 요소이다. 한 집단에서 가장 높은 신망을 받는 이들은 그 집단에 기여한 바가 큰 것만이 아니라 진정으로 사회를 위하는 마음으로 관대하게 기여한 사람들이다.

이렇듯 자부심은 누적적 문화 진화를 가능하게 한 세 가지 심리적 요소 가운데 두 요소를 이끌어 낸 감정이다. 그렇다면 세 번째 요소, 즉 전문가로부터 배우고자 하는 욕구와는 어떤 관계가 있을까?

사람들은 집단의 구성원들 가운데 누가 가장 지혜롭고 가장 똑똑하며 가장 능력 있는 사람인지를 찾아내고, 그런 다음 그들을 자신들이 존경할 만한 신망 높은 사회적 모범으로 대우한다. 이는 사람들이 존경하는 이들의 행동을 따라 배우면서 자신들도 언젠가는 타의 모범이 되고자 하는 희망과 욕구를 품는다는 뜻이다.

이 심리적 작용에 자부심이 어떤 역할을 하는지를 보여 주는 중요한 단서가 있다. 적응적 사회적 학습, 즉 소중한 문화적 지식의 전달과 전파를 낳는 사회적 학습에는 선별적 모방이 요구된다는 사실이다. 학습자는 어느 모범을 모방할 것인가를 선택해야 하는데, 이때 이상적인 모범이라면 가장 창의적인 아이디어, 가장 유용한 기술 혹은 가장 방대한 지식을 소유한 사람일 것이다. 학습자들에게 어떤 사람이 그 모범이 될 것인지를 알려 주는 것이 자부심이다.

자부심이 증거다

과학자가 항상 옳아야 하는 것은 아니며 모든 아이디어가 다 좋아야 할 필요도 없다. 인류의 발전은 개인의 능력이 아닌 누적적 문화 진화의 힘으로 이루어지기 때문이다. 그런 까닭에 한두 번 과학적 오류를 범한 로드 켈빈도 그 업적은 충분히 평가받는 것이다. 시간이 흐르면서 최고의 아이디어와 가장 정확한 결과만이 선택되어 모방되고 학습되며 개선된다. 취약한 아이디어, 반복 검증이 되지 않는 것으로 증명된 결과들은 결국에는 잊히고 버려진다.

　나쁜 아이디어가 도태되는 것은 문화 진화가 유전자 진화와 유사한 방식으로 작동하기 때문이다. 다음 세대로 전달되는 유전자들은 복제될 가능성이 높은 것으로 증명된 특성이나 행동을 보유한 유전자들이다. 복제 확률을 높이기 위한 무언가를 전혀 하지 않는 유전자들은 번식되지 않을 것이다. 즉, 더 이상 쓸모가 없어진 특성을 발현하는 유전자들은 결국 사멸한다는 뜻이다. 현생 인류가 불을 쓰는 기술로 고기의 육질을 부드럽게 만들게 되면서 조상들에게는 있던 크고 날카로운 송곳니가 퇴화한 것도 이 때문이다.

이와 마찬가지로, 학습할 가치가 없는 아이디어는 소멸된다. 아무리 명성 높은 사상가가 창시했더라도 그 운명은 달라지지 않는다. 아인슈타인이 "내 인생 최대의 실수"[18]라고 말하기도 했던 에너지 척력(밀어내는 중력) 법칙은 오류로 증명되었고, 티셔츠에 박힐 정도로 유명해진 'E=mc²'과는 달리 잊히고 말았다. 누적적 문화의 진가는 진보가 어느 한 사람의 손에 이루어지는 것이 아니라는 사실에 있다. 진보는 많은 사람의 지혜가 세대에서 세대로 이어지면서 모이고 쌓여 이루어진다. 번식 확률을 떨어뜨리는 행동이 새겨진 유전자가 그렇듯, 전파될 가능성이 낮은 아이디어는 그저 전파되지 않고 끝나게 된다.

물론 아이디어의 전파성을 결정하는 것과 유전자의 번식성을 결정하는 것은 크게 다르다. 유전자의 관점에서 자살 테러는 매우 해로운 행동이지만, 만약 자살 테러 유전자가 있다면 그 유전자는 스스로를 파멸시키는 행동을 활성화할 테니 복제될 일도 없을 것이다. 하지만 이것이 유전자가 아니라 하나의 아이디어라면, 자살 테러가 전파되기 위해서는 사회적 학습자들에게 그것이 가치 있는 무언가로, 즉 부와 명성과 권력 등 사회 구성원 다수가 원하는 것을 가져다줄 무언가로 인식되기만 하면 된다. 자살 테러가 세계적으로 널리 퍼지고 있는 이유다. 일부 문화권에서는 자살 테러범이 순교자로 칭송받는데, 그들이 사는 사회가 사후 세계의 영생을 높이 평가하기 때문이다 (이는 널리 전파될 만한 힘이 있는 또 하나의 아이디어다). 비중은 크지 않으나, 그들 중 일부가 순교 행위로 주어지는 보상이 유전자의 대량 사멸을 감수할 가치가 있다고 여기는 것이다.

하지만 대다수 문화권에서는 자살 테러를 광기의 행위로 여긴다. 이들 사회가 순교, 자살, 사후 세계를 보는 관점이 자살 테러를 조장하는 극단주의 종교의 테러 조직이 가진 관점과 다르기 때문이다. 하지만 사회적 학습자들은 이 차이를 어떻게 구분할까? 이들 사회의 구성원들은 자살 테러범을 사회적 모범, 즉 따라 배워야 할 대상으로 대하지 않기 위해 무엇을 어떻게 해야 할지를 반드시 알아내야만 한다.

누구를 따라야 하고 누구를 따르지 말아야 하는지를 결정하는 방법은 다양하다. 유아의 학습을 다룬 많은 연구들이 보여주듯이, 어린아이들은 자신과 다른 사람보다는[19] 비슷한 사람에게 배우는 것을 선호한다. 따라서 우리 대다수가 자살 테러범을 모방하지 않겠다고 결정하는 것은, 그 사람이 우리와 다른 민족 집단에 속해 있거나 다른 신념을 추구하는 사람이기 때문일지도 모른다. 그저 우리가 기존에 학습한 사회적 규범에 비추어 그 행동이 사회적 일탈 행동으로 보여서일 수도 있겠

프라이드

지만.

그런데 이런 사회적 모범 선별 방식은 우리와는 다른 모델을 단칼에 배제하는 데는 유효하지만, 우리 집단 내에서 따라 배워야 할 모범을 어떻게 찾아낼 것인가 하는 문제는 해결해주지 못한다. 우리처럼 보이거나 우리처럼 생각하는 모든 사람들을 따라 하는 것은 결코 유익하지 않을뿐더러 실제로 그렇게 하는 사람도 없다. 지식을 추구하는 개인들은 자신의 사회 집단 안에서 신망이 높은 사람, 즉 가장 정통한 전문가에게 강한 선호를 보인다. 하지만 누가 그런 전문가인지를 어떻게 알 수 있을까?

신망 높은 사람을 알아내는 한 가지 비결은 많이 아는 사람을 찾는 것이다. 지나치게 단순한 해법으로 들릴지도 모르겠지만 실은 아주 복잡한 기준이며, 유아들의 행동 발달 초기부터 흔히 관찰되는 현상이기도 하다. 유아는 2세 무렵이면 사회적 모범을 선택하여 학습하는데, 가령 장난감 자동차에 '오리'라는 단어가 아니라[20] '자동차'라는 단어를 붙이는 사람이 그 모범이 되는 식이다.

하지만 우리가 모범으로 삼고자 하는 사람이 과거부터 줄곧 옳았는지 판단할 정보를 접하기가 어려운 경우도 많다. 한편, 과거에는 잘못된 것이 있었지만 그럼에도 현재 시점에는 가치 있는 무언가를 제공할 수 있는 사람으로부터 배우는 것이 이익이 되는 경우도 있다. 이런 경우 과거는 접어두고 현재의 모습을 기준으로 모범으로 선택하는 것이 우리에게 이익이 될까?

두 살배기 아이는 사전 지식의 구체적인 근거에 의존하지 않는다. 유아들은 그 전문 지식이 옳은지 그른지 판단할 정보가 없을 때면 상대의 '확신하는 표정'에서 단서를 구한다. 어른이 지금 말하는 것이 맞는지 확실하지는 않더라도, 말하는 표정이 맞는 것 같으면 유아는 그를 신뢰한다. 유아는 머리빗이나 조명 스위치 같은 물건을 사용할 때 어른이 사용하는 것을 먼저 보는데, 그때 어른의 태도에서 자신감이 보였다면 그의 행동을 그대로 따라 하려고 할 것이다. 싱글벙글한 얼굴로 확신에 차서는 집게손가락을 들어 올리며 "아하!" 하고 외칠 것이다. 유아는 어깨를 으쓱하거나 머리를 긁적거리거나 "흠" 하고 말하면서 어딘가 헷갈려 하는 표정[21]을 보이는 사람보다는, 자신감의 신호를 보이는 사람의 행동을 더 따라 하는 것으로 나타난다.

다섯 살 어린이도 마찬가지다. 자신의 모델이 스스로 주장하는 것만큼의 전문 지식을 갖추지 못한 사람임을 알게 되더라도, 아이는 자신이 모르는 것에 대해서 정직하게 밝히는 사람[22]보다는 확신을 보이는 사람을 더 신뢰한다. 그가 보였던 자신감이 나중에 사실이 아니었음이[23] 밝혀지고 실제로는 제대로 아는 것이 없었다 해도 말이다. 성인은 보통 이런 실수를 범하지 않는다. 그 사람의 확신에 찬 태도만이 아니라 그의 정확성을 증명하는 과거 이력을 고려하기 때문이다. 그리고 특히 성인은 그가 보이는 확신을 그대로 믿는 것이 아니라, 실제로 아는 것일 경우라면 확신이 강하게 드러나고 반대의 경우에는 확신이 약하게 드러난다는 점도 고려한다. 하지만 여기에는 복잡한 정신 과정*이 수반된다. 쉽게 관찰되지만 정확성 여부가 불완전한 신호일 때는 그것을 믿지 않고 정확성을 더 확실하게 알려 주는 다른 신호들에 주목할 수 있어야 하기 때문이다. 따라서 신호가 아리송할 때는 결국 성인도 확신하는 표정을 살피게 된다. 성인이라 해도 소리 내어 수를 거꾸로 세라고 하는 등 주의를 분산시킴으로써 인지 능력을 발휘하지 못하게 하면, 5세 어린이와 똑같이 반응한다. 상대가 확신에 찬 표정으로 말하면, 그의 자신감이 사실이 아닐 수도 있음을 알면서도 그 내용을 곧이곧대로 신뢰하는 것이다.

이 같은 자신감과 확실성의 표현, 즉 "나도 알아" 같은 말뿐 아니라 집게손가락을 들어 올리는 단호한 동작, 웃는 얼굴, 상체를 곧추 편 자세 같은 비언어적 행동은 사회적 학습을 촉발한다. 그런데 잠시 생각해 보자. 이런 표정과 몸짓, 조금 친숙하지 않은가?

그렇다. 내가 이 연구를 보면서 처음 든 생각은, 이러한 자신감과 확실성 표현이 본질적으로 자부심을 전달하는 또 다른 방식이라는 것이었다. 자신이 아는 것이 옳다는 확신을 표현하

---

* 우리 뇌에서 인지·지각·감정 등의 정보가 처리되는 과정 - 옮긴이

는 사람은 곧 타인에게 자부심을 표현하고 있는 것이다. 이런 표현을 보여 준 결과로 그들은 신망 높은 전문가로 대우받으며, 사람들이 따라 배우고 싶어 하는 하나의 사회적 모범으로 쓰인다.

만약 이처럼 사회적 모범이 되는 사람들의 자부심 표현이 이 학습자에게 신망을 획득하는 효과적인 수단이라면, 이는 자부심 표현 자체가 전문 지식 또는 능력이 있음을 시사하는 단서일 수도 있다. 자부심 표현이 높은 지위를 알리는 신호로 쓰이는 한편 사회적 학습을 촉발하는 신호로도 쓰일 수 있는 것이다. 자신이 사회적 지위가 상승할 자격이 있는 사람이라는 신호인 이 자부심 표현이 보는 사람들로 하여금 이 사람으로부터 배우고 싶다는 생각도 유발할 수 있지 않을까?

발달심리학 연구에서 2세 유아들은 자신감 있어 보이는 성인을 모방한다는 것이 증명되었지만, 이들의 행동이 성인의 자부심을 지각해서 나오는 것인지는 확실하게 밝혀지지 않았다. 이 연구에서 유아들은 혼란스러워하는 성인보다는 자신 있어 보이는 성인을 더 많이 모방하는 것으로 나타났는데, 유아들이 자신 있어 보이는 모델을 더 신뢰해서인지 아니면 갈피 잡지 못하는 모델을 불신해서인지는 분명하지 않다. 게다가 유아의 학습 행동으로 성인의 학습 행동을 설명할 수는 없는 일이다. 유아는 본능적으로 성인의 행동을 모방하지만 성인은 그렇지 않다. 그럼에도 자부심 표현이 전문 지식과 신망이라는 메시지를 전달하는 신호인 까닭에, 이 신호는 그 사회 구성원들에게 따라 배워야 할 사람이 누구인지를 가장 효과적으로 알려 주는 수단이 되며, 따라서 자부심은 성인에게도 모방을 촉발하는 요소로 작용한다. 성인들은 더 앞선 기술을 배우고 이를 이어받아 개선하고 발전시키는 혁신을 원한다. 만약 자부심 표현이 누적적 문화 진화의 이 요소를 촉발하는 것이라면, 유아만이 아니라 성인의 사회적 학습도 마땅히 타인의 자부심 표현에 의해 유도된다고 보아야 할 것이다.

성인도 자부심을 표현하는 사람을 모방의 대상으로 선택한다는 이 주장을 증명하기 위해서 나는 동료들과 실험을 수행했다. 그 결과, 새로운 지식을 획득해야 하는 상황에서 성인 피험자들이 보인 행동은 유아의 행동과 정확히 일치했다. 우리는 대학생, 즉 성인 피험자들에게 난이도 높은 상식 문제를 내고 정답을 맞히면 추첨을 통해 50달러를 받게 될 것이라고 설명했다. 우리는 '세계에서 가장 작은 새는 무엇인가?', '원주율 π 에서 소수점 아래 아홉 번째 수는 무엇인가?'처럼 즉석에서 답하기 어려우리라고 예상되는 문제들을 제시했는데, 이는 답을 맞히려면 어느 정도 학습이 필요한 상황을 설계한 것이었다. 물론 피험자들에게는 학습할 기회를 제공했다. 즉, 다른 피험자가 동일한 문제에 답하는 것을 보게 한 것이다. 사실 그 다른 피험자는 우리 연구 조교였고, 우리는 그에게 자부심, 수치심, 기쁨 그리고 중립 표현 중 한 가지 표현을 취하면서 문제에 오

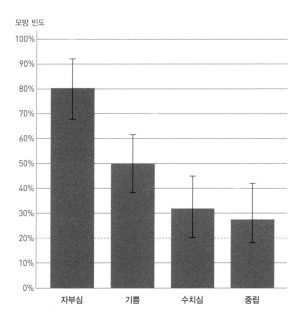

모방 빈도

그림 6.1 피험자가 다른 피험자(실제로는 연구 조교)의 답(오답)을 모방한 빈도는 그 다른 피험자가 보인 표현에 따라 달라졌다. 그림의 점선은 무작위 반응(선택지에서 단순 추측으로 답을 고를 경우 예상되는 빈도)을 의미한다. 자부심 표현은 다른 어떤 감정 표현보다 높은 모방 빈도를 보였으며, 중립 또는 수치심 표현을 보인 경우의 모방 빈도는 무작위 반응의 예상 빈도와 다를 바 없었다.

답을 말하게 했다.

정답을 몰랐던 피험자들(사실은 전원이었다)이 조교의 오답을 그대로 따라 한 비율은 약 80퍼센트에 달했다. 단, 조교가 자부심 표현을 보였을 경우에 한해서였다. 그림 6.1에서 확인할 수 있듯, 조교가 기쁨 표현을 보였을 때는 50퍼센트였다. 수치심과 중립 표현일 경우는 20~30퍼센트였는데, 이는 만약 피험자들이 우리가 제시한 선택지에서 단순히 추측으로 답을 찍었다면[24] 나왔을 결과와 별 차이가 없다.

피험자들이 자부심을 보이는 사람을 학습 대상으로 선택했다는 사실은 그들이 자부심 표정을 토대로 이 사람이 답을 정확하게 알고 있으리라고 유추했음을 시사한다. 이 결과는 자부심 표정, 즉 진화된 이 지위 신호가 전문 능력을 갖추었음을 말해 주는 단서로 작용하며, 인간에게 가장 중요한 행동인 사회적 학습을 형성하는 요소 중 하나임을 의미한다. 자부심 표현은 보는 이들에게 자신이 높은 지위를 획득할 자격이 있다는 메시지를 전달할 뿐 아니라, 자신이 모방할 가치가 있는 소중한 문화적 지식을 갖춘 사람이라는 메시지 또한 전달한다.

자부심을 표현하는 사람으로부터 배우고자 하는 욕구는 그의 표정이나 몸짓을 본 순간에 국한되지 않는다. 또 다른 실험에서는 피험자들이 문제를 풀고 있을 때는 자부심을 보이지 않지만 이전에 자부심을 보였던 사람을 모방의 대상으로 선택[25]하는 것으로 나타났다. 우리는 자부심을 표현하는 사람을 볼 때, 그가 이 순간에 정확한 답을 알고 있다고 가정할 뿐만 아니라 더 광범위한 전문 능력도 갖춘 사람이라고 판단한다. 그래서 나중에 그 사람으로부터 배울 기회가 주어지면, 더 이상 자부심을 표현하지 않더라도 여전히 그를 선택하는 것이다.

이 연구를 통해, 자부심 표현이 누적적 문화 진화를 이해하는 데 빠져 있던 중요한 한 요소를 채워 준다는 사실을 알 수 있다. 자부심 표현은 사람들에게 그 집단에서 최선의 사회적 모범이 누구인지, 누구를 모방하고 누구로부터 배워야 하는지를 말해 준다. 이 표정이나 몸짓을 표현하는 사람들은 실제로 자부심을 느낄 만한 무언가가 있는 경향이 있기 때문에, 이 메시지에 주의를 기울이는 것은 나머지 구성원들에게 적응적 이점이 있는 행동이다. 다시 말해, 자부심을 표현하는 사람을 모방하는 것은 그 사회에서 가장 똑똑하고 가장 지혜롭고 가장 유능한 개인의 생각과 행동이 널리 퍼지는 데 이바지한다고 할 수 있다.

그런데 이 논리에는 중대한 결함이 있다. 앞의 실험에서 피험자들이 모방한 것은 가장 똑똑하거나 가장 지혜로운 사람이 아니라 오답을 말하면서도 자부심을 내보인 사람이었다. 물론 이 경우는 우리가 오답을 말하도록 지시한 것이었지만, 실제 세계에서도 자부심 강한 사람들이 틀리는 일은 허다하다. 건망증처럼 단순한 실수인 경우도 있겠고, 알고 보니 능력이나 지식이 없는 경우도 있을 것이다.

자부심 표현이 성공이나 높은 지위, 유능함을 전달하는 신호라고 해서 항상 이런 경우에만 자부심이 표현되는 것은 아니다. 자부심을 느끼는 척하는 몸짓이나 표정을 지어내는 것쯤이야 어려운 일이 아니지 않은가. 이 가짜 표현으로 받을 수 있는 보상은 또 얼마나 큰가. 권력과 지위, 그리고 자신의 신념을 사람들에게 퍼뜨릴 능력을 가져다줄 수 있는 것이다. 하지만 그런 가짜 자부심을 표현하는 사람의 행동을 모방하는 경향은 문화의 축적에는 좋지 않을 것이다. 누적적 문화 진화를 위해서 모방해야 하는 대상은 가장 훌륭하고 가장 총명한 인물이다. 그저 자부심 표현을 설득력 있고 노련하게 내보일 줄 아는 인물이 아니라 말이다.

다행히도 장기적으로는 가짜 자부심이 통하지 않는다. 자신감 있어 보이는 인물이 알고 보니 아무것도 아는 것이 없더라는 사실을 파악하게 되면, 사람들은 더 이상 그를 모방하지 않는다. 앞서 살펴보았듯이, 성인들은 동시적 인지 과제로 주의가 분산되지 않는 한[26] 이 일을 쉽게 해낸다. 하지만 실험 결과에 따르면 유아들도 이것이 가능하다. 한 연구에서 4~5세 유아들은 '자신감의 신호를 보이지만 틀렸을 때도 이 신호를 보냈던 사람'보다 '자신감은 없어 보이지만 과거에 옳았던 것이 분명히 확인된 사람'을 신뢰와 모방의 모델로 선택했다. 이 연구에서 유아들은 성인들이 상당히 어처구니없는 네 가지 실수(예를 들면 고래가 육지에서 산다고 말하는 등)를 범하는 것을 지켜보았다. 이런 식으로 그 성인들을 신뢰해선 안 될 것 같은 명확한 정보가 제시되자, 아이들은 그들을 더 이상 사회적 모범으로 대하지 않았다. 그 성인들이 자부심을 표현했어도[27] 소용이 없었다.

이 결과는 유아들이 정확성보다는 자신감 표현에 무게를 더 둔다는 앞선 실험 결과와 상반되는 것처럼 보인다. 그러나 결정적인 차이가 있는데, 이 실험에서 유아들은 그 성인이 멍청하다는 것을 똑똑히 지켜봤다는 점이다. 앞의 실험에서는 유아들이 확신에 차 보이고 자신감을 내보이던 성인이 틀렸다는 사실을 나중에 가서야 알았다. 이 모든 실험을 종합하면, 유아(와 주의가 분산된 성인)는 명확한 자신감 신호와 미묘한 부정확성 신호를 함께 봤을 때는 둘 중 자신감 신호를 신뢰하며 그 인물에게서 학습하려는 경향을 보인다. 하지만 그 인물의 자부심 표현이 가당치 않다는 것, 즉 정확한 지식과는 명백히 무관한 표현이므로 아무런 의미가 없다는 것을 의심의 여지없이 인식했을 때는 그 자부심 표현을 무시한다.

이를 실제 세계에 적용해 보면 사람들이 도널드 트럼프나 스티브 잡스처럼 오만한 지도자를 기꺼이 신뢰하며 심지어는 그들을 모방하려는 이유가 설명이 된다. 우리는 그들의 자신감 표현을 보며, 적어도 과거의 어느 시점에는 그들이 옳았음을 인식한다. 그들로부터 배우는 것은 대체로 우리에게 이로운 일이다. 그러나 성취가 중단되고 한참이 지나서도 이들이 계속해서 자부심을 표현한다면, 사람들은 그들을 더 이상 우러러보지 않고 모범이 될 다른 사람을 찾을 것이다.

그러나 우리가 누구로부터 배울 것인가를 결정할 때 자부심 표현만 근거로 삼는 것은 아니다. 사실 상대방에 대한 사전 정보 없이 형성되는 인간관계란 거의 존재하지 않으며, 과거에 대해 전혀 모르는 사람으로부터 배운다는 것은 좀처럼 있을 수 없는 일이다. 이는 우리가 누구를 모범으로 삼을지 결정할 때, 그의 정확성이나 지식의 정도를 알려 주는 과거의 정보가 반영될 수 있다는 뜻이다. 자부심 표현은 한 가지 지름길일 뿐, 어떤 사람이 신망을 얻을 자격이 있는지 결정할 때 기준이 되는 것은 이 과거의 정보다. 물론 자부심 표현은 신망 높은 사람들이 자신을 학습 교재로 삼아 모방하라고 사회에 알리는 편리한 방편이다. 하지만 자부심을 아무리 표현한다고 해도 유용하고 전문적인 능력이 입증되지 않는다면 그 표현은 효력을 상실할 것이다. 다음 장에서 살펴보겠지만, 거짓 표현으로 자부심의 위력을 남용하다가는 크나큰 대가를 치를 수 있다.

누적적 문화 진화의 각 요소—창조와 혁신, 창조의 결실을 타인과 공유하기, 사회적 학습의 모델 선택하기—에 결정적으로 기여하는 자부심은 우리 종을 오늘날의 우리로 만들어 온 진화 과정에서 핵심 역할을 담당해 왔다. 자신이 속한 사회의 규범을 의식하고 이를 준수하게 만드는 자부심은 인류의 문화 형성에 이바지해 온 감정이며, 따라서 인간의 본성 가운데에는 자부심이 존재한다. 그렇다면 자부심을 최대한 활용하고자 하는 개개인에게 이것이 의미하는 바는 무엇일까? 자신이 속한 집단에서 신망 높은 지도자가 되려는 사람이라면 자부심을 내세워야 할까? 자부심을 내세웠다가 오히려 오만한 사람으로 비칠 위험만 커지는 것은 아닐까? 또 과학적으로 이를 입증하는 것이 우리 삶에 어떤 영향을 줄까?

7
프라이드를 가져라

랜스 암스트롱의 자부심

미국 텍사스의 다른 어린이들이 뙤약볕 아래 축구를 하거나 지역 수영장에서 수영을 할 때, 열세 살의 어린 랜스 암스트롱Lance Armstrong은 자전거를 탔다. 훗날 자서전에서 암스트롱은 이렇게 회고했다. "나는 아무것도 아니었다. [⋯] 하지만 자전거에 오르면 내가 무언가가 되어 있었다. [⋯] 학교를 파하면 몇십 킬로미터씩 달렸다. 그것이 나에게 주어진 가능성이었기 때문이다."[1] 어린 랜스는 매일 거의 30킬로미터씩 자전거를 탔고 머지않아 청소년 철인 3종 경기에서 두각을 나타냈다. 그리고 열여섯 살에 이르러서부터 연간 2만 달러의 상금을 벌어들이면서 가족의 수입에 크게 기여하기 시작했다.

그다음은 익히 알려진 역사다. 암스트롱은 20일 동안 약 3500킬로미터 구간을 달리는 현존하는 가장 혹독한 사이클 경기인 투르 드 프랑스Tour de France에서 두 번째로 우승한 미국인이 되었다. 그리고 이 대회에서 암스트롱은 한두 번이 아니라 일곱 번을 우승했다. 암스르통이 투르 드 프랑스에서 마지막으로 우승한 2005년, 그는 세계에서 가장 빠른 장거리 사이클리스트로 인정받았다. 하지만 암스트롱은 엄청나게 뛰어난 운동선수에서 멈추지 않았다. 자선가로 변신한 그는 직접 설립한 수백만 달러 규모의 재단 리브스트롱Livestrong(강하게 살라)을 통해 막대한 액수를 기부했을 뿐만 아니라 암 치료에 대한 인식을 높이는 활동을 펼쳤다. 암스트롱은 모든 면에서 진정한 영웅이었으며, 세계의 수많은 사람들이 그를 향한 경의와 심지어는 숭배의 마음을 표시하는 뜻으로 그의 재단이 암 환자를 위해 제작한 노란색 리브스트롱 팔찌를 착용하기도 했다.

암스트롱이 세계 최강의 사이클리스트가 되기 위해서 치열하게 노력한 이유는 여러 가지가 있지만, 그 가운데에서도 한 가지 감정적 동기가 특히 두드러진다. 텍사스에서 보낸 가난한 어린 시절, 그는 고생스럽게 일하는 어머니와 자신을 버린 친아버지, 걸핏하면 충돌하던 의붓아버지에 매여 있던 삶에서 벗어날 출구가 바로 자전거였다고 말한다. 이러한 환경은 분명 초인적인 결단력과 의지력이 형성되는 데 중대한 영향을 미쳤을 것이다. 그러나 자전거가 언젠가는 자신에게 더 나은 삶을 가져다주리라는 믿음만으로 안장에 앉아 그 길고 지루한 고통의 시간을 견딘 것은 아니었을 것이다. 암스트롱이 자전거로 달린 것은, 적어도 어느 정도는 자부심을 느끼고 싶었기 때문이다. 최고가 되었다는 데서 오는 자부심 말이다.

하지만 많은 사람들이 알다시피, 랜스의 이야기는 이대로 끝나지 않았다. 최고를 향해 나아가던 지점 어디쯤에서 무언가가 변했다. 암스트롱은 세계에서 가장 빠른 사이클리스트가 되리라는 목표, 즉 그의 객체적 자아가 지난 세월 그토록 공들였던 목표는 버려두고 그가 빠르다는 것을 사람들이 어떻게 하면 믿어 줄지를 신경 쓰기 시작했다. 그의 관심사가 최고가 되겠다는 내적 동기에서 주요 대회 우승으로 얻는 영광이라는 외적인 보상으로 옮겨 간 것이다. 그리고 그는 그 영광을 지키기 위한 꼼수를 찾아냈다. 있는 힘껏 노력하고 훈련하는 것과는 무관한, 노력과는 별개로 우승을 거머쥘 수 있는 그 방법은 혈액 속 산소량을 증폭시키는 호르몬제인 EPO*, 도핑이었다. 암스트롱은 이 약물을 불법 투여함으로써 자신이 최고임을 애써 입증할 필요도 없이 많은 대회에서 우승을 차지했다.

이것이 속임수의 역설이다. 불법 약물을 쓰고서 경기에 승리하는 운동선수든, 남의 답을 베껴 쓰는 학생이든, 유수의 학

---

* 에리스로포이에틴의 약칭으로, 당시에는 도핑테스트 항목에 없던 신종 호르몬제다. ─옮긴이

술지에 채택되기 위해 데이터를 조작하는 과학자든, 속임수를 쓰더라도 어쨌거나 빠져나가기만 한다면 결국 위대한 업적을 성취하는 것이다. 하지만 그들은 성공하는 동시에 실패한다. 대중의 눈에는 이들이 승자다. 세상은 경기에 승리한 선수, A 학점을 받은 학생, 획기적인 연구 결과를 내놓은 과학자들에게 찬사를 보낸다. 그러나 애초에 이들로 하여금 성공을 위해 노력하게 했던 동기를 생각해 보면, 이것은 실패다. 그들은 가장 빠른 사이클리스트가 되고자 했고, 실력 있는 학생이, 새로운 사실을 발견한 과학자가 되고자 했다. 남을 속이는 건 결국 자기 자신을 속이는 것이나 다름없다.

세계 최고의 사이클리스트가 되고자 했던 랜스 암스트롱을 무슨 수를 써서라도 이기기만 하려는 사람으로 만든 것은 무엇일까? 무엇이 그의 동기에 변화를 가져왔을까? 우리는 이런 일을 자주 본다. 홈런을 칠 때마다 자부심이 솟구쳤던 어느 스타 야구 선수가 홈런을 쳐도 자기 신체에 아무 의미가 없게 만들어 버릴 무언가를, 적어도 순수하게 자부심을 느낄 수 있는 것은 아닌 무언가를 하기로 결심하는 경우 말이다. 또는 중대한 발견과 지식의 진보라는 목표를 향하여 연구에 기나긴 세월을 바쳐 온 과학자가 이름을 얻고 세상의 찬사를 듣기 위해서 허구를 창조하기로 결심하는 것 말이다. 무엇이 이런 변화를 가져오는 것일까?

뻔한 답은 돈과 명예일 것이다. 하지만 이것이 다가 아니다.

자신이 추구해 오던 이상적인 자신의 모습, 바람직한 객체적 자아보다 물질적인 결과물을 우선시해 속임수를 쓰게 만든 어떤 심리적 동기가 있을 것이다. 이 책에서 지금까지 주장해 왔듯이, 우리가 무언가를 필요 이상으로 열심히 하는 것은 자신에 대해 기분 좋게 느끼고 싶기 때문이다. 자부심을 느끼고 싶은 것이다. 거액의 불로소득이 보장된다거나 심지어 명예나 대단한 성공이 주어진다 해도 이 자부심이라는 목표를 압도하기란 쉽지 않다. 설사 그런 보상을 추구하더라도, 이는 대개 자기감의 일부를 포기해야 하는 일이므로 결국에 가서는 후회가 따른다. 아무 생각 없이 회사에서 승진의 사다리를 올라가던 스물아홉 살 시절의 딘 카르나제스, 세일즈맨으로 살아가면서 예술을 갈망하던 교외 부르주아 가정의 가장 폴 고갱이 그랬던 것처럼, 상실감 혹은 지독한 불만족감에 시달리게 된다. 그 어떤 물질적 보상으로도 대신할 수 없는, 무언가에 대한 결핍을 느끼는 것이다.

카르나제스와 고갱 모두 자아 외부로부터 물리적 보상을 획득하는 삶에서 자신의 이상적 자아를 형성하고 있던 진정한 목표를 추구하는 삶으로 전환했다. 랜스 암스트롱은 이와 역방향으로 움직였다. 그는 자신에 대해 기분 좋게 느끼기 위해서 무엇을 해야 하는지 알았지만, 더 크고도 헛된 영광을 위해 이를 포기했다. 아마도 암스트롱은 자신이 무언가를 잃어 가고 있다는 것을 깨닫지도 못했을 것이다. 여전히 큰 성공을 거두었고, 이를 통해 여전히 엄청난 자부심을 느꼈기 때문이다. 외부와 권위, 명성과 같은 외적인 보상도 물론 자부심을 가져다준다. 하지만 다른 자부심이다. 힘겹게 얻은 승리일지언정 약물의 힘을 빌렸다면 그가 느낀 감정은 진정한 자부심이 아니다. 암스트롱이 느낀 것은 실재하는 자아가 아닌, 부풀려지고 확대된 자기감이 바탕이 된 오만한 자부심이다. 이것은 나르시시스트들이 뿌리 깊은 내면의 수치심에 굴복하지 않기 위해 붙들고 매달리는 감정이요, 걸핏하면 오만과 자기 방어, 노골적인 공격성으로 표출되는 자부심이다. 암스트롱 역시 속임수를 쓰던 시기에[2] 줄곧 이런 모습을 보였다.

랜스 암스트롱이 그랬던 것처럼, 사람들은 성인으로서 사회에 첫발을 딛거나 처음 직장 생활을 시작할 때면 대부분 진정한 자부심을 느낄 수 있는 삶을 살리라는 마음을 다진다. 그들이 열심히 일하고 옳은 일을 하기 위해 노력하는 것은 그런 노력을 통해 진정한 자부심을 경험하는 것이 기분 좋기 때문이다. 그 결과로 주위 사람들에게 신망을 얻는 것 또한 기분 좋은 일이다. 하지만 그러다 무언가가 변한다. 성공을 경험하기 시작하고, 이와 더불어 타인이 보내는 존경과 선망의 짜릿함을 맛보기 시작하는 것이다. 이제 삶의 중심은 그들을 현재의 위치로 데려다준 근면과 노력에서 사람들이 자신을 바라보는 눈빛으로 얻는 자기만족적 도취로 이동한다. 그들을 세간의 존경을 받을 가치가 있는 사람으로 만들어 주었던, 열심히 살아가는 자세는 망각한다. 그들의 시선은 오로지 결과물, 즉 성취를 이루어 가는 과정이 아닌 최종 결과만을 향한다. 그들이 집중하는 것은 외적인 물질적 보상뿐, 노력과 열정 그리고 처음에 그 보상을 가져다주었던 진정한 자아 획득을 향한 욕구는 더 이상 생각하지 않는다. 초심이 사라진 자리에 남는 것은, 암스트롱이 〈오프라 윈프리 쇼〉에서 말했듯, 이기기 위해서라면 물불을 가리지 않는 모습이다. 자신이 최고임을 세상에 보여 줄 수만 있다면 그 모습이 실제이건 허상이건 괘념치 않는 것이다.

앞의 방송에서 암스트롱은 자신에게 열광하는 팬들과 언론, 사이클계 등과 더불어 승승장구하던 기세에 스스로 매몰되었고 결국에 가서는 자신도 걷잡을 수 없는 상태[3]가 되었다고 말했다. 이기는 것 말고는 중요한 것이 없어지면서 우승을 차지하기 위해 거짓말과 협박을 일삼는 사람이 되었다고 말이다. 그는 자전거를 타고, 약물을 하고, 다른 선수들에게도 약물을 하도록 협박하는 것을 쳇바퀴 돌듯 반복했는데, 암스트롱은 이 일련의 과정을 '절차'라고 표현했다. 그의 표현으로 승리는 알아서 주어지는 것이었으며 요식 행위 같은 것[4]이었다.

진정한 자부심에서 오만한 자부심으로 바뀌는 것은 문제가 많을 뿐더러 유해하기까지 한데, 이는 비단 다른 사람에게만이 아니라 속임수를 쓰는 사람 자신에게도 마찬가지이다. 오만한 자부심은 그 사람을 이른바 상종하지 못할 사람으로 만들어 가까운 사람들과의 관계가 파탄에 이를 수 있다. 스스로도 불안과 불행하다는 느낌에 시달리며, 심한 경우에는 임상 우울증을 겪기도 한다. 암스트롱도 이러한 대가를 치러야 했다. 약물 복용과 관련해 거짓말을 한 것만이 아니라, 자신에게 반대한다면 누가 되었건 무섭게 공격했다. 소속 팀에서 오랜 기간 함께 해 온 마사지 치료사부터 투르 드 프랑스에서 우승한 또 한 명의 미국 선수인 그렉 르몽드, 암스트롱에게 가장 소중했던 동료의 지나치리만치 정직한 아내, 팀 동료들까지 긴 세월 그를 지지해 주고 또 그를 위해 거짓말에 나서 주었던 사람들까지도 말이다.

오만한 자부심은 암스트롱을 자신도 알아보지 못할 사람으로 만들어 놓았다. 진실이 다 밝혀지고 난 지금, 그는 속임수를 쓰면서 승승장구하던 시절[5]보다 자신이 훨씬 더 나은 사람, 그의 표현으로는 "더 바르고 더 똑똑한" 사람이 되었다고 말한다. 가짜 승리에 진정한 영광은 있을 수 없으며, 오만한 자부심이 주는 전율 끝에 남는 것은 공허함뿐이다.

진화의 관점에서 오만한 자부심은 적응적 행동으로, 사회적 지위를 상승시켜 생존과 번식 확률을 높이는 이점이 있다. 하지만 정신 건강이라는 관점에서 보면 이론의 여지없이 부적응적 행동이다. 오만한 자부심은 그 사람의 자기감을 훼손하며, 따라서 정신 건강도 해치게 된다. 그럼에도 오만한 자부심은 존재한다. 우리 모두가 살면서 언젠가는, 어느 정도는 오만한 자부심을 경험할 수 있다. 진정한 자부심이 가져온 성공의 자연스러운 소산으로 오만한 자부심을 경험하기도 한다.

랜스 암스트롱이 자전거를 처음 타던 시절, 그를 움직인 힘은 진정한 자부심이었을 것이다. 분명 사람들에게 자신이 최고임을 증명하고 싶은 욕구뿐 아니라 실제로도 최고의 실력자가 되고자 하는 마음으로 달리던 시절이 있었을 것이다. 암스트롱의 경우처럼, 초반의 성공과 그에 따른 명성을 이끌어 낸 힘은 진정한 자부심이었으나 도중에 초심을 잃은 사례는 셀 수 없이 많다. 성공 가도를 달리던 그들은 어느 시점에 전략을 수정한다. 그러고는 목표 그 자체를 달성하기 위해서 혹은 자신이 되고 싶었던 사람이 되기 위해서가 아니라, 남들에게 과시하기 위해서 살아간다. 거짓된 표정으로 내면의 불안을 감추고 부풀려진 가짜 자아로 살아가는 것이다.

진정한 자부심을 어떻게 추구할 것인가

그렇다면 우리는 이 양면적인 감정을 어떻게 다뤄야 정신적으로 건강한 삶을 영위할 수 있을까? 자부심은 사람의 본성이다. 우리는 이 감정을 느끼도록, 또 비언어적 표현으로 보여 주도록 진화했다. 진정한 자부심은 우리로 하여금 자신이 생각하는 최고가 되는 데 필요한 일을 하도록 이끈다. 뜻한 바를 성취하고, 창조하고 혁신하며, 도덕적으로 행동하게 만드는 것이다. 오만한 자부심 역시 우리를 이끄는 힘이다. 그러나 이 감정은 우리를 다른 방향으로 이끈다. 공격적인 행동, 타인을 조종하는 행동, 남 위에 군림하는 행동을 유발하며, 권력과 타인에 대한 영향력을 손에 넣기 위해서라면 무엇이든 하게 만든다.

두 자부심 모두 우리 종 고유의 특성인 객체적 자아, 다시 말해 우리가 기분 좋게 느끼기 위해서 무엇이든 하게 만드는 자아의 결과물이다. 우리는 자신의 객체적 자아에 대해 신경을 많이 쓰도록 진화했다. 그렇기에 이 자아가 대단하게 느껴질 기회라면 어떤 경우가 됐건 그냥 지나치기가 어렵다. 그런 대단함이 내면의 불안을 달래 주는 까닭에 특히 더 그렇다. 자신에 대해 못마땅하고 불안하게 느껴지면, 무슨 수를 써서든 그 느낌을 바꾸려 드는 것이 우리의 본능이다.

이처럼 어떻게 해서든 자신에 대해 기분 좋게 느끼고 싶은 것이 사람의 본성인즉 우리는 자부심의 어두운 면에 굴복할 필요가 없다. 우리에게는 그 오만의 덫에 빠져들 확률을 최소화하는 동시에 진정한 자부심의 경험을 극대화하도록 감정과 행동을 조절할 능력이 있는 것이다.

예로부터 종교학자들에게 오만의 문제를 해결할 방법은 자부심 자체를 금기시하는 것뿐이었다. 그들은 자부심을 벌 받아 마땅한 죄악으로 간주했다. 하지만 지금까지 살펴보았듯이, 자부심의 어두운 일면을 막겠다고 진정한 자부심까지 희생시키는 것은 손해가 막심할 노릇이다. 진정한 자부심은 자기 안의 최고를 이끌어 낼 감정이기 때문이다. 진정한 자부심 없이는 자신이 목표한 바를 성취하겠다는 욕구를 느끼기 어려우며, 창조 욕구도 주도적인 자세도 갖기 어렵다. 따라서 이 위력적인 감정을 가로막는 것은 답이 될 수 없다. 딘 카르나제스와 폴 고갱이 증명하듯이, 삶에서 진정한 자부심을 추구할 방향을 상실했을 때 우리가 느끼는 것은 공허일 따름이다.

오히려 그 답은 자부심을 경험하는 매 순간 진정한 자부심과 오만한 자부심의 차이를 깨닫고, 그 깨달음을 유지하는 것이다. 진정한 자부심을 추구할 때, 다시 말해 자신이 가장 중요하게 여기는 것을 성취하기 위해 최선을 다하고 또한 그 의미를 이해하기 위해 끊임없이 되새길 때, 오만의 위험성을 유념해야 한다. 우리가 찾던 자부심은 자신이 이룬 성취와 성공을 되돌아볼 때보다는, 목표한 바에 도달하는 '과정'이 가져다주는 것임을 명심해야 한다. 자신이 어떤 사람인지 그리고 자신이 원하는 것이 무엇인지를 마음에 새길 때, 진정한 자아에 충실할 수 있으며 자부심의 어두운 일면을 극복할 수 있다.

쉽지는 않겠지만 간명하다. 우리는 자신이 어떤 사람인지, 어떤 사람이 되고 싶은지 먼저 알아야 한다. 그런 다음 그 이상적인 자아를 성취하고 또 그 모습을 유지하며 살아가기 위해서 노력해야 한다. 허상이 아닌 진짜 자신에게 자부심을 느끼기 위해서 말이다. 다 이루었다고 느껴지는 순간에도 멈춰선 안 된다. 영광에 취하지 말아야 한다. 뛰어넘어야 할 다음 과제를 찾아야 한다. 진정한 자부심을 지켜 나가는 과정에 끝이란 있을 수 없다. 의미 있는 목표를 향해 노력하는 그 과정이 바로 우리 자신을 스스로가 되고 싶은 사람으로 만들어 주기 때문이다. 그리고 거기에는 이 모든 노력이 아깝지 않을 보상이 있다. 바로 확고한 자기감, 그 과정에서 형성된 다양한 인간관계 그리고 자신이 속한 사회가 기다리고 있을 것이다.

성공을 판가름하는 것

미국 최상위권의 육군사관학교 웨스트포인트West Point는 미국에서 가장 들어가기 어려운 대학 중 한 곳으로 꼽힌다. 이 학교에 지원하려면 하버드 대학교 지원자 수준의 높은 성적에 충실한 과외 활동 이력 등을 갖춰야 하는 것은 기본이고, 미 연방의회 의원이나 국방부의 추천서가 필요하다. 심사 요건에는 학업 능력뿐만 아니라 신체 능력, 리더십도 포함된다. 입학한 뒤에도 4년간 펼쳐질 혹독한 시련에서 두각을 나타내야 한다. 생도들이 1학년 여름에 곤죽이 되어 자퇴하는 일도 가히 드물지 않다. 지친 자를 위한 휴식 따위는 없는 곳[6]이 웨스트포인트다.

사관생도로서 누가 성공하고 누가 그러지 못할지를 결정하는 심리적 요인은 군사 지도자들이나 외부의 연구자들에게나 마찬가지로 대단히 흥미로운 사항이다. 한 사회과학 연구 팀이 그들의 성공을 판가름하는 특성을 알아내기 위해 웨스트포인트의 생도 1만 329명에게 이 대학을 선택한 이유를 물었다. 본질적으로 자신의 정체성에 기인한 이유를 말한 생도들이 자아 외적인 이유로 웨스트포인트에 지원했다고 답한 생도들보다 10년 뒤에 직업적으로 더 성공한 것으로 드러났다. 육군 장교가 되기 위해서라거나 어느 분야가 되었건 역량 있는 지도자가 되고 싶어서 등의 이유를 말한 생도들이 돈을 벌고 싶어서, 혹은 학교의 명성이 높아서 지원했다고 답한 이들보다 성공한 것이다. 내면적 요소가 동기가 되었던 생도들은 졸업률이 더 높았고 자신의 분야에서 더 빠르게 승진[7]했으며 장교로 임관되는 경우도 더 많았다.

범위를 넓혀 보면, 이런 결과는 우리 주변의 많은 곳들에서 반복적으로 검증된다. 자아 성취를 위한 활동에 종사할 때, 사람들은 자신에게 대단히 큰 의미가 있는 목표를 성취한다는 본질적인 동기에 의해서 움직인다. 따라서 더 열심히 하고 더 잘하게 되며, 궁극적으로는 더 행복한[8] 삶을 산다. 더 놀라운 점은 이 연구에서 나온 또 다른 결과였다. 외적 동기로 웨스트포인트에 입학했다고 대답한 생도들은 자아와 연관된 내적 동기도 있다고 답했음에도 졸업률이 더 낮았고 장교 임관률도 더 낮았다. 다시 말해, 장교가 되겠다거나 역량 있는 지도자가 되겠다고 답한 모든 생도가 성공한 것은 아니라는 사실이다. 반대의 경우로, 내적 동기로 입학했다고 답하면서도[9] 돈을 벌고 싶다거나 이 학교의 명성이 좋아서 왔다는 등 외적 동기를 추가한 생도들 역시 덜 성공하는 것으로 나타났다.

이 연구 결과를 일반화할 수 있다면, 이것이 시사하는 바는 상당히 심오하다. 자신에 대해서 진정한 자부심을 느끼고 싶어서 열심히 하는 것만으로는 충분치 않은 것이다. 자신이 하는 일에서 최상의 결과물을 얻기 위해서는 오로지 자신이 될 수 있는 최고가 되기 위해서 그리고 그런 자신에게 진정한 자부심을 느끼기 위해서 열심히 해야 한다. 자신이 하는 일에서 자부심을 찾을 수 있고 돈까지 많이 벌더라도 그 보상 자체를 신경 쓰지 않을 때 더 큰 성공을 얻는다는 결론이다.

물론 돈을 버는 것이 최고의 자신이 되는 데 없어서는 안 될 요소일 수도 있다. 예를 들어, 당신이 생각하는 자신의 이상적인 모습이 가족을 경제적으로 부양하는 가장일 수도 있다. 만약 그렇다면 당신은 현재 버는 돈의 액수를 생각하되, 당신이 벌어들인 돈이 만들어 줄 그 사람이 당신이 나아가고자 하는 모습과 일치하는지를 생각해야 한다. 우선 자신이 어떤 사람이 되고 싶은지를 충분한 시간을 들여 생각해야 하며, 그런 다음에 그 사람이 되기 위해서 열심히 해야 한다는 뜻이다. 어떤 다른 외적인 이유나 보상을 위해서가 아니라 말이다. 열심히 일하되, 부와 사람들의 존경, 찬사가 따라오는 오만한 자부심을 위해서가 아닌, 진정한 자부심을 위해서 열심히 해야 한다는 이야기이다.

이 연구 결과에는 긍정적인 메시지가 있다. 자부심을 경험하고 싶어 하며 또 이를 타인에게 보이고 싶어 하는 사람의 욕구가 나쁜 것은 아니라는 점이다. 역사 속에서 현자들은 자부심을 "만악의 여왕"이라 칭하고 "자부심 가는 곳에 타락이 따른다"라고 선언하며 사람들에게 이를 수치스러운 것으로 여기도록 가르쳐 왔지만, 이는 결코 꺼릴 일이 아니다. 아니, 실은 그럴 수가 없다. 우리에게는 자아를 실현하고 또 그런 자신에게 자부심을 느끼고 싶어 하는 욕구가 있기에, 스스로에게 가장 중요한 것을 위해 시간과 공을 들여 최선을 다할 수 있다. 그렇기에 군인으로 평생을 헌신할 수 있는 것이며 새로운 발견 혹은 독특한 발명품에 매달려 땀 흘릴 수 있는 것이다. 성취와 혁신, 타인에게 공감하는 마음을 우리 안에서 이끌어 내는 이 자부심을, 오히려 우리는 추구해야 할뿐더러 더욱 키워 주어야 한다. 진정한 자부심을 일상적으로 경험하는 사람들은 건강하고 행복하며 사람들에게 인기 있고 자신이 하는 일에서 성공을 누리며 주위 사람들로부터 신망을 얻는다. 무언가를 성취했을 때 자부심을 몸으로 표현하는 그들은 자신의 능력을 타인에게 알려 지도자로서 또 스승으로서 신뢰를 얻는 것이다.

이야기를 더 넓혀 보자. 진정한 자부심을 추구하는 것은 현재 하는 일이 자신에게 더 이상 도전이 되지 않으며 더는 자신을 채워 주지 못한다고 느끼는 사람들, 또는 가까운 이들과의 관계가 더 이상 끌림을 주지 못한다고 느끼는 사람들의 공허감을 채워 주는 일이 될 수 있다. 인생에서 무언가가 빠진 것 같다고 느껴질 때, 우리 대다수는 이에 어떻게 대처해야 할지

프라이드

를 본능적으로 안다. 우리는 자부심을 회복하고자 체육관에 나가고, 지역 무료 급식소에 자원봉사를 하러 가며, 사진 찍는 법을 배우거나 자녀의 축구팀에서 코치를 맡는다. 이 모두가 인류가 진화를 통해 획득한, 자신에 대해서 기분 좋게 느끼고자 하는 욕구의 발현이다. 이 욕구가 우리 삶에 변화를 가져오며, 자신이 가장 원하는 사람이 되는 길로 우리를 인도한다.

앞의 연구에서 성공적인 결과를 얻은 사관학교 생도들에게는 심리학자 앤절라 더크워스Angela Duckworth가 '근성grit'이라고 부르는 자질이 있었다. 더크워스는 근성을 "장기적 목표를 위해 인내하고 도전할 수 있는 끈기와 열정"이라고 정의하면서, 여기에는 "오랜 기간 거듭되는 실패와 역경 속에서도, 그리고 발전이 없는 듯한 제자리걸음 상태에서도 흥미를 잃지 않고 끈질기게 도전하며 노력할 수 있는 자세"가 필요하다고 설명한다. 근성은 단순히 주어진 과제를 계속 해나가거나 완수하는 능력만을 말하는 것이 아니다. 그보다는 몇 년 혹은 몇십 년이 걸릴지라도 목표한 바를 포기하지 않고, 눈이 오나 비가 오나 열심히 해나가는 힘이다.

더크워스 역시 웨스트포인트의 생도들을 연구했다. 근성이 강한 생도, 즉 장기간에 걸친 인내와 목표 지향성에서 가장 높은 점수를 받은 생도일수록 그 고문과도 같은 1학년 여름을 버티고 이겨낼 가능성이 더 큰 것으로 나타났다. 실제로 어떤 생도가 그 여름을 버티고 이겨낼 수 있는가를 가늠하는 지표로 학업 성적, 신체 능력, 리더십을 종합한 점수[10]보다는 근성 지수가 더 높은 정확성을 보였다.

근성은 하나의 목표를 성취하기까지 포기하지 않는 힘이며, 이 과정에서 그 사람은 자신이 추구하는 하나의 정체성을 획득한다. 근성 있는 사람이 목표를 위해 노력하는 것은 돈을 많이 벌고 싶다거나 다른 사람들에게 좋은 평을 받기 위해서가 아니다. 그들은 자신이 생각하는 어떤 특정한 사람이 되고 싶기 때문에 열심히 한다. 많은 연구 끝에 더크워스는 높은 수준의 근성을 보인 사람들이 어떤 분야에서든 성공한다는 것을 증명했다. 이들은 '어떤 중요한 난관을 돌파하기 위해서 좌절을 극복한 경험이 있다', '몇 년의 시간이 걸리는 목표를 성취한 경험이 있다' 등의 문항에 그렇다고 답한 사람들이었다. 또 근성 있는 10대 청소년들이 대학에 진학할 가능성이 높고 진학 이후에도 좋은 성적을 받을 가능성이 높았으며, 근성 있는 영어 철자법 대회spelling-bee 우승자들이 전국 철자법 대회 결승에 진출할 가능성이 높았다.

무엇이 우리를 의지가 굳센 근성 있는 사람으로 만드는 것일까? 단지 지금 당장이 아니라 장기적 미래에 자신이 어떤 사람이 되고 싶은지를 알아내게 만들고, 또 며칠이나 몇 달, 심지어는 몇 년을 쏟아부어 그 사람이 되기 위해 끈질기게 노력하게 만드는 것은 무엇일까? 그 답은 바로 진정한 자부심이다. 즉, 진정한 자아를 찾고 실현하고자 하며 그런 자신을 진심으로 좋아하고 싶은 욕구다. 근성이 강한 사람들은 진정한 자부심을 경험하고자 하는 욕구를 닳지 않는 동력으로 삼아, 자신이 추구하는 이상적 자아상을 향해 한 발 한 발 나아간다. 근성을 갖추기 위해서는 자신이 누구인지, 어떤 사람이 되고 싶은지를 알아야 한다. 그렇게 해서 근성을 갖게 된 사람은 이를 해내고야 만다.

근성 있는 사람들은 근성이 떨어지는 동료들보다 꾸준하게 높은 성취를 보이지만, 이들이 타고난 지능이 높거나 학업적 재능이 더 탁월해서가 아니다. 철자법 대회 우승자를 연구한 더크워스의 연구 팀은 근성이 강한 어린이들이 그렇지 않은 어린이들보다 더 똑똑한 것은 결코 아니라는 사실을 발견했다. 더크워스의 모든 연구에서 일관되게 나타나는 바, 근성은 지능지수IQ나 미국의 대입 시험인 SAT 점수와 무관한 경향[11]을 보인다. 철자법 대회에서 우승한 근성 강한 어린이들은 독서에 더 많은 시간을 들인 것도, 어휘력과 철자법 실력을 향상시키는 놀이를 많이 한 것도 아니었다. 대회의 성패를 가른 결정적인 차이는 아이들이 단어 철자 연습에 들인 시간이었다.

철자법 챔피언이 되기 위한 지겹고 지루하고 고통스럽기 짝이 없을 그 과정을 거쳐 내는 일, 이것이 근성 있는 어린이들이 가장 잘하는 것이다. 그리고 이것이 그 아이들을 결승전으로 올려 보냈다. 이 어린이들이 철자 학습에서 가장 지루하고 시시한 부분에 더 많은 시간을 들여 연습하게 만든 것이 근성이

며, 그런 연습이 이 아이들을 챔피언으로 만들어 준 것이다.[12]

여기서 뭔가 생각나는 것이 있지 않은가? 앞서 3장에서 언급한 실험으로, 피험자들에게 컴퓨터 화면 속에 보이는 점을 세는 지루한 과제를 수행하게 한 뒤 일부 피험자들에게 자부심을 느끼도록 유도했던 심리 실험을 기억해 보자. 자부심을 느꼈던 피험자들은 실험실에 남아서 마찬가지로 지루한 다른 과제도 마저 해치우겠다고 자원했다. 이들이 자원한 추가 시간은 길지 않았지만, 이 몇 분의 추가 시간은 더크워스의 철자법 챔피언들이 단어를 암기하는 데 들인 몇 시간과 같은 의미를 지닌다. 이들을 움직인 결정적인 동력은 자부심이다. 자부심을 느끼고 싶은 욕구, 또 그 자부심이 강렬하게 지속되기를 바라는 욕구가 그들을 움직인 것이다.

자부심은 목표한 바를 성취하기 위해 필요한 길고 지루한 시간을 견디고 이겨 내게 해주는 활력소다. 또한 더 재미난 다른 활동들을 제치고 이 힘겨운 연습을 선택하게 만드는 동력이다. 독일에서 이루어진 한 연구가 이를 증명한다. 독일의 성인들을 대상으로, 연구진은 사람의 기본 감정이 유혹에 저항하는 데 어떤 영향을 미치는가를 일주일간 살펴봤다. 여기서 유혹은 자아실현이라는 장기적인 목표에 직접적으로 방해가 되는 것들로, 우리가 일상에서 흔히 마주치는 욕망이었다. 이를테면 집에서 공부해야 하는데 밖에서 친구들과 어울리고 싶은 욕망, 사과 대신 기름지고 건강에 해로운 감자튀김을 먹고 싶은 욕망 같은 것이었다. 이 같은 일상의 유혹에 굴복하지 않는 유일한 방법은 더 큰 목표를 명심하는 것뿐이다. '내가 정말로 원하는 것은 밖에서 신나는 밤 시간을 즐기는 것이 아니라 실력이 탄탄한 학생이 되는 것이다', '나는 날렵하고 탄탄한 몸매를 유지할 것이다'라고 말이다. 이런 장기적 목표를 마음에 새길 때, 우리는 눈앞의 강력한 유혹에 굴복하지 않고 보다 큰 목표에 부합하는 행동을 취할 수 있을 것이다.

자부심 덕분에 때때로 우리는 재미는 덜하지만 더 건설적인 목표를 우선으로 삼는다. 유혹에 굴복하고 싶은 욕구는 쾌락의 감정에 의해 형성되는데, 따라서 이에 맞서 싸우는 가장 좋은 방법은 또 다른 감정, 어쩌면 더 강력할 수 있는 감정의 힘을 빌리는 것이다. 독일의 이 연구를 보면, 감자튀김을 포기하고 사과를 선택함으로써 자부심을 느꼈다고 보고한 피험자들은 그다음 유혹을 만났을 때 더욱 확실하게 저항했다. 자부심이 이들에게 즉 감자튀김을 건너뛰는 것은 충분히 가치 있는 행동[13]이라고, 즉 쾌락을 추구하는 눈앞의 목표보다는 더 큰 목표가 중요하다고 판단하게 해준 것이다.

이는 자부심이 쾌락을 이길 수 있다는 뜻이다. 그리고 이것이 내가 이 책의 1장에서 주장했던 바다. 우리가 하는 많은 것들이 즐거움만을 위한 것은 아닌 이유, 때로는 즐거움을 포기해야만 하는 일을 하는 이유는 바로 자부심 때문이다. 다이어트를 반드시 해야 한다고 자신을 설득할 방법을 찾는다면, 체육관에 등록하고 담배나 술을 끊자. 혹은 밀린 다용도실 청소하는 것도 좋다. 목표를 이루는 데 쾌락을 추구하는 것은 도움이 되지 않지만 자부심은 도움이 된다. 앞의 실험에 참가한 독일 사람들처럼, 하나의 목표를 잡고 실행하여 성취해낸 경험에서 느낀 자부심에 초점을 맞추자. 그 감정은 당신이 도달해야 할 지점으로 끊임없이 이끌어 줄 것이다.

더크워스의 근성 연구에서도 제기하는 의문이지만, 성취와 탁월성에 관한 문헌을 쓱 훑어만 봐도 떠오르는 오랜 질문이 하나 있다. '타고난 지능이 어째서 성공을 예견할 수 있는 강력한 척도가 되지 못하는가?' 한 세기 전, 지능 연구자(이자, 유감스럽게도 우생학의 주창자였던) 프랜시스 골턴Francis Galton은 과학과 예술, 정치, 나아가 체육까지 여러 분야에서 높은 성취를 이룬 개인들을 연구했다. 골턴이 내린 결론은, 어느 분야 할 것 없이 사람의 타고난 재능은 '가장 성공한 사람'과 '어느 정도 성공했지만 보유한 능력만큼은 해내지 못한 사람' 간의 차이[14]를 설명해 주지 못한다는 것이었다. 그 뒤로 세계에서 가장 유명한 창작자들과 지도자들의 일생을 추적한 연구가 골턴의 주장을 재확인해 주는데, 지능 지수는 그 사람이 자기 분야에서 이룬 탁월한 성취와[15] 미약하게 연관될 뿐이라는 결론이었다.

이 같은 지능과 성공 간의 놀라운 괴리는 저널리스트이자 대중 과학 저술가 말콤 글래드웰Malcolm Gladwell이 '1만 시간 법칙'을 주창하면서 유명해졌다. 글래드웰은 저서 『아웃라이어

Outliers』에서 빌 게이츠에 대해 이야기한다. 빌 게이츠는 이른 나이에 누구와도 비할 수 없이 많은 컴퓨터 프로그래밍 경험을 쌓았는데, 그 시간이 1만 시간이 넘었다.[16] 이 많은 시간이 게이츠를 세계에서 가장 능숙한 프로그래머로, 1975년에 하버드를 중퇴하고 컴퓨터 회사를 창립하는 데 최적의 인물로 만들었다는 것이다. 글래드웰은 게이츠가 프로그래밍에 보낸 시간을 꼼꼼하게 계산했다. 게이츠는 시애틀에 살던 8학년(한국의 중학교 3학년) 시절에 운 좋게도 재정이 넉넉한 한 컴퓨터 클럽에 가입한 뒤 고등학교 4년 내내 활동했다. 한편으로는 친구들과 함께 워싱턴 대학교의 공용 컴퓨터를 주기적으로 훔쳐 쓰기도 했다. 글래드웰이 말하는 대로, 게이츠는 이 최신 기술에 붙들려 지냈다. 그러다가 워싱턴 대학교 의학 센터에서 사용하지 않는 컴퓨터를 발견하고는 매일 한밤중에 집에서 나가 새벽 3시부터 6시까지 프로그래밍에 몰두했다.

글래드웰은 이렇게 컴퓨터 앞에 앉아 보낸 수천, 수만 시간이 그를 오늘날의 빌 게이츠로 만들었다고 주장한다. 세계 최상위의 부자이자, 역사를 바꾼 다수의 위대한 발명을 이끈 세계에서 가장 크고 가장 성공한 컴퓨터 회사의 창립자로 말이다. 그런 인물이 되기 위해서 게이츠는 지칠 줄 모르고 끝없이 일했다.

게이츠는 너무 바빠서 더크워스의 근성 설문지에 답할 시간이 없을지도 모르겠으나, 그는 아마도 근성 면에서는 둘째가라면 서러울 사람이 아닐까 한다. 하지만 게이츠의 어마어마한 성공도, 글래드웰이 말하는 1만 시간의 법칙도, 정말로 무엇이 게이츠를 그렇게 근성 강한 사람으로 만들었으며 또 지칠 줄 모르고 일하고 싶게 만들었는가 하는 근본적인 물음에 답이 되지 못한다.

이렇게 고되고, 오랜 시간 계속되며, 지루한 일을 버티려면 동기가 있어야 한다. 이 모든 노력이 후에 보상으로 돌아올 것이라는 단순한 믿음은 동기로 작동하지 못한다. 우리를 움직이게 하는 것은 감정이며, 강한 근성으로 큰 성취를 이루어 낸 사람들에게 그 감정이란 진정한 자부심이다. 그런 감정을 우리가 막아야 할 이유는 없다. 오히려 우리가 되고자 하는 최고의 자신이 되기 위해서는 이 감정을 추구해야 한다. 또한 이 감정이 가하는 압박, 즉 멈추지 말고 가라고, 그래서 전진 또 전진하라고 우리의 옆구리를 찌르는 힘을 우리는 한껏 향유해야 한다.

자부심과 공정한 사회

1968년에 생태학자 개럿 하딘Garrett Hardin은 인구 과잉의 위험을 세계에 경고하고자 했다. 이를 위해서 짤막한 에세이를 기고해 사회과학계에서 널리 알려지게 되는 '공유지의 비극'이라는 개념을 제창했다. 이 개념은, 우리 인간은 사회적 집단을 구성하여 살아가는 종인 까닭에 일상에서 사적 이익과 자신이 속한 집단의 미래 이익 중에서 어느 쪽을 따를 것인가 하는 골치 아픈 결정에 늘 직면한다는 것이다. 예를 들면 '한 끼 식사를 위해 케첩과 마요네즈를 끼얹은 육즙 촉촉한 햄버거를 먹고 냅킨 열다섯 장을 써 버리는 것'과 '삼림 파괴를 막기 위해 천 냅킨을 사용하거나, 육류 산업이 환경에 미치는 대규모의 부정적 영향을 피하기 위해 채식 버거를 먹는 것' 사이에서 갈등한다고 할 수 있겠다.

이 비극은 사적인 차원에서 결정하는 최선의 선택이 어느 쪽일지 명확하다는 사실에서 온다. 나 한 사람이 냅킨 열다섯 장 안 쓰고 햄버거 하나 안 먹는 행동이 삼림과 소에 미치는 영향은 극소한 수준이지만, 그로 인해 내 개인의 생활에는 큰 변화가 생길 수밖에 없기 때문이다. 손과 얼굴, 무릎이 케첩과 빵 부스러기, 수프 따위로 범벅 되지 않으면서 즐기던 깔끔한 식사가 더 이상 어려운 것이다. 개인만 생각한다면 둘 중 어느 쪽이냐는 생각해 볼 것도 없다. 하지만 모든 사람이 이와 똑같이 생각한다면 환경에 미치는 영향은 결코 적지 않다.

공유지의 비극은 우리가 내리는 거의 모든 결정이 환경에 어떤 식으로든 영향을 남긴다는 사실에서 초래된다. 미국 전 부통령 앨 고어AI Gore처럼 영향력 있는 인물조차 삼림과 화석연료 보호를 위해 개인의 행동 변화를 촉구하는 데 어려움을 겪는 이유가 바로 이 때문이다. 우리 인간은 자신이 속한 집단의 미래 이익을 위해 눈앞의 사적 이익을 선뜻 희생할 줄 아는 무리가 아니다. 그 집단 이익이 자기 개인의 이익보다 수백 배 더 큰 가치가 있음에도 불구하고 말이다.

이처럼 공유지의 비극이란 우리 누구도 벗어날 수 없는 운명처럼 느껴진다. 하지만 만약 옳은 일, 즉 사회에 이익이 되는 일을 행할 때 스스로 자랑스러운 사람이 될 수 있다고 생각한다면 어떻게 될까? 자부심을 느끼고자 하는 욕구가 이타적이고 친사회적인 자아가 원하는 행동을 하게 만들어 줄까? 자부심이 우리로 하여금 무언가를 성취하고 싶게 만드는 것은, 그 성취가 우리에게 사회적 인정과 높은 지위를 보장할 때에 한해서다. 우리가 자부심을 느낄 자아를 형성하는 방법이 성취만 있는 것은 아니다. 그리고 사회 역시 우리에게 성공 이상의 것을 원한다. 사회 집단의 좋은 구성원이 된다는 것은 관대하고, 타인에게 공감할 줄 알며, 도움의 손길을 내밀 줄 아는 사람이 된다는 것을 의미한다. 타인과 나누고, 지역 선거에 참여한다는 것을 의미한다. 이 객체적 자아는 성취를 이룰 뿐 아니라 도덕적인 자아이며, 사회가 옳고 선하다고 여기는 행동을 하는 사람이다. 따라서 자부심을 느끼고자 하는 욕구는 사람들에게 성취를 위해 노력하게 만드는 것은 물론, 좋은 사람이 되기 위해 노력하게 만든다. 어떤 일이 되었건 그 사회에서 옳은 일을 하는 사람이 되라고 말이다. 이런 이유로 볼 때, 자부심이야말로 공유지의 비극을 막기 위해 필요한 무기일 수 있다.

이 주장을 증명하기 위해서 여러 명의 심리학자가 이 비극의 축소판이라 할 만한 컴퓨터 게임을 설계했다. 이 게임의 목적은 가상의 바다, 즉 공유지에서 물고기를 최대한 많이 잡는 것이다. 매회 피험자들은 자신이 몇 마리를 잡았는지 확인한 뒤 그중 몇 마리를 바다로 돌려보낼지를[17] 결정해야 한다.

될 수 있는 한 물고기를 많이 잡아 놓는 것이 피험자에게는 분명히 유리하다. 피험자의 사적 이익을 따지자면 그렇다. 그러나 집단의 이익은 위태로워진다. 연구진은 물고기를 지나치게 많이 잡아들이는 일이 발생하면, 그 시점까지 모든 피험자들이 획득했던 물고기 수익이 전부 압수될 것이라고 설명했다. 따라서 피험자들은 서로 모순되는 두 선택지 사이에서 하나를 결정해야 했다. 한편으로 그들은 가능한 한 많은 물고기를 잡아 두고 싶어 한다. 그러나 다른 한편으로는 어느 한 사람이라도 물고기를 너무 많이 잡았다가는 모두가 빈손으로 끝난다는 것을 알고 있다. 이때 개인 차원에서 최상의 전략은 물론 잡을 수 있는 최대치를 잡는 것이다. 남획 따위의 문제는 다른 참가자들이나 걱정하라고 내버려 두고 말이다. 하지만 그 전략은 앞에서 언급한 '냅킨 열다섯 장과 햄버거'의 상황과 동일한 문제에 직면한다. 모두가 똑같은 전략을 취했다가는 역효과가 날 수밖에 없는 것이다. 결국 피험자들은 집단의 이익을 위해서 사적 이익과 사적 희생 간의 중간 지점을 찾아야 했다.

자신에 대해 좋게 느끼고 싶은 욕구, 다시 말해 도덕적인 자기 자신에게 자부심을 느끼고 싶은 욕구가 이 결정 과정에 어떤 영향을 미칠까? 연구진은 피험자들에게 자부심을 느꼈던 일과 그 일이 얼마나 뿌듯하게 느껴졌는지를 떠올리게 하자, 그들이 바다에 더 많은 물고기를 되던진다는[18] 사실을 발견했다. 자부심을 느끼고 싶다는 생각이 집단의 이익을 위해서 자신의 이익을 기꺼이 희생하게 만든 것이다. 이와 마찬가지로, 사회가 원하는 일을 함으로써 느끼게 될 자부심을 생각하는 것은 그 일을 실천할 가능성 또한 상승시킨다.

물론 모든 사람들이 집단의 이익을 위해 자기 개인의 이익을 희생하는 데에서 자부심을 느끼지는 않을 것이다. 물고기를 가장 많이 잡았을 때 자부심을 느낄 사람도 있을 것이다. 어쩌면 많은 사람들이 그럴지도 모른다. 우연히도 이 실험에는 특히 친사회적이고 협력적인 피험자들이 모였을 수도, 그래서 자부심에 대한 생각이 그들을 더 나은 쪽으로 행동하게 한 것일 수도 있다. 자부심을 생각한 결과, 될 수 있으면 더 많은 물고기를 잡으려고 하는 사람들이 실험군으로 모일 수도 있지 않을까?

실제로 이 가정을 입증한 또 다른 사회적 딜레마 연구가 있다. 이 연구에서는 최후통첩 게임Ultimatum Game이라는 잘 알려진 게임을 진행했다. 참가자 두 사람이 한 조가 되어 그중 한 명이 일정 액수의 돈을 상대방에게 분배하는 게임으로, 앞에서 살펴본 '독재자 게임'과 비슷하다. 차이가 있다면 최후통첩 게임에서는 응답자, 즉 분배된 돈을 받는 사람이 아무것도 하지 않고

가만히 앉아 있지 않는다. 그는 제안자의 제시 조건을 받아들일지 말지를 결정해야 한다. 응답자가 제안을 거부하기로 결정한다면 양쪽 모두 아무것도 얻지 못한다. 이 추가된 규칙이 어이없어 보일지도 모른다. 제안을 거부하면 아무것도 얻지 못한다는 것을 아는데 응답자가 왜 거부하겠는가. 그런데 실제로는 상당히 많은 사람이 이 제안을 거부하는 것으로 나타났다. 물론 이런 결정은 거부한 응답자뿐만 아니라 제안자에게도 손해다. 하지만 공정하지 않다고 느끼는 제안(서구 산업화 사회의 구성원들은 분배가 50퍼센트 미만일 때 공정하지 않다고 느꼈다)을 거부함으로써, 응답자는 부의 분배가 공정하게 이루어지는 시스템을 확립할 수 있다. 이같이 불공정한 제안을 거부하는 것은 두 참가자 간의 불평등을 방지해 준다. 그렇지만 더 중요한 점은, 그처럼 거절을 할 수 있는 권력을 가진 그 응답자의 존재가 제안자로 하여금 더 공정한 제안을 하도록 촉구한다는 것이다.

그러므로 독재자 게임의 제안자와 달리 최후통첩 게임의 제안자에게는 조건을 제시할 때 기본적으로 응답자의 생각을 먼저 고려해야 할 동기가 있다. 또한 모든 인간이 그렇듯 이 제안자도 자기 자신에 대해서 좋게 느낄 수 있는, 자부심이 동기가 되는 조건을 제시하는 것이 유리하다. 앞서 언급한 물고기 어획 실험의 결과를 잠시 생각해 보자. 그러면 최후통첩 게임에 참가한 피험자들 가운데 집단을 위해 옳은 일을 해야 할 때, 즉 이 경우에는 자원을 공정하게 배분하는 조건을 제시해야 할 때, 자신에 대해서 얼마나 뿌듯할 것인가를 되새긴 제안자들이 더 후한 조건을 제시하리라는 예측이 가능할 것이다. 이는 실제로 그러했다. 게임 전에 연구진은 일부 피험자들에게 후한 조건을 제시하면 얼마나 큰 자부심을 느낄지 상상해 보라고 지시했는데, 이들 피험자들이 게임에서 더욱 관대한 조건을[19] 제시한 것이다. 한편으로 다른 일부 피험자들에게는 그 자금의 대부분을 자기 몫으로 챙길 때 얼마나 큰 자부심을 느낄지 상상해 보라고 지시했다. 상당히 심난한 결과인데, 이 피험자들은 실제로 상대방에게 더 적은 액수를 제시했다.

불공정한 분배가 결국에는 응답자와 제안자 모두에게 손해가 되는 이유는 응답자가 그 제안을 거절함으로써 둘 다 빈손으로 돌아갈 것이기 때문이다.* 자신과 타인에게 모두 손해를 가져오는 제안자의 이 행동은 자부심의 근본적인 맹점을 잘 보여 준다. 자부심은 사람을 선하게도, 악하게도 만들 수 있다는 사실 말이다. 자부심은 자기를 실현하는 생산적이고 창조적이고 도덕적인 삶에 없어서는 안 될 감정이지만, 이러한 이익을 가져다주는 것은 오만한 자부심이 아니라 진정한 자부심이다.

1만 시간의 노력과 근성이 가져다주는 보상을 얻기 위해서 우리에게 필요한 것은 진정한 자부심이지만, 한 유형의 자부심

을 경험하다 보면 다른 유형의 자부심을 초래할 수 있다. 진정한 자부심을 통해 지위나 명성, 부 등의 외적인 보상을 누리기 시작할 때, 많은 사람은 그 성과물이 자신이 바라던 그런 사람이 되기 위해 그동안 쏟아 온 노력의 '간접적 결과'임을 망각한다. 외적인 보상은 자신이 추구해 온 자아를 실현했을 때 주어지는 결과일 뿐, 그 자체가 목적이 되어서는 안 된다. 하지만 자아실현이라는 목표는 잊고 그 보상을 얻기 위해 수단과 방법을 가리지 말라는 유혹은 누구라도 저항하기 힘든 것이 사실이다.

그렇게 될 때까지 그런 척하기

한번 생각해 보자. 가짜 자부심 표현은 높은 지위를 획득하기 위한 손쉬운 지름길 같은데, 그것을 하지 않을 이유가 있을까? 가슴을 내밀고 고개를 높이 치켜드는 그 몸짓은 결코 어렵지가 않으며, 앞서 말했듯 자부심 표현에는 큰 이익이 따라온다. 이런 표현은 바라보는 모든 이들에게 자신이 높은 지위를 누릴 자격이 있다는 신호를 보내는 것이다. 자부심의 표현을 보이면 사람들이 다르게 대할 것이다. 샤워도 하지 않고 트레이닝 바지에 너덜거리는 티셔츠 차림으로 허겁지겁 집 밖으로 나왔더라도, 자부심의 몸짓과 표정을 취하자. 사람들은 여전히 당신을 높은 지위를 획득할 자격이 있는 사람으로 바라볼 것이다. 더러운 담요를 뒤집어쓴 노숙자도 이런 몸짓을 취하면 통하는데, 늘어질 대로 늘어진 휴일의 차림새일지언정 당신이 라고 안 될 이유가 없다.

자부심 표현의 효능은 여기에서 그치지 않는다. 한 심리학 연구 팀이 자부심 표현 또는 그 밖에 힘 있는 자세가 높은 지위의 호르몬인 테스토스테론 수치를 상승시키며, 그 사람이 스스로를 바라보는 태도를 일시적으로 변화시킨다[20]는 사실을 밝혀냈다. 피험자들은 현재 자부심을 느끼고 있든 아니든, 자부심 표현을 취하는 순간 자신이 힘 있는 사람으로 느껴지면서 행동에도 한결 자신감이 들어갔다. 카드 게임을 할 때 과감한 패를 던지는 경향을 보였고, 논쟁 때는 발언의 주도권을 잡는 경향[21]을 보였다. 게다가 자부심 표현은 통증을 참는 능력이나 체력마저 향상[22]시키는 효과를 보였다. 이 실험의 공동 연구자 중 한 명인 심리학자 에이미 커디Amy Cuddy는 2000만 명 이상이 시청한 인기 높은 TED 강연에서 자부심 표현이 걱정과 불안을 해소해 주는 효과적인 방법이라고 말한 바 있다. 커디는 '힘 있는 몸짓power pose'이라고 흔히 불리는 몸짓, 즉 자부심 표현이 타인에게 전달하는 메시지도 중요하지만, 이 표현을 취하는 사람 스스로에게 영향을 준다는 점 또한 중요하다고 말한다. 커디의 표현에 따르면 "힘 있는 척하다 보면 실제로 더 힘 있는 사람으로 느껴진다." 이런 설명을 들으면, 살면서 우리가 한두 번은 들어 봤음직한 한 가지 조언이 연상된다. "해낼 때까지, 그런 척하라."

자부심 표현이 힘 있는 느낌을 강화시킨다는 것은[23] 다양한 연구를 통해 충분히 입증되었다. 그런데 힘 있는 존재가 되는 방법은 하나가 아니며, 힘의 종류도 한 가지만이 아니다. 실험으로 돌아가서, 이 피험자들은 자신감 넘치는 자세를 딱 1분간 취하자 바로 행동에 변화가 일어났다. 신분을 숨긴 연구자의 현금을 훔치고, 속임수를 쓰고, 교통신호를 위반하는[24] 등 행동이 과감해지는 경향이 나타났다. 뻔한 이야기겠지만, 이것은 신망을 경험하는 사람의 행동이 아니다. 훔치고, 속이고, 법규를 위반하는 것은 전부 오만한 자부심을 강하게 느끼며 동료들로부터 '지배적으로 군다'는 평가를 받는 사람들에게서[25] 드물지 않게 나타나는 행동들이다.

실험 결과가 보여 주듯이, 자부심을 드러내는 몸짓은 스스로에게 힘 있다는 느낌을 준다. 그렇다면 여기서 우리는 이 힘이 우리가 느끼고 싶어 하는 종류의 힘인지를 살펴볼 필요가 있다. 만약 거짓 자부심 표현을 통해서도 힘 있는 느낌을 받게 된다면, 이는 무엇을 의미할까? 실제로 성취한 결과가 아니라 간단히 취할 수 있는 비언어적 표현으로 얻은 느낌이라면, 그때 느끼는 자부심은 어느 쪽일까?

앞서 제시했던 힘 있는 몸짓의 효과를 생각한다면, 질문의 답은 어렵지 않게 예측할 수 있다. 가짜로 힘 있는 몸짓을 취함으로써 느끼는 자부심은 오만한 자부심의 한 유형일 가능성이 상당히 높은 것이다.

아마도 이것이 커디가 TED 강연에서 '해낼 때까지 그런 척하기'가 바람직한 방법이 아니라고 단호하게 말한 이유일 것이다. 커디는 사람들이 스스로를 속임수나 쓰는 사람으로 느낄 것이 아니라, '자신이 원하는 모습이 될 때까지' 그런 척할 것을 권한다. 그녀는 이렇게 말한다. "한번 해낼 때까지만 그런 척할 것이 아니라, 완전히 그렇게 될 때까지 그런 척해야 한다." 자신이 원하는 사람이 될 때까지 그런 척을 하라는 것은 훌륭한 조언이다. 그런데 문제가 있다. 커디도 동의할 것 같지만, 하나의 감정을 표현하는 것만으로는 그런 사람이 될 수 없다는 사실이다. 오히려 커디가 했던 대로 해야 할 것이다. 끔찍한 교통사고로 머리를 크게 다친 뒤에도 끝내 대학을 졸업하고 프린스턴에서 박사 학위를 받는 것 말이다. 커디 스스로가 TED 강연에서 말했던 것처럼, 의사들이 결코 불가능하다고 했던 일들을 그녀가 이루어 낸 것은 그저 힘 있는 몸짓만 취해서가 아니었다. 커디는 이렇게 말한다. "저는 정말 열심히 공부하고 공부하고 또 공부했어요. 그러니 운이 따르더군요. 그리고 또 공부하고 또 공부했습니다." 커디에게 있는 것은 근성이 었던 듯하다.

그렇다고 해서 커디의 조언처럼 중요한 취직 면접을 앞두고 몇 분간 화장실 같은 곳에 숨어 자부심 표현을 취하는 방법이 무의미하다는 말은 아니다. 그렇게 하면 자신감이 약간 상승할 것이고, 적어도 도도한 태도는 얻을 수 있을 것이다. 그 일자리를 얻기 위해서 반드시 필요한 태도[26] 말이다. 취직 가능성을 높이는 점[27]을 포함해, 자부심 표현에는 다른 이점도 있다는 사실을 기억해 두자. 그 표정과 몸짓을 진심으로 행한다면, 그러니까 2장에서 이야기했던 스튜어트 스몰리 풍으로 "젠장, 나는 훌륭하단 말이야!"를 되뇌면서 행한다면, '그런 척'이 진짜 자신의 모습이 될 수도 있는 것이다. 진실한 그 표현은 진정한 자신감, 진정한 자기 존중감과 연관된다.

우리가 자부심을 느끼지 않을 때라도 자부심 몸짓은 단기간에 눈에 띄는 효과를 내며, 그 효과에는 긍정적인 면과 부정적인 면이 모두 포함된다. 하지만 의도적으로 취하는 자부심 몸짓의 장기적 효과에 대해서는 잘 알려지지 않았다. 이에 대한 연구는 아직껏 나오지 않았다. 하지만 한 가지만은 확실하다. 과도한 자부심 표현은 손해가 될 수 있다는 점 말이다.

한 심리학 연구 팀이 노골적인 자부심 표현에 대한 사람들의 평가를 연구했다. 이 연구에서는 근거 없는 자부심 표현은 배제하고 마땅한 이유가 있을 때 자부심을 표현하는 사람들, 즉 승자들에 대한 반응만을 관찰했다. 연구진은 테니스 스타, 게임 쇼 우승자, 오스카 수상자들의 비디오 자료를 찾았는데, 두 팔을 높이 쳐들고 온몸으로 자부심을 뿜어내며 승리를 자축하는 사람들이 있는가 하면 훨씬 더 잔잔한 표정으로 자부심을 표현하는 사람들도 있었다. 연구자들은 피험자들에게 이 사람들에 대해서 어떻게 생각하는지, 다시 말해 그 사람에 대한 호감이 어느 정도인지 물었다.

피험자들은 영상에 나오는 모든 사람들이 방금 중대한 시상식에서 상을 받아 자부심을 표출할 자격이 충분하다는 사실을 알고 있었지만, 그럼에도 자부심을 열렬하게 표현하는 장면을 보았을 때는 그 수상자에게 호감을 느끼지 않았다. 이를 제임스 캐머론James Cameron Oscar의 오스카 수상 연설* 효과라고 불러도 좋을 듯하다. 피험자들은 이들이 과도하게 자부심을 드러내어 패자의 감정을 배려하지 못했다는 점에서 호감이 떨어진다고 평가했다. 또한 이 수상자들과 친구가 되고 싶은 마음이 감소했다고 보고했다.

이 피험자들이 노골적으로 자부심을 드러낸 수상자에게 그다지 호감을 느끼지 않았던 이유는 그가 '오만한 자부심'을 표현했다고 느껴서다. 강렬한 자부심을 표현한 승자들은 자부심을 겉으로 드러내지 않은 승자들보다 더 오만하고 자만하며 자기중심적으로 비쳤으며, 따라서 노골적으로 자부심을 드러낸 승자들에게 호감이 가지 않았던 것이다.

반면에 겉으로 자부심을 많이 드러내지 않은 수상자들에 대해서는 그들이 자신의 감정을 억누르고 있다는 것을 알면서도

---

* 그는 1998년 〈타이타닉〉으로 감독상을 받은 뒤 수상 소감을 마무리하는 발언으로 "내가 이 세상의 왕이다I'm the King of the world!"라고 외쳤다. −옮긴이

훨씬 더 호감을 느끼는 것으로 보고되었다. 피험자들은 그 승자들이 자부심을 느끼지 않는다고 생각한 것이 아니었다. 이 승자들은 자신이 자부심을 느낀다는 것을 사람들이 느낄 정도로만 표현했다. 그뿐만 아니라 그들은 그 감정을 자제하고 있다는 것을 분명하게 보여 줌으로써 보는 이로부터 존경심까지 얻었다. 이것이 그들이 주위 사람들은 아랑곳하지 않고[28] 마음껏 자부심을 표현한 승자들보다 훨씬 더 호감을 얻은 이유다.

다른 연구들에서는 그다지 충분한 이유가 없을 때, 즉 사람들이 그가 승리 또는 성취를 경험하는 것을 보지 못한 경우에 자부심을 표현하는 것이 사람들로부터 비호감이 되는 것 이상의 악영향을 초래할 수 있음이 증명되었다. 말하자면 그 행동의 결과로 실제로 처벌을 받거나, 절실했던 기회를 박탈당할 수 있는 것이다.

나는 대학원생들과 함께 미국의 글로벌 비영리 미소금융 재단인 키바Kiva에 도움을 신청한 빈곤층 개인들의 자부심 표정을 측정했다. 우선 재정 지원(대출 형태로 지원된다)이 이루어지는 절차를 살펴보면, 신청자가 증명사진과 재정 지원이 필요한 이유를 홈페이지kiva.org에 등록하면 잠재적 자선가들이 이들의 정보를 훑어본 뒤 누구에게 기부할지 결정하는 방식이다. 키바의 출자자들은 기부를 하고 싶은 사람들이다. 그들이 신청자들에게 투자하는 목적은 대출을 통해 수익을 내려는 것이 아니라(실제로 대출을 지원받는 사람들은 일체 이자를 지불하지 않는다), 개발도상국들의 소규모 창업 회사에 자본을 투자하는 방식으로 사람들을 돕기 위한 것이다.

우리는 키바의 출자자들이 신청자의 증명사진에서 자부심 표정 등의 높은 지위 신호를 읽어 낸 뒤 대출을 결정할 것이라고 보았다. 어쨌거나 높은 지위를 암시하는 비언어적 신호야말로 미래의 사업 성공 가능성을 예측하기에 좋은 지표이니, 자부심을 표현한 사람들이 대출금을 따낼 확률도 더 높아야 마땅하다. 그런데 우리가 찾아낸 결론은 정반대였다. 비언어적 자부심 표현, 더 구체적으로 말하자면 '몸집을 부풀린 자세'가 오히려 신청자의 대출 액수를 현저하게 감소시켰다. 출자자들이 자부심을 표현한 신청자들에게 기부를 하지 않기로 결정한 것은, 추정컨대 이것이 도움을 청하는 사람들에게 적합한 표현이 아니라고 판단해서다. 재정 지원이 필요한 사람이 자부심을 표현함으로써 거만한 사람이라는 인상을 준 것이고, 그 벌을 받은 셈이다.[29]

이 연구 결과는 도움을 구하는 사람들에게는 시사하는 바가 크겠지만, 자부심 표현이 보는 이들에게 그가 지위 상승의 자격이 있음을 말해 준다는 연구 결과들과 정면으로 대치된다. 즉, 자부심 표현은 보는 이에게 자신이 높은 지위를 얻을 자격이 있다는 신호를 보내지만, 그와 동시에 이 표현으로 인해 상대로부터 호감을 잃을 수 있으며 나아가 그 대가를 치를 수도 있음을 말해 주는 듯하다. 이는 우리가 자부심 표현에 대해 반문할 거리를 안겨 준다. 거만한 사람이라는 인상을 주어 도움이 필요한 순간에 외면당할 수 있는데도, 자부심 표현은 스스로를 힘 있는 사람이라고 느끼기 위해 또 사회적 지위 상승 가능성을 높이기 위해 할 만한 가치가 있는 것일까?

여기서도 문제는 오만한 자부심이다. 누군가가 고삐 풀린 듯 방방 뛰면서 자부심을 표현할 때 혹은 뚜렷한 이유도 없는 상황에서 자부심을 표현할 때 느끼는 것이 오만한 자부심이다. 이 짐작이 타당하지 않을 수도 있다. 진정한 자부심 역시 동일한 비언어적 표정과 몸짓으로 표현되며, 진정한 자부심을 느끼는 사람 역시 동일한 표정과 몸짓으로 표현하기 때문이다.

하지만 사회는 항상 우리에게 그 이상의 것을 기대한다. 우리는 누군가의 자부심 표현을 보면 그것이 진정한 자부심일 수도 있고 오만한 자부심일 수도 있다는 것을 알지만, 그 사람이 진정으로 친절하고 진정으로 겸손하고 진정으로 공감할 줄 아는 사람이기를 기대한다. 따라서 그가 자부심을 느끼고 있다는 것을 알면서도 최소한 어느 정도라도 그 감정을 억제해 주기를 바란다. 오바마가 빈 라덴 암살 소식을 발표할 때 힘차게 주먹을 치켜들었더라면, 그의 지위는 더 높이 상승했을지 몰라도 호감을 약간은 잃었을 것이다.

이 모든 것이 가짜 자부심 표현이 널리 이용되지 않는 이유, 사실상 훨씬 더 손해가 될 수 있는 이유를 설명해 준다. 인류가 자부심 표현을 자동적으로 지위 신호로 인식하도록 진화했음에도, 많은 문화권에는 지나치게 노골적인 표현을 억제하는 사회적 규범이 발달했다. 심지어 자부심을 느낄 이유가 충분한 상황일지라도 말이다. 우리는 피지의 야사와섬 주민들에게서 이를 확인했다. 이 주민들에게는 자부심 표현과 높은 지위가 연관될 수 있는 어떠한 행동도 금지하는 명시적 규범이 있었다. 비록 무의식 속의 자동 연합을 조사했을 때는 서구 문화권의 대학생들에게서 나타나는 것과 유사한 패턴이 드러났지만 말이다. 앞서 언급한, 피험자들이 수상자들의 과도한 자부심 표현에 부정적인 반응을 보인 연구는 북아메리카와 상당히 유사한 문화적 규범을 보이는 산업화된 서구 사회인 오스트레일리아에서 수행된 것이었다.

자부심을 언제 어디서 얼마큼 표현해야 하는가에 대한 규범은 보편적으로 존재하지만 문화권마다 다르다. 미국인들은 피지 주민들보다 자부심 표현에 더 관대하며, 어쩌면 오스트레일리아 사람들보다도 더 너그럽다고 볼 수 있다. 하지만 개인주의가 강하고 지위 지향적인 미국 문화라 해도 과도한 자부심 표현이 무제한으로 수용되는 것은 아니다. 사업가들이나 다수의 공화당 지지자들이 도널드 트럼프의 대권을 승인했을지언정, 그의 극단적인 나르시시즘까지 용인한 것은 아니었다. 면전에서는 두려움에 못 했을지 몰라도 공화당 내에서도 많은 사람들이 트럼프의 나르시시즘을 조롱했다. 하지만 사람들이 트럼프의 허장성세를 용인한 것은 어쨌거나 그가 그러한 허세를 뒷받침할 능력이 되는 사람이었기 때문이다. 그는 세계에서 가장 성공한, 적어도 가장 성공적으로 자신의 주가를 올린 사업가다. 사람들은 그런 만큼 그의 오만함을 경멸하고 사회적 지탄을 하기도 하지만, 경제적 성공을 높이 사는 미국 사회의 풍토는 그에게 권력, 그것도 신망이 아닌 지배에서 나오는 권력을 줄 수밖에 없어 보인다.

다른 문화권을 보자면, 아프리카의 칼라하리 사막에 사는 부시먼Bushman족은 피지 주민들의 규범과 상당히 비슷하게 누구라도 자부심을 내보였다가는 벌을 가한다. 이 관습에 대해 한 부족민이 예를 들어 가며 설명했다. "한 남자가 사냥을 간다고 해 봐요. 사냥에서 돌아와서 허풍선이처럼 '오늘 내가 숲에서 큰 놈을 하나 죽였다!' 하고 자랑했다가는 큰일 납니다. 대신에 그는 아무 말 없이 앉아 있고 저나 다른 누군가가 그 사람이 있는 불가로 가서 물어봅니다. '오늘 뭐 좀 보았나?' 그러면 그는 조용히 대답해야 하죠. '에이, 제가 사냥을 잘 못하잖아요. 한 마리도 안 보이더라고요. 아주 작은 놈 한 마리만 겨우 봤나 그렇습니다.' 그럼 제가 씩 웃죠. 그 친구가 잡은 게 아주 큰 놈[30]이라는 뜻이거든요."

이 이야기는 전통적 소규모 공동체 사회들이 집단 구성원들의 평등한 관계를 지키기 위해서[31] 어떤 관습을 유지해 왔는가를 잘 보여 주는 사례다. 노골적인 자부심을 벌함으로써 권력에 대한 불만이나 급격한 지위 변동을 막을 수 있는 것이다. 자부심 표현이 없다면 사람들 간의 지위 차이를 명확하게 구별하기가 어려워진다. 또 다른 부족민은 그 원리를 이렇게 설명한다. "만약 한 젊은이가 사냥을 잘하면 자기를 족장이나 거물로 생각하게 되죠. 나머지 부족민들은 자기 종이나 아랫것으로 여길 거고요. 하지만 이건 용납할 수 없어요. 우리는 자만하는 사람을 거부합니다. 그의 자부심이 언젠가는 다른 사람을 죽일 테니까요. 그래서 포획을 많이 해 와도 우리가 하찮게 말하는 겁니다. 이렇게 해야 그가 차분하고 온순하게[32] 지냅니다."

진화적 관점으로 보자면 이는 충분히 이치에 닿는 이야기이다. 자부심이 자동적인 지위 신호임이 인식되자, 모든 문화권에서는 자부심을 과도하게 표현하는 사람 또는 근거 없는 자부심을 표현하는 사람을 벌하는 사회 통제 메커니즘이 필요해졌다. 지나치게 오만한 개인을 벌할 수 있는 규범을 작동시킴으로써, 그 사회는 구성원들이 그런 감정을 아무런 거리낌 없이 표현할 경우 언제든 발생할 지위 다툼의 여지를 감소시킬 수 있다.

내가 살고 있는 미국 사회에서는 가짜 자부심이 어느 정도는 용인된다. 미국을 위시하여 대부분의 서구 문화권에서는 지도자들의 허세와 나아가서는 오만함까지도 인정하며, 이런 면모를 보이는 지도자들이 더러는 존경을 받기도 한다. 트럼프가 진행했던 텔레비전 쇼는 최다 시청률 순위 15위 안에 몇 년간 줄곧 꼽혔다. 이 부동산 거물의 자기만족을 대중에 전파한 것에 지나지 않는 프로그램인데 말이다. 그는 틈만 나면 자신의 우월한 지능과 힘, 불굴의 정신, 심지어 손 크기까지 자랑하는 사람임에도 불구하고―아니, 어쩌면 그렇기 때문에―정치적으로도 대단히 확고한 추종자 무리를 만들어 냈다. 2011년 12월 일간지 「USA투데이」와 갤럽Gallup이 공동 진행한 여론조사에서 트럼프는 현존하는 미국인 중 가장 존경받는 인물 10인 가운데 6위[33]를 차지했다. 이렇게 볼 때, 노골적인 혹은 과장된 오만한 자부심 표현이 반드시 불리한 행동이라고만은 할 수 없겠다.

미국인들은 적당한 정도라면 오만한 자부심도 얼마든지 받아들인다. 그러나 그렇게 오만하게 굴 때는 그저 사람들에게 두려움을 유발하는 것 이상의 무언가를 통해 그 허세가 허세가 아님을 입증해야 한다. 서구 문화권만이 아니라 모든 곳에서, 사람들은 대부분 남을 윽박지르고 힘으로 억누르려는 이를 좋아하지 않는다. 천하의 스티브 잡스라 해도 그가 IT 기술과 마케팅에서 천부적 재능을 입증하고 이후에도 계속 성과를 보이지 않았다면, 직원들이 한 일을 수시로 "개똥" 같다고 평가하는 식으로 대우하면서도 무사히 넘어갈 수는 없었을 것이다. 지배형 지도자들에게 권력이 주어지는 것도 그들이 통제력을 휘두를 수 있을 때까지만이다. IT 혁신가 스티브 잡스 역시 팔리는 제품을 더 이상 만들어 내지 못하자 그의 권력은 사라졌다. 애플을 창립한 지 9년 만에 그는 이사진에 의해서 축출되었다. 공식적인 사유는 고품질 제품의 개발 실패였다. 2세대 맥Mac인 애플3와 리사Lisa 모두 처참한 실패로 평가받았던 것이다. 하지만 잡스가 해고된 것은 이 제품들이 형편없었기 때문이 아니라 자신의 실패를 인정하려 들지 않았기 때문이다. 인정하기는커녕 그 평가를 놓고 당시 CEO이던 존 스컬리와[34] 맹렬하게 싸웠다.

이것이 거만하고 호전적인 사람, 다시 말해 지배형 인물이 실패했을 때 일어나는 일이다. 그들은 호락호락 물러나지 않는다. 그뿐이 아니다. 이 유형은 타인에게 존경이건 사랑이건 받든 말든 신경 쓰지 않는 데다가 도저히 옆에서 같이 일하기 힘든 사람인 까닭에, 동료들은 호시탐탐 그를 제거할 기회를 노린다. 따라서 이런 지배형 인물들은 결정적인 첫 실수를 저지르는 순간(잡스의 경우에는 세 번째 실수였지만), 바로 '아웃'이다.

이런 사람을 효율적으로 통제하는 것은 기업 경영에서 중요한 정책이며 인류의 문화 발전에도 중요한 요소다. 힘에 의한 지배로만 통치되는 사회에서는 누적적 문화 진화가 발생하는데 반드시 필요한 진보와 혁신이 활성화되기 어렵다. 이것이 우리에게 신망이 필요한 이유다. 게다가 신망형 지도자들은 관대하고 친절한 성품으로 두루 존경 받기 때문에, 끊임없이 새로운 가치를 창출해 집단 내에서 자신의 지위를 유지하려고 애쓰지 않아도 된다. 전성기에 누리던 영향력을 그대로 지키지는 못하겠지만, 지배적 유형으로 변신하지 않는 한 그들을 위한 자리는 언제나 마련되어 있을 것이다.

진정한 자부심을 찾아라

오만한 자부심은 폴 고갱, 딘 카르나제스, 빌 게이츠가 자신의 재능을 갈고닦는 데 밤낮을 가리지 않고 몰입하도록 성취동기를 불어넣은 자부심과는 명백히 다르다. 거만하고 자기만족에 가까운 이 자부심도 우리 인간의 본성이지만, 창조성이나 혁신보다는 호전성이나 기만처럼 사람의 어두운 측면을 드러내는 행동을 유발하는 것이 이 자부심이다. 자부심에 '죄악'이라고 불러야 할 부분이 있다면, 바로 이것이다.

다행히도 우리는 이 두 자부심 중 하나를 선택할 수 있다. 어느 쪽 자부심을 우리 삶에 들여보낼 것인지 선택할 능력이 있는 것이다. 어느 쪽 자부심이 자아와 인간관계를 형성하게 할지는 우리가 결정한다. 진정한 자부심과 오만한 자부심, 둘 다 결국은 우리가 허용할 때만 그 힘을 발휘할 수 있다.

힘겹게 성취한 무언가에 대해 자부심을 느끼고 그 감정을 적당하게 표현하는 것은 대단히 영리한 전략이다. 진정한 자부심은 언젠가 당신에게 신망을 가져다줄 것이다. 그리고 그때까지는 당신이 목표로 하는 그 사람이 되기까지 해야 할 일을 하는 데 길잡이가 되어 줄 것이다. 어쩌면 당신이 진정으로 원하는 것이 어떤 사람인지를 깨닫게 해줄 수도 있다.

진정한 자부심이 우리 본성의 일부라는 사실을 우리는 기쁘게 받아들여야 한다. 우리 안에서 최고의 능력과 자질을 이끌어 내는 것이 이 감정이기 때문이다. 하지만 조건이 하나 있다. 자부심이 실제로 무언가를 성취한 경험 또는 도덕적으로 옳고 관대하며 타인에게 공감하는 이타적 행동과 반드시 결부되어야만 한다. 자부심은 우리가 사회가 바라는 유형의 사람이 되는 데, 그리고 진정한 자신으로 느껴지는 사람이 되는 데 도움이 되어야 한다. 자신이 되고 싶었던 바로 그 사람으로서 자부심을 느낄 수 있다면, 우리는 성취하고 혁신하고 창조할 힘을 갖게 될 것이며, 그 과정에서 사회로부터 얻은 신망을 이용해 다른 사람들 역시 그런 힘을 키우도록 기여할 것이다.

그동안 수많은 실험과 연구를 통해서 얻은 근거를 바탕으로 내가 해줄 수 있는 조언은 이것이다. 진정한 자부심을 찾자. 자신에 대해 기분 좋게 느낄 수 있는 길을 찾자. 자부심을 느낄 때는 비언어적 표현으로 드러내되 과장하지 말며, 타당한 근거가 없는 자부심이라면 억누르자. 무엇보다 중요한 것은, 그 사회의 규범을 숙지하는 것이다. 자부심 표현이 분위기를 고양시키는 문화가 있는가 하면 오히려 분위기를 난감하게 만드는 문화가 있다. 도널드 트럼프와 칼라하리 사막 부시먼 부족민의 사례가 그 편차를 잘 보여 준다. 자부심을 언제, 어떻게, 얼마만큼 표현할 것인가를 묻는다면, 만국 공통의 기준은 없다는 것이 그 답이 될 것이다. 친구들과 축구를 하다가 골을 넣었을 때 주먹을 치켜들고 자축하는 것은 괜찮은 행동인가? 오목 놀이에서 승리했을 때는 어떨까? 당신의 친구들은 이길 때마다 환호하는가 아니면 기쁨을 내색하지 않고 겸손한가? 당신이 존경하는 사람들은 페이스북에 자신의 승리나 성공 경험을 대놓고 자랑하는 쪽인가 아니면 은근한 방식으로 그 사실을 전달함으로써 남들이 대신 자랑스러워하게 만드는 쪽인가? 이런 상황에서 그들이 어떻게 하는가가 그의 자부심이 어느 유형인지, 또 그 자부심이 유익한지 해로운지를 결정한다.

따져 보면, 우리 대부분은 자부심을 느낄 때 그대로 표현해야 할지 아니면 자제해야 할지를 이미 잘 알고 있다. 우리는 자신이 속한 사회 집단이 요구하는 겸양과 자랑에 대한 규범을 파악하고 있다. 그 규범을 몰라서 지키지 못하는 것이 아니다. 방 한가득 모인 사람들에게 자신이 얼마나 좋은 대학에 다니는지, 얼마나 어려운 승진을 따냈는지, 어떤 대단한 모델과 데이트하는지, 얼마나 훌륭한 책을 썼는지 자랑하고 싶은 충동을 억누른다는 것은 여간한 자제심이 드는 일이 아니다. 그러나 자신을 과장되게 자랑하는 표현을 억제하는 것은 오만을 피하기 위해 결정적으로 중요한 능력이다.

또 한 가지 중요한 것은 바로 '자신에게 정직할 것'이다. 셰익스피어의 다음 명문은 앞에서 언급한 '해낼 때까지, 그런 척하라'를 보완하는 삶의 자세가 될 것이다. 극중 인물의 입을 빌려 셰익스피어는 이렇게 말했다. "무엇보다도 너 자신에게 정직할지어다. 그리할 때 너는, 마치 밤이 낮을 뒤따르듯, 그 누구에게도 거짓되지 않으리라."*

이 말에는 담긴 지혜는 수 세기가 지난 지금도, 여전히 우리에게 깊은 울림을 준다. 우리는 진짜 자신이 어떤 사람인지, 어떤 사람이 되기를 진실로 원하는지 깨닫고, 그 사람이 되기 위해서 쉬지 않고, 포기하지 않고 노력해야 한다. 그 노력으로 결실을 얻었을 때는 스스로를 자랑스러워하자. 그리고 무엇보다, 이 감정을 경험하고자 하는 욕구를 억누르지 말자. 자부심을 욕망하고 추구하고 이를 느낄 순간을 위해 분투하는 것은 우리 안에 있는 본성이며, 어쩌면 이 감정이 우리가 개인으로서도, 인류로서도 오늘날의 우리가 되기까지 가장 크게 기여한 특질일지도 모른다.

---

* 「햄릿」 1막 3장, 햄릿의 숙부이자 양부 폴로니어스가 친아들 레어티스에게 하는 충고 - 옮긴이

감사의 말

나는 제임스 왓슨의 『이중나선』을 읽은 뒤로 줄곧 과학을 이야기로 풀어낸 책 쓰기에 도전해왔다. 이 책은 『이중나선』이 아니지만 (내가 왓슨이 아닌 것은 말할 것도 없고) 내가 가장 잘 아는 과학을 이야기할 기회를 얻었다는 사실에 무한히 감사하며, 이 책이 적어도 몇 분의 독자를 끌어들일 수 있기를 바란다. 열광하는 독자가 있다면 더욱 기쁘겠지만. 적어도 몇 분의 독자라도 끌어들였으면 좋겠다. 이 책이 나오기까지 많은 분에게 도움을 받았으며, 모든 분께 감사드린다.

먼저 이 책의 초고를 어느 한 쪽 빠짐없이 꼼꼼히 읽어 주고 제3자의 안목이 필요할 때마다 망설임 없이 의견을 주었던 두 사람, 크리스틴 로린과 애런 트레이시에게 아낌없는 감사를 전한다. 크리스틴은 앞뒤가 맞지 않다고 솔직하게 말해 주었고, AT는 심리학을 잘 알지 못하는 사람이라도 흥미로워 할 (그리고 문외한이어서 재미없어 할) 부분을 짚어 주고 내 글에 (여러 대목에서) 재미를 더해 주었다.

크리스틴, 당신에게는 뭐랄까, 모든 면에서 특히 더 감사하다. 내 인생에 당신이 없었다면 이 프로젝트가 어떻게 되었을지 모르겠지만, 그것을 생각할 필요가 없다는 사실이 너무나 기쁘고 감사할 따름이다.

지난 7년 동안 가장 가까이서 일해 온 두 동료, 조이 청과 조 헨리히가 친절하게도 이 책의 여러 장을 읽어 주고 문제가 없는지 살펴 주었다. 또한 기발한 영감을 불어넣어 준 협력자, 아짐 샤리프에게도 무척이나 고맙다. 조이와 조, 아짐, 세 사람이 있었기에 위계질서와 지위, 진화에 대한 모든 것을 더 치열하게 더 깊이 생각할 수 있었다.

모든 장에서 심리학적 이성의 목소리를 채워 주었으며 이 책을 계획하던 단계부터 열렬한 호응으로 희망을 불어넣어 준 조시 하트에게도 진심으로 감사를 전한다.

귀한 시간 들여 초고를 꼼꼼히 읽어 주고 변변찮은 간식으로 끼니를 때우면서 몇 시간씩 꼼짝 없이 붙들려 원고를 낱낱이 분석해 준 내 연구실의 대학원생, 알렉(일명 도덕적 죄악) 비일, 말리스 호퍼, 댄 랜들스, 코너 스테클러, 애런 와이드먼에게도 감사한다. 공동 연구로 함께해온 지난 몇 년의 시간을 너무나 재미나게 만들어 주고 때로는 DNA 발견급 학문적 흥분의 순간까지 선사해 준 재크 위트카워와 제이슨 마텐스에게도 고마운 마음 전한다. 대학원생들과 함께 일할 수 있다는 것이 이 직업이 주는 최고의 즐거움의 하나인데, 나는 특히나 환상적인 친구들과 함께하는 행운을 누려왔다. 우리 연구실이 순조롭게 돌아가도록 힘써 주었으며 셀 수 없이 많은 일에 손길을 내밀어 주고 어쩌면 내가 알지 못하는 도움은 더 많이 주었을 사람, 세계 최고의 연구실 관리자상을 여섯 차례나 수상한 제프 마커소프에게도 무한히 감사한다.

시간을 되돌려 릭 로빈스에게도 크나큰 감사를 전한다. 그로부터 받은 훈련과 가르침, 우정이 없었다면 이 일은 가능하지 않았을 것이다. 내가 배운 많은 것은 선생님께 배운 것이다. 이 책에서 다룬 대학원생 시절의 실험과 연구는 릭 없이는 불가능했겠지만, 칼리 트레제니에프스키, 로빈 에델스틴, 애나 송, 케이트 아이작슨이 아니었더라면 재미는 훨씬 덜하고 힘만 더 드는 과업이 되었을 것이다. 연구에 도움을 주고 조언자로서 많은 가르침을 준 필 셰이버와 폴 에크먼에게도 감사한다.

나의 자부심 연구는 릭과 공동으로 진행한 부르키나파소 답사 여행에서 본격적으로 시작되었고, 그 경험은 연구자로서 내 인생에서 가장 놀라운 경험으로 기억될 것이다. 이 여행과 경험을 가능하게 해주었던 모든 분에게 진심으로 감사하며, 그중에서도 여행에 함께했던 시모나 게티와 질 트레이시, 그리고 자애롭고 우아하고도 열정에 넘치는 아프리카 현지의 협력자 매기와 장 트라오르에게 특히 감사의 인사를 전한다.

지난 10년 동안 나는 연구면 연구, 사고면 사고, 글쓰기면 글쓰기, 스키까지 모두 열정적으로 해온 학자와 연구자들의 생기 넘치는 공동체의 일원이 되는 크나큰 행운을 누려왔다. 리즈 던, 토니 슈메이더, 에이러 노런제이언, 스티브 헤인, 마크 샬러, 델 폴러스, 카일리 해믈린 그리고 그레그 밀러. 나를 끊임없이 밀어붙였던 이분들의 격려와 응원에 큰 신세를 입었으며, 그 자리에 있어 주신 것만으로도 큰 빚을 진 마음이다. 브리티시컬럼비아 대학교의 심리학과는 연구자로서 나의 삶에서 정든 고향과도 같은 곳이다. 특히나 내가 이곳에 처음 왔던 2006년 반갑게 맞아 주고 내 집처럼 지낼 수 있도록 도와주신 대런 레먼, 에릭 아이크, 앨런 킹스턴, 제프 홀에게 감사드린다.

브리티시컬럼비아와 캐나다가 연구자에게 훌륭한 환경이 될 수 있는 것은 많은 재정 지원의 기회 덕분이다. 지난 10년 동안 내가 했던 거의 모든 연구만이 아니라 대부분의 시간을 연구 활동에만 집중할 수 있도록 여타의 재정적 지원을 아끼지 않았던 브리티시컬럼비아의 마이클 스미스 보건연구재단Michael Smith Foundation for Health Research, 캐나다 인문사회과학연구위원회Social Science and Humanities Research Council of Canada, 캐나다보건연구원 Canadian Institute for Health Research에 감사드린다. 오로지 이 세 기관의 관대한 지원이 있었기에 오늘의 이 결과를 얻을 수 있었다.

또한 이 책의 가능성을 일깨워준 나의 에이전트 존 브록만, 케이틴카 맷슨, 맥스 브록만에게도 깊이 감사드린다. 이 프로젝트의 기획안을 읽어 주고 책으로 낼 만한 무언가를 발견해 준 스티브 핑커에도 고마운 마음이다. 스티브에게는 『빈 서판』

에 대해서도 고마움을 전하고 싶은데, 몇 해 전 이런 책을 쓰고 싶다는 의욕을 안겨 주었던 책이다.

가장 중요한 두 분이 있다. 이 책을 아무도 읽어 주지 않는 다 해도 당연히 여겼을 것에서 많은 분이 읽어 주기를 희망하 게 된 것으로 만들어 준 휴튼 미플린 하트코트 출판사의 편집 자, 코트니 영과 알렉스 리틀필드. 코트니는 초반에 이 책의 꼴 을 잡는 데 필요한 의견을 주었고 이 작업을 끝까지 밀고 갈 수 있도록 열정과 용기를 주었다. 더 넓은 독자층을 위한 책이 되도록 헌신했던 알렉스에게도 진심으로 감사한다. 다음에도 함께 일할 기회가 오기를 간절히 기대한다. 브루스 니콜스, 나 오미 깁스, 리사 글로버, (나를 심각한 쉼표 중독으로부터 구제해 준) 트레이시 로 그리고 그밖에 아낌없이 나를 지원해 준 HMH의 나머지 모든 분께도 감사한다.

봅 트레이시, 로라 트레이시, 마티 그로스, 더그 레이비어, 네 분께도 깊이 감사드린다. 네 분 각자 이 책이 나오기까지 저 마다의 방식으로 도움을 주었다.

지난 4년 동안 힘들 때마다 곁을 지켜준 여섯 친구, 메이슨 와인트로브, 아리 마크리다키스, 레스 슈퇴더, 짐 윈슬로, 패티 매케니, 지나 대깃. 그들의 응원과 우정은 아무리 해도 다 갚지 못할 것이며 영원히 잊지 못할 것이다. 카메라 앞이 세상에서 가장 불편한 사람을 사진에 담느라 고생한 코어 네일러에게도 감사한다.

그리고 끝으로, 질 트레이시에게 감사한다. 당신이 없었다면 내가 이 책을 쓸 수 있었을까?

참고문헌

서문

1 Lena Dunham, 〈Not That Kind of Girl〉 (New York: Random House, 2014), 185.

1. 프라이드의 탄생

1 Dean Karnazes, 〈Ultramarathon Man〉 (New York: Penguin, 2005), 48.
2 같은 책, 51.
3 같은 책.
4 같은 책, 62.
5 같은 책, 13.
6 Steven Pinker, The Blank Slate(New York: Viking Penguin, 2002), 529.(국내 번역 〈빈 서판〉 김한영 옮김/사이언스북스/2004)
7 Charles Darwin, 〈The Expression of the Emotionsin Man and Animals〉, 3rd ed. (Oxford: Oxford University Press, 1998), 132.(국내 번역 〈인간과 동물의 감정 표현에 대하여〉 최원재 옮김/서해문집/1998)
8 같은 책, 116.
9 Paul Ekman and Wallace V. Friesen, "Constants Across Cultures in the Face and Emotion," 〈Journal of Personality and Social Psychology〉 17 (1971): 12429.
10 Pinker, 〈The Blank Slate〉, 3058.

11 Jonathan Haidt, "The Emotional Dog and Its Rational Tail: A Social Intuitionist Approach to Moral Judgment," 〈Psychological Review〉 108 (2001): 81434.

12 Paul Ekman, "An Argument for Basic Emotions," 〈Cognition and Emotion〉 6 (1992): 169200.

13 Karnazes, 〈Ultramarathon Man〉, 27677.

14 Patrick L. Hill and Nicholas A. Turiano, "Purpose in Life as a Predictor of Mortality Across Adulthood," 〈Psychological Science〉 25 (2014): 148286.

15 Jessica L. Tracy and Richard W. Robins, "Show Your Pride: Evidence for a Discrete Emotion Expression," 〈Psychological Science〉 15 (2004): 194-97.

16 Jessica L. Tracy and Richard W. Robins, "The Prototypical Pride Expression: Development of a Nonverbal Behavior Coding System," 〈Emotion〉 7 (2007): 789801.

17 Jessica L. Tracy, Richard W. Robins, and Kristin H. Lagattuta, "Can Children Recognize Pride?," 〈Emotion〉 5 (2005): 25157.

18 Jessica L. Tracy and Richard W. Robins. "The Nonverbal Expression of Pride: Evidence for Cross-Cultural Recognition," 〈Journal of Personality and Social Psychology〉 94 (2008): 51630.

19 같은 문헌.

20 Hazel R. Markus and Shinobu Kitayama, "Culture and the Self: Implications for Cognition, Emotion, and Motivation," 〈Psychological Review〉 98 (1991): 224.

21 Jessica L. Tracy and David Matsumoto, "The Spontaneous Expression of Pride and Shame: Evidence for Biologically Innate Nonverbal Displays," 〈Proceedings of the National Academy of Sciences〉 105 (2008): 11655-60.

2. 오만과 긍지

1 Jessica L. Tracy and Richard W. Robins, "Show Your Pride: Evidence for a Discrete Emotion Expression," 〈Psychological Science〉 15 (2004): 194-97.

2 Lao Tzu, 〈Tao Te Ching〉, Twenty-Fifth Anniversary Edition, trans. G. F. Feng and J. English (New York: Vintage, 2007).

3 Aristotle, 〈Nicomachean Ethics〉: Book 4 (350 BC). (국내번역 〈니코마코스 윤리학〉 김재홍·강상진·이창우 옮김/길/2011)

4 Jean-Jacques Rousseau, 〈Discours sur l'origine de l'inégalité〉, OC3:219/ CW3:91, note O, 222. (국내번역 〈인간 불평등 기원론〉 김중현 옮김/펭귄클래식코리아/2015)

5 Jean-Jacques Rousseau, 〈Collected Writings of Rousseau〉, vol. 3, trans. Judith R. Bush et al. (Hanover, NH: University Press of New England, 1992).

6 Abe Peck, "Arnold Schwarzenegger: The Hero of Perfected Mass," 〈Rolling Stone〉, June 3, 1976.

7 Ashley L. Watts et al., "The Double-Edged Sword of Grandiose Narcissism: Implications for Successful and Unsuccessful Leadership Among U.S. Presidents," 〈Psychological Science〉 103 (2013): 237989.

8 Delroy L. Paulhus, "Interpersonal and Intrapsychic Adaptiveness of Trait Self-Enhancement: A Mixed Blessing?," 〈Journal of Personality and Social Psychology〉 74 (1998): 11971208.

9 Watts et al., "The Double-Edged Sword."

10 같은 논문.

11 Brad J. Bushman and Roy J. Baumeister, "Threatened Egotism, Narcissism, Self-Esteem, and Direct and Displaced Aggression: Does Self-Love or Self-Hate Lead to Violence?," 〈Journal of Personality and Social Psychology〉 75 (1998): 21929.

12 Zlatan Krizan and Omesh Johar, "Narcissistic Rage Revisited," 〈Journal of Personality and Social Psychology〉 108 (2015): 793.

13 Christian H. Jordan et al., "Secure and Defensive High Self-Esteem," 〈Journal of Personality and Social Psychology〉 85 (2003): 96978.

14 Richard W. Robins et al., "Global Self-Esteem Across the Life Span," 〈Psychology and Aging〉 17 (2002): 42334.

15 Kali H. Trzesniewski et al., "Low Self-Esteem During Adolescence Predicts Poor Health, Criminal Behavior, and Limited Economic Prospects During Adulthood," 〈Developmental Psychology〉 42 (2006): 38190.

16 Geoffrey K. Pullum, 〈The Great Eskimo Hoax and Other Irreverent

Essays on the Study of Language〉 (Chicago: University of Chicago Press, 1991).

17 Jessica L. Tracy and Richard W. Robins, "The Psychological Structure of Pride: A Tale of Two Facets," 〈Journal of Personality and Social Psychology〉 92 (2007): 50625.

18 Paul Ekman, Robert W. Levenson, and Wallace V. Friesen, "Autonomic Nervous System Activity Distinguishes Among Emotions," 〈Science〉 221 (1983): 120810; Robert W. Levenson et al., "Emotion, Physiology, and Expression in Old Age," 〈Psychology and Aging〉 6 (1991): 2835.

19 Tracy and Robins, "The Psychological Structure of Pride."

20 같은 논문.

21 같은 논문.

22 Jessica L. Tracy et al., "Authentic and Hubristic Pride: The Affective Core of Self-Esteem and Narcissism," 〈Self and Identity〉 8 (2009): 196213.

23 Charles S. Carver, Sungchoon Sinclair, and Sheri L. Johnson, "Authentic and Hubristic Pride: Differential Relations to Aspects of Goal Regulation, Affect, and Self-Control," 〈Journal of Research in Personality〉 44 (2010): 698703.

24 Charles S. Carver, Michael F. Scheier, and Suzanne C. Segerstrom, "Optimism," 〈Clinical Psychology Review〉 30 (2010): 87989.

25 Claire E. Ashton-James and Jessica L. Tracy, "Pride and Prejudice: How Feelings About the Self Influence Judgments of Others," 〈Personality and Social Psychology Bulletin〉 38 (2012): 46676.

26 Christian H. Jordan, Steven J. Spencer, and Mark P. Zanna, "Types of High Self-Esteem and Prejudice: How Implicit Self-Esteem Relates to Racial Discrimination Among High Explicit Self-Esteem Individuals," 〈Personality and Social Psychology Bulletin〉 31 (2005): 693702; Steven Fein and Steven J. Spencer, "Prejudice as Self-Image Maintenance: Affirming the Self Through Derogating Others," 〈Journal of Personality and Social Psychology〉 73 (1997): 3144.

27 Bernard Weiner, "Attribution, Emotion, and Action," in 〈Handbook of Motivation and Cognition: Foundations of Social Behavior〉, vol. 1, ed. R. Sorrentino and E. Higgins (New York: Guilford, 1986), 281312.

28 Tracy and Robins, "The Psychological Structure of Pride."

29 Frederick Rhodewalt and Carolyn C. Morf, "Self and Interpersonal

Correlates of the Narcissistic Personality Inventory: A Review and New Findings," 〈Journal of Research in Personality〉 29 (2005): 123; Ellen R. Ladd et al., "Narcissism and Causal Attribution," 〈Psychological Reports〉 80 (1997): 17178; Jessica L. Tracy et al., "The Emotional Dynamics of Narcissism: Inflated by Pride, Deflated by Shame," in 〈The Handbook of Narcissism and Narcissistic Personality Disorder: Theoretical Approaches, Empirical Findings, and Treatments〉, ed. W. Keith Campbell and Joshua D. Miller (Hoboken, NJ: Wiley, 2011).

30   Steven J. Heine et al., "Is There a Universal Need for Positive Self-Regard?," 〈Psychological Review〉 4 (1999): 76694; Hazel R. Markus and Shinobu Kitayama, "Culture and the Self: Implications for Cognition, Emotion, and Motivation," 〈Psychological Review〉 98 (2001): 22453.

31   an Shi et al., "Cross-Cultural Evidence for the Two-Factor Structure of Pride," 〈Journal of Research in Personality〉 55 (2015): 6174.

32   Jessica L. Tracy and Richard W. Robins, "The Prototypical Pride Expression: Development of a Nonverbal Behavior Coding System," 〈Emotion〉 7 (2007): 789801.

33   Jessica L. Tracy and Christine Prehn, "Arrogant or Self-Confident? The Use of Contextual Knowledge to Differentiate Hubristic and Authentic Pride from a Single Nonverbal Expression," 〈Cognition and Emotion〉 26 (2012): 1424.

34   Alexander Mooney, "Trump Says He Has Doubts About Obama's Birth Place," Politicalticker(블로그), CNN.com, March 17, 2011, http://politicalticker.blogs.cnn.com/2011/03/17/trump-says-he-hasdoubts-about-obama%E2%80%99s-birth-place/.

3. 프라이드와 정체성

1   Daniel Gilbert, 〈Stumbling on Happiness〉 (New York: Knopf, 2006), 4. (국내 번역 〈행복에 걸려 비틀거리다〉 최인철 · 김미정 · 서은국 옮김/김영사/2006)

2   Joseph Henrich, 〈The Secret of Our Success: How Culture Is Driving Human Evolution, Domesticating Our Species, and Making Us Smarter〉 (Princeton, NJ: Princeton University Press, 2015).

3   Richard W. Robins, Jessica L. Tracy, and Kali H. Trzesniewski, "The Naturalized Self," in 〈Handbook of Personality〉, 3rd ed., ed. Oliver P. John, Richard Robins, and L. A. Pervin (New York: Guilford, 2010), 421–47.

4   William James, 〈Psychology: The Briefer Course〉 (New York: Dover, 2001), 43. (국내번역 〈심리학의 원리〉 정명진 옮김/부글북스/2014)

5   Jorge L. Borges, "Borges and I," in 〈The Mind's I〉, ed. Daniel C. Dennett and Douglas R. Hofstadter (New York: Bantam, 1982), 2021.

6   Charles Horton Cooley, 〈Human Nature and the Social Order〉 (New York: Schocken, 1964), 199. Cooley, knowingly or unknowingly, is paraphrasing Emerson's "Astraea": "Each to each a looking-glass, / Reflects his figure that doth pass." 쿨리가 알았는지 몰랐는지 알 수 없지만, 이 문장은 에머슨의 시 "아스트라에아"를 바꿔 쓴 것이다. "서로에게 서로가 하나의 거울/ 스쳐 지나듯 그의 형상을 비춰준다."

7   Michael Lewis and Jeanne Brooks-Gunn, 〈Social Cognition and the Acquisition of Self〉 (New York: Plenum, 1979).

8   Suzan Harter, "Emerging Self-Processes During Childhood and Adolescence," in 〈Handbook of Self and Identity〉, 2nd ed., ed. Mark R. Leary and June P. Tangney (New York: Guilford, 2012).

9   Richard M. Ryan and Edward L. Deci, "Multiple Identities Within a Single Self: A Self-Determination Theory Perspective on Internalization Within Contexts and Cultures," 위와 같은 학술지 게재 논문.

10   Tamara J. Ferguson, Hedy Stegge, and Ilse Damhuis, "Children's Understanding of Guild and Shame," 〈Child Development〉 62 (1991): 82739.

11   Ernest Becker, 〈The Birth and Death of Meaning〉 (New York: Free Press, 1971), 99.

12   Sandra Graham, "Children's Developing Understanding of the Motivational Role of Affect: An Attributional Analysis," 〈Cognitive Development〉 3 (1988): 7188.

13   근면과 헌신처럼 주체가 제어할 수 있는 귀인과 타고난 재능처럼 주체가 제어할 수 없는 귀인의 차이를 규명한 2장의 실험이 떠오른다면, 여기에서는 두 실험 조건 모두 어린이에게 자신의 행동을 (즉 친구와 나눠 쓸지 말지를) 스스로 선택하게 했다는 점에 주목하자. 이 연구에서는 그 귀인이 얼마나

지속성이 있는지 ─즉 그 어린이가 단 한 번만 관대한 행동을 선택한 것인
지 아니면 항상 관대한 행동을 선택하는 성향의 어린이인지 ─에 초점을
맞춘 것이다. 이 차이가 중요한 것은, 주체가 제어할 수 없는 귀인은 오만
한 자부심을 유발(2장의 경우)하는 데 비해 지속성이 있으면서 주체가 제어
할 수 있는 귀인(예를 들면 "나는 항상 관대하게 행동하는 사람이다")은 진정한 자
부심을 유발하는 것으로 보이기 때문이다.

14 Christopher J. Bryan et al., "Motivating Voter Turnoutby Invoking the
    Self," 〈Proceedings of the National Academy of Sciences〉 108 (2011):
    1265356.

15 Editorial Projects in Education Research Center, "Achievement Gap,"
    〈Education Week〉, updated July 7, 2011, http://www.edweek.org/ew/
    issues/achievement-gap/.

16 Geoffrey L. Cohen et al., "Reducing the Racial Achievement Gap: A
    Social-Psychological Intervention," 〈Science〉 313 (2006): 130710.

17 Claude M. Steele and Joshua Aronson, "Stereotype Threat and the
    Intellectual Test Performance of African Americans," 〈Journal of
    Personality and Social Psychology〉 69 (1995): 797811; '여자는 수학을 못
    한다'는 고정관념: Steven J. Spencer, Claude M. Steele, and Diane M.
    Quinn, "Stereotype Threat and Women's Math Performance," 〈Journal of
    Experimental Social Psychology〉 35 (1999): 428; '기독교 신자는 과학을
    못한다'는 고정관념: Kimberly Rios et al., "Negative Steretypes Cause
    Christians to Underperform in and Dis-Identify with Science," 〈Social
    Psychological and Personality Science〉 6 (2015): 95967.

18 Claude M. Steele, "A Threat in the Air: How Stereotypes Shape
    Intellectual Identity and Performance," 〈American Psychologist〉 52(1999):
    61329.

19 Mark R. Leary et al., "Self-Esteem as an Interpersonal Monitor: The
    Sociometer Hypothesis," 〈Journal of Personality and Social Psychology〉
    68 (1995): 51830.

20 Liesl M. Heinrich and Elenora Gullone, "The Clinical Significance of
    Loneliness: A Literature Review," 〈Clinical Psychology Review〉 26 (2006):
    695718.

21 Leary et al., "Self-Esteem as an Interpersonal Monitor."

22 Naomi I. Eisenberger, Matthew D. Lieberman, and Kipling D. Williams,

"Does Rejection Hurt? An fMRI Study of Social Exclusion," 〈Science 302 (2003)〉: 29092.

4. 드러내라, 알아볼 것이다

1   George E. Schaller, 〈The Mountain Gorilla: Ecology and Behavior〉 (Chicago: University of Chicago Press, 1963).

2   Abraham H. Maslow, "The Role of Dominance in the Social and Sexual Behavior of Infra-Human Primates: I. Observations at Vilas Park Zoo," 〈Pedagogical Seminary and Journal of Genetic Psychology〉 48(1936): 26177.

3   Jane van Lawick-Goodall, "The Behaviour of Free-Living Chimpanzees in the Gombe Stream Reserve," 〈Animal Behaviour Monographs〉 1 (1968): 161311; Frans de Waal, 〈Chimpanzee Politics〉 (Baltimore: Johns Hopkins University Press, 1989); Glenn E. Weisfeld and Jody M. Beresford, "Erectness of Posture as an Indicator of Dominance or Success in Humans," 〈Motivation and Emotion〉 6 (1982): 11331.

4   Jan A.R.A.M. van Hooff, "A Structural Analysis of the Social Behavior of a Semi-Captive Group of Chimpanzees," in 〈Social Communication and Movement〉, eds. M. von Cranach and I. Vine (New York: Academic Press, 1974), 75162.

5   Maynard Smith and David Harper, 〈Animal Signs〉 (Oxford: Oxford University Press, 2003); Amotz Zahavi and Avishag Zahavi, 〈The Handicap Principle: A Missing Piece of Darwin's Puzzle〉 (Oxford: Oxford University Press, 1997).

6   Thorstein Veblen, 〈The Theory of the Leisure Class〉 (New York: Macmillan, 1899). (국내번역 〈유한계급론〉 김성균 옮김/우물이 있는 집/2012)

7   Judith A. Hall et al., "Nonverbal Communication and the Dimension of Social Relations," in 〈The Psychology of Social Status〉, ed. Joey T. Cheng, Jessica L. Tracy, and Cameron Anderson (New York: Springer, 2014); Jon K. Maner, C. Nathan DeWall, and Matthew T. Gailliot, "Selective Attention to Signs of Success: Social Dominance and Early Stage Interpersonal Perception," 〈Personality and Social Psychology Bulletin〉 34 (2008): 488501.

8   Lotte Thomsen et al., "Big and Mighty: Preverbal Infants Mentally Represent Social Dominance," 〈Science〉 331 (2011): 47780.

9   Jack Hill, "Prestige and Reproductive Success in Man," 〈Ethology and Sociobiology〉 5 (1984): 7795.

10 Larissa Z. Tiedens, Phoebe C. Ellsworth, and Batja Mesquita, "Sentimental Stereotypes: Emotional Expectations for High- and Low- Status Group Members," 〈Personality and Social Psychology Bulletin〉 26 (2000): 560-75.

11 Lisa A. Williams and David DeSteno, "Pride: Adaptive Social Emotion or Seventh Sin?," 〈Psychological Science〉 20 (2009): 28488.

12 Azim F. Shariff and Jessica L. Tracy, "Knowing Who's Boss: Implicit Perceptions of Status from the Nonverbal Expression of Pride," 〈Emotion〉 9 (2009): 63139.

13 Jessica L. Tracy et al., "Cross-Cultural Evidence That the Nonverbal Expression of Pride Is an Automatic Status Signal," 〈Journal of Experimental Psychology: General〉 142 (2013): 16380.

14 Azim F. Shariff, Jessica L. Tracy, and Jeffrey L. Markusoff, "(Implicitly) Judging a Book by Its Cover: The Power of Pride and Shame Expressions in Shaping Judgments of Social Status," 〈Personality and Social Psychology Bulletin〉 38 (2012): 117893.

15 Lasana T. Harris and Susan T. Fiske, "Dehumanizing the Lowest of the Low: Neuroimaging Responses to Extreme Out-Groups," 〈Psychological Science〉 17 (2006): 84753.

16 Shariff, Tracy, and Markusoff, "(Implicitly) Judging a Book by Its Cover."

17 Kristin Laurin, Azim. F. Shariff, and Jessica L. Tracy, 준비중인 논문, University of British Columbia.

18 Allan Mazur, "Hormones, Aggression, and Dominance in Humans," in 〈Hormones and Aggressive Behavior〉, ed. B. B. Svare (New York: Plenum Press, 1983), 56376; Robert M. Rose, Thomas P. Gordon, and Irwin S. Bernstein, "Plasma Testosterone Levels in the Male Rhesus: Influences of Sexual and Social Stimuli," 〈Science〉 178 (1972): 64345; Allan Mazur and Theodore A. Lamb, "Testosterone, Status, and Mood in Human Males," 〈Hormones and Behavior〉 14 (1980): 23646.

19 Dana R. Carney, Amy J. C. Cuddy, and Andy J. Yap, "Power Posing: Brief

Nonverbal Displays Affect Neuroendocrine Levels and Risk Tolerance," ⟨Psychological Science⟩ 21 (2010): 136368; Li Huang et al., "Powerful Postures Versus Powerful Roles: Which Is the Proximate Correlate of Thought and Behavior?," ⟨Psychological Science⟩ 22 (2010): 95102. Also see Eva Ranehill et al., "Assessing the Robustness of Power Posing: No Effect on Hormones and Risk Tolerance in a Large Sample of Men and Women," ⟨Psychological Science⟩ 26 (2015): 65356.

5. 프라이드의 강력한 힘

1   Azim F. Shariff and Jessica L. Tracy, "Knowing Who's Boss: Implicit Perceptions of Status from the Nonverbal Expression of Pride," ⟨Emotion⟩ 9 (2009): 63139.

2   Larissa Z. Tiedens, Phoebe C. Ellsworth, and Batja Mesquita, "Sentimental Stereotypes: Emotional Expectations for High- and Low-Status Group Members," ⟨Personality and Social Psychology Bulletin⟩ 26 (2000): 560- 75.

3   Jeffrey Kluger, ⟨The Narcissist Next Door: Understanding the Monster in Your Family, in Your Office, in Your Bed — in Your World⟩(New York: Penguin, 2014). (국내번역 ⟨옆집의 나르시시스트⟩ 구계원 옮김/문학동네/2016)

4   David M. Buss and J. D. Duntley, "The Evolution of Aggression," in ⟨Evolution and Social Psychology⟩, ed. Mark Schaller, Jeffry A. Simpson, and Douglas T. Kenrick (New York: Psychology Press, 2006), 26385; Napoleon Chagnon, ⟨Yanomamö: The Fierce People⟩ (New York: Holt, Rinehart and Winston, 1983); Vlad Griskevicius et al., "Aggress to Impress: Hostility as an Evolved Context-Dependent Strategy," ⟨Journal of Personality and Social Psychology⟩ 82 (2009): 98094; Kim Hill and A. Magdalena Hurtado, ⟨Aché Life History: The Ecology and Demography of a Foraging People⟩ (New York: Aldine de Gruyter, 1996); Liisa M. Kyl-Heku and David M. Buss, "Tactics as Units of Analysis in Personality Psychology: An Illustration Using Tactics of Hierarchy Negotiation," ⟨Personality and Individual Differences⟩ 21 (1996): 497517; Margaret T. Lee and Richard Ofshe, "The Impact of Behavioral Style and Status

Characteristics on Social Influence: A Test of Two Competing Theories," ⟨Social Psychology Quarterly⟩ 44 (1981): 7382; Allan Mazur, "A Cross-Species Comparison of Status in Small Established Groups," ⟨American Sociological Review⟩ 38 (1973): 51330.

5   David M. Buss et al., "Tactics of Manipulation," ⟨Journal of Personality and Social Psychology⟩ 52 (1987): 121929; Kyl-Heku and Buss, "Tactics as Units of Analysis."

6   Cameron Anderson and Gavin J. Kilduff, "The Pursuit of Status in Social Groups," ⟨Current Directions in Psychological Science⟩ 18 (2009): 295-98.

7   Joseph Berger, Bernard P. Cohen, and Morris Zelditch, "Status Characteristics and Social Interaction," ⟨American Sociological Review⟩ 37 (1972): 24155; Peter M. Blau, ⟨Exchange and Power in Social Life⟩ (London: Transaction Publishers, 1964); Edwin P. Hollander and James W. Julian, "Contemporary Trends in the Analysis of Leadership Processes," ⟨Psychological Bulletin⟩ 71 (1969): 38797; John W. Thibaut and Harold H. Kelley, The Social Psychology of Groups (Oxford: John Wiley, 1959).

8   Robert F. B.les et al., "Channels of Communication in Small Groups," ⟨American Sociological Review⟩ 15 (1951): 46168; John D. Coie, Kenneth A. Dodge, and Heide Coppotelli, "Dimensions of Types of Social Status: A Cross-Age Perspective," ⟨Developmental Psychology⟩ 18 (1982): 557-70; James E. Driskell, Beckett Olmstead, and Eduardo Salas, "Task Cues, Dominance Cues, and Influence in Task Groups," ⟨Journal of Applied Psychology⟩ 78 (1993): 5160; Lord et al., "A Meta-Analysis"; Fred L. Strodtbeck, "Husband-Wife Interaction over Related Differences," ⟨American Sociological Review⟩ 16 (1951): 46873; Robb Willer, "Groups Reward Individual Sacrifice: The Status Solution to the Collective Action Problem," ⟨American Sociological Review⟩ 74 (2009): 2343. 리뷰는 Anderson and Kilduff, "The Pursuit of Status."에서 볼 수 있다.

9   Anderson and Kilduff, "The Pursuit of Status"; Jerome H. Barkow, "Strategies for Self-Esteem and Prestige in Maradi, Niger Republic," in ⟨World Anthropology⟩, ed. Thomas R. Williams (Chicago: Mouton, 1975).

10   Joseph Henrich and Francisco J. Gil-White, "The Evolution of Prestige: Freely Conferred Deference as a Mechanism for Enhancing the Benefits

of Cultural Transmission," 〈Evolution and Human Behavior〉 22 (2001): 16596.

11   Christopher von Rueden, Michael Gurven, and Hillard Kaplan, "The Multiple Dimensions of Male Social Status in an Amazonian Society," 〈Evolution and Human Behavior〉 29 (2009): 40215.

12   Fred Vogelstein, 〈Dogfight: How Apple and Google Went to War and Started a Revolution〉 (New York: Farrar, Straus and Giroux, 2013), 17. (국내번역 〈도그파이트〉 김고명 옮김/와이즈베리/2014)

13   Peter J. Richerson and Robert Boyd, 〈Not by Genes Alone〉 (Chicago: University of Chicago Press, 2004)(국내번역 〈유전자만이 아니다〉 김준홍 옮김/이음/2009); Kevin N. Laland and Bennett G. Galef, 〈The Question of Animal Culture〉 (Cambridge, MA: Harvard University Press, 2009).

14   Joey T. Cheng et al., "Two Ways to the Top: Evidence That Dominance and Prestige Are Distinct Yet Viable Avenues to Social Rank and Influence," 〈Journal of Personality and Social Psychology〉 104 (2013): 10325.

15   Alexander Burns and Maggie Haberman, "To Fight Critics, Donald Trump Aims to Instill Fear in 140-Character Doses," 〈New York Times〉, February 26, 2016.

16   Jessica L. Tracy et al., "Authentic and Hubristic Pride: The Affective Core of Self-Esteem and Narcissism," 〈Self and Identity〉 8 (2009): 196213; Jessica L. Tracy and Richard W. Robins, "Emerging Insights into the Nature and Function of Pride," 〈Current Directions in Psychological Science 16(2007): 14750.

17   Aaron C. Weidman, Jessica L. Tracy, and Andrew J. Elliot, "The Benefits of Following Your Pride: Authentic Pride Promotes Achievement," 〈Journal of Personality〉. 전자책 버전은 June 25, 2015. doi: 10.1111/jopy.12184.

18   Rodica Ioana Damian and Richard W. Robins, "Aristotle's Virtue or Dante's Deadliest Sin? The Influence of Authentic and Hubristic Pride on Creative Achievement," 〈Learning and Individual Differences〉 26 (2013): 15660.

19   Rodica Ioana Damian and Richard W. Robins, "The Link Between Dispositional Pride and Creative Thinking Depends on Current Mood,"

〈Journal of Research in Personality〉 46 (2012): 76569.

20 Joy P. Guilford, 〈The Nature of Human Intelligence〉 (New York: McGraw-Hill, 1967).

21 James M. Dabbs, "Testosterone and Occupational Achievement," 〈Journal of Consumer Research〉 70 (1992): 81324.

22 James M. Dabbs et al., "Testosterone, Crime, and Misbehavior Among 692 Male Prison Inmates," 〈Personality and Individual Differences〉 18 (1995): 62733; Elena M. Kouri et al., "Increased Aggressive Responding in Male Volunteers Following the Administration of Gradually Increasing Doses of Testosterone Cypionate," 〈Drug and Alcohol Dependence〉 40 (1995): 7379.

23 Ryan T. Johnson, Joshua A. Burk, and Lee A. Kirkpatrick, "Dominance and Prestige as Differential Predictors of Aggression and Testosterone Levels in Men," 〈Evolution and Human Behavior〉 28 (2007): 34551.

24 Cheng et al., "Two Ways to the Top."

25 Elizabeth Cashdan, "Hormones, Sex, and Status in Women," 〈Hormones and Behavior〉 29 (1995): 35466.

26 James M. Dabbs et al., "Saliva Testosterone and Criminal Violence Among Women," 〈Personality and Individual Differences〉 9 (1988): 269-75.

27 Michael J. Raleigh and Michael T. McGuire, "Serotonin, Aggression, and Violence in Vervet Monkeys," in 〈The Neurotransmitter Revolution〉, ed. Roger D. Masters and Michael T. McGuire (Carbondale: Southern Illinois University Press, 1994), 12945.

28 David M. Taub and James Vickers, "Correlation of CSF 5-HIAA Concentration with Sociality and the Timing of Emigration in Free-Ranging Primates," 〈American Journal of Psychiatry〉 152 (1995): 90713; Michael J. Raleigh et al., "Dominant Social Status Facilitates the Behavioral Effects of Serotonergic Agonists," 〈Brain Research〉 348 (1985): 27482.

29 D. S. Moskowitz et al., "The Effect of Tryptophan on Social Interaction in Everyday Life: A Placebo-Controlled Study," 〈Neuropsychopharmacology〉 25 (2001): 27789.

30 Wai S. Tse and Alyson J. Bond, "Serotonergic Intervention Affects Both Social Dominance and Affiliative Behavior," 〈Psychopharmacology〉 161

(2002): 32430.

31 Randy Thornhill and Craig T. Palmer, 〈A History of Rape: Biological Basis of Sexual Coercion〉 (Cambridge, MA: MIT Press, 2000); Martin Daly and Margo Wilson, 〈Homicide〉 (New Brunswick, NJ: Transaction Publishers, 1988)(국내번역 〈살인〉 김명주 옮김/어마마마/2015).

32 Alice Dreger, 〈Galileo's Middle Finger: Heretics, Activists, and the Search for Justice in Science〉 (New York: Penguin, 2015). 이 책은 자연주의의 오류로 인해 실질적인 피해를 겪은 과학자들의 실상을 보여주는 여러 사례를 주제로 한 흥미로운 논의를 볼 수 있는 저술이다.

33 Joey T. Cheng, Jessica L. Tracy, and Joseph Henrich, 준비중인 논문, University of British Columbia.

34 Walter Isaacson, "The Real Leadership Lessons of Steve Jobs," 〈Harvard Business Review〉 90 (2012): 92102.

35 Jon K. Maner and Nicole L. Mead, "The Essential Tension Between Leadership and Power: When Leaders Sacrifice Group Goals for the Sake of Self-Interest," 〈Journal of Personality and Social Psychology〉 99 (2010): 48297.

36 Peter Belmi and Kristin Laurin, 게재 여부 심사중인 논문.

37 같은 논문.

6. 인류 진화 최고의 방식, 프라이드

1 Joseph Henrich et al., "Markets, Religion, Community Size, and the Evolution of Fairness and Punishment," 〈Science〉 327 (2010): 148084.

2 Joseph Henrich, 〈The Secret of Our Success: How Culture Is Driving Human Evolution, Domesticating Our Species, and Making Us Smarter〉 (Princeton, NJ: Princeton University Press, 2015).

3 같은 책, 2233.

4 같은 책, 2730.

5 같은 책.

6 Mark Pagel, "Infinite Stupidity," Edge Conversation, https://edge.org/conversation/mark_pagel-infinite-stupidity.

7 Talia Lazuen, "European Neanderthal Stone Hunting Weapons Reveal

Complex Behaviour Long Before the Appearance of Modern Humans," 〈Journal of Archaeological Science〉 39 (2012): 230411; Jayne Wilkins et al., "Evidence for Early Hafted Hunting Technology," 〈Science〉 338 (2012): 94246.

Henrich, 〈The Secret of Our Success〉, 821.

Mark Pagel, 〈Wired for Culture: Origins of the Human Social Mind〉 (New York: W. W. Norton, 2012).

10 Lewis G. Dean et al., "Identification of the Social and Cognitive Processes Underlying Human Cumulative Culture," 〈Science〉 335 (2012): 111418.

11 Henrich, 〈The Secret of Our Success〉, 821.

12 Robert Axelrod and William D. Hamilton, "The Evolution of Cooperation," 〈Science〉 211 (1981): 139096.

13 Luke Rendell et al., "Why Copy Others? Insights from the Social Learning Strategies Tournament," 〈Science〉 328 (2010): 20813.

14 Alex Mesoudi, 〈Cultural Evolution: How Darwinian Theory Can Explain Human Culture and Synthesize the Social Sciences〉.(Chicago: University of Chicago Press, 2011).

15 David L. Hull, 〈Science as a Process: An Evolutionary Account of the Social and Conceptual Development of Science〉 (Chicago: University of Chicago Press, 1988), 350.

16 Mario Livio, 〈Brilliant Blunders: From Darwin to Einstein ― Colossal Mistakes by Great Scientists That Changed Our Understanding of Life and the Universe〉 (New York: Simon and Schuster, 2013). (국내번역 〈찬란한 실수〉 김정은 옮김/열린과학/2014)

17 Henrich, 〈The Secret of Our Success〉, 21920.

18 아인슈타인이 자신의 실수에 대해서 정확히 이 표현을 썼는지는 다소 불확실하다. Livio, 〈Brilliant Blunders〉, 23143.

19 Katherine D. Kinzler, Kathleen H. Corriveau, and Paul L. Harris, "Children' s Selective Trust in Native-Accented Speakers," 〈Developmental Science〉 14 (2011): 10611.

20 Melissa A. Koenig and Amanda L. Woodward, "Sensitivity of 24-Month-Olds to the Prior Inaccuracy of the Source: Possible Mechanisms," 〈Developmental Psychology〉 46 (2010): 815.

21 Susan A. J. Birch, Nazanin Akmal, and Kristen L. Frampton, "Two-Year-

Olds Are Vigilant of Others' Non-Verbal Cues to Credibility,"
⟨Developmental Science⟩ 13 (2010): 36369; Patricia E. Brosseau-Liard
and Diane Poulin-Dubois, "Sensitivity to Confidence Cues Increases
During the Second Year of Life" ⟨Infancy⟩ 19 (2014): 46175; Chris
Moore, Dana Bryant, and David Furrow, "Mental Terms and the
Development of Certainty," ⟨Child Development⟩ (1989): 16771; Mark A.
Sabbagh and Dare A. Baldwin, "Learning Words from Knowledgeable
Versus Ignorant Speakers: Links Between Preschoolers' Theory of Mind
and Semantic Development," ⟨Child Development⟩ (2001): 105470.

22 Elizabeth R. Tenney et al., "Accuracy, Confidence, and Calibration: How
Young Children and Adults Assess Credibility," ⟨Developmental
Psychology⟩ 47 (2011): 106577.

23 같은 논문.

24 Jason P. Martens and Jessica L. Tracy, "The Emotional Origins of a Social
Learning Bias: Does the Pride Expression Cue Copying?," ⟨Social
Psychological and Personality Science⟩ 4 (2013): 49299.

25 Jason P. Martens, "The Pride Learning Bias" (PhD dissertation, University of
British Columbia, 2014).

26 Tenney et al., "Accuracy, Confidence, and Calibration."

27 Patricia Brosseau-Liard, Tracy Cassels, and Susan Birch, "You Seem
Certain but You Were Wrong Before: Developmental Change in
Preschoolers' Relative Trust in Accurate Versus Confident Speakers,"
⟨PLoS ONE⟩ 9 (2014): e108308.

7. 프라이드를 가져라

1 Lance Armstrong with Sally Jenkins, ⟨It's Not About the Bike: My
Journey Back to Life⟩ (New York: Berkeley, 2000), 14. (국내번역 ⟨이것은 자전거
이야기가 아닙니다⟩ 김지양 옮김/체온365/2007)

2 Joseph Burgo, "How Aggressive Narcissism Explains Lance Armstrong,"
⟨Atlantic⟩, January 28, 2013.

3 ⟨Oprah Winfrey Show⟩, January 18, 2013.

4 같은 방송.

5   같은 방송.

6   Angela Duckworth et al., "Grit: Perseverance and Passion for Long-Term Goals," 〈Journal of Personality and Social Psychology〉 92 (2007): 10871101.

7   Amy Wrzesniewski et al., "Multiple Types of Motives Don't Multiply the Motivation of West Point Cadets," 〈Proceedings of the National Academy of Sciences〉 111 (2014): 1099095.

8   Edward L. Deci and Richard M. Ryan, "The 'What' and 'Why' of Goal Pursuits: Human Needs and the Self-Determination of Behavior," 〈Psychological Inquiry〉 11 (2000): 22768.

9   Wrzesniewski et al., "Multiple Types of Motives."

10   Duckworth et al., "Grit."

11   같은 논문.

12   Angela L. Duckworth et al., "Deliberate Practice Spells Success: Why Grittier Competitors Triumph at the National Spelling Bee," 〈Social Psychological and Personality Science〉 2 (2011): 17481.

13   Wilhelm Hofmann and Rachel R. Fisher, "How Guilt and Pride Shape Subsequent Self-Control," 〈Social Psychological and Personality Science〉 3 (2012): 68290.

14   Francis Galton, 〈Hereditary Genius: An Inquiry into Its Laws and Consequences〉 (London: Macmillan, 1892).

15   Catherine Morris Cox and Lewis Madison Terman, 〈Genetic Studies of Genius〉, vol. 2, 〈The Early Mental Traits of Three Hundred Geniuses〉 (Stanford, CA: Stanford University Press, 1926).

16   Malcom Gladwell, 〈Outliers: The Story of Success〉 (Boston: Little, Brown, 2008). (국내번역 〈아웃라이어〉 노정태 옮김/김영사/2009)

17   Anna Dorfman, Tal Eyal, and Yoella Bereby-Meyer, "Proud to Cooperate: The Consideration of Pride Promotes Cooperation in a Social Dilemma," 〈Journal of Experimental Social Psychology〉 55 (2014): 1059.

18   같은 논문.

19   Job Van Der Schalk, Martin Bruder, and Antony Manstead, "Regulating Emotion in the Context of Interpersonal Decisions: The Role of Anticipated Pride and Regret," 〈Frontiers in Psychology〉 3 (2012): 513.

20   Dana R. Carney, Amy J. C. Cuddy, and Andy J. Yap, "Power Posing: Brief Nonverbal Displays Affect Neuroendocrine Levels and Risk Tolerance," 〈Psychological Science〉 21 (2010): 136368; but also see Eva Ranehill et al., "Assessing the Robustness of Power Posing: No Effect on Hormones and Risk Tolerance in a Large Sample of Men and Women," 〈Psychological Science〉 26 (2015): 65356.

21   Li Huang et al., "Powerful Postures Versus Powerful Roles: Which Is the Proximate Correlate of Thought and Behavior?," 〈Psychological Science〉 22 (2010): 95102.

22   Vanessa K. Bohns and Scott S. Wiltermuth, "It Hurts When I Do This (or You Do That): Posture and Pain Tolerance," 〈Journal of Experimental Social Psychology〉 48 (2012): 34145.

23   Carney, Cuddy, and Yap, "Power Posing"; Ranehill et al., "Assessing the Robustness of Power Posing."

24   Andy J. Yap et al., "The Ergonomics of Dishonesty: The Effect of Incidental Posture on Stealing, Cheating, and Traffic Violations," 〈Psychological Science〉 24 (2013): 228189.

25   Jessica L. Tracy et al., "Authentic and Hubristic Pride: The Affective Core of Self-Esteem and Narcissism," 〈Self and Identity〉 8(2009): 196213.

26   Amy J. C. Cuddy et al., "Preparatory Power Posing Affects Nonverbal Presence and Job Interview Performance," 〈Journal of Applied Psychology〉 100 (2015): 128695.

27   Laurin, Shariff, and Tracy (준비중인 논문), University of British Columbia.

28   Elise K. Kalokerinos et al., "Don't Grin When You Win: The Social Costs of Positive Emotion Expression in Performance Situations," 〈Emotion〉 14 (2014): 18086.

29   Conor Steckler, Daniel Randles, and Jessica L. Tracy, 게재 여부 심사중인 논문.

30   Richard B. Lee, 〈The !Kung San: Men, Women, and Work in a Foraging Society〉 (Cambridge: Cambridge University Press, 1979), 24446.

31   Christopher H. Boehm, 〈Hierarchy in the Forest: The Evolution of Egalitarian Behavior〉(Cambridge, MA: Harvard UniversityPress, 1999). (국내번역 〈숲속의 평등〉 김성동 옮김/토러스북/2017 근간)

32   같은 책, 45.

33 "Donald Trump Places Sixth on Gallup's 'Most Admired' List,"
⟨Huffington Post⟩, December 28, 2011, updated February 27, 2012,
http://www.huffingtonpost.com/2011/12/28/donald-trump-sixth-
gallup-most-admired-list_n_1172416.html.

34 Daniel Terdiman, "John Sculley Spills the Beans on Firing Steve Jobs,"
⟨CNET.com⟩, September 9, 2013, http://www.cnet.com/news/john-
sculley-spills-the-beans-on-firing-steve-jobs/.

프라이드

1판 1쇄 발행 2017년 6월 23일
1판 2쇄 발행 2017년 7월 19일

지은이 제시카 트레이시
옮긴이 이민아

발행인 양원석
본부장 김순미
편집장 김건희
책임편집 진송이
교정교열 김연주
디자인 RHK 디자인팀 남미현, 김미선
해외저작권 황지현
제작 문태일
영업마케팅 최창규, 김용환, 이영인, 정주호, 양정길, 이선미, 이규진, 김보영, 임도진

펴낸 곳 ㈜알에이치코리아
주소 서울시 금천구 가산디지털2로 53, 20층 (가산동, 한라시그마밸리)
편집문의 02-6443-8845   **구입문의** 02-6443-8838
홈페이지 http://rhk.co.kr
등록 2004년 1월 15일 제2-3726호

ISBN 978-89-255-6185-1 (03320)